权威·前沿·原创

皮书系列为
"十二五""十三五""十四五"时期国家重点出版物出版专项规划项目

B

BLUE BOOK

智库成果出版与传播平台

证券公司蓝皮书

BLUE BOOK OF SECURITIES COMPANIES

中国证券公司竞争力研究报告（2022）

ANNUAL REPORT ON THE COMPETITIVENESS OF SECURITIES
COMPANIES IN CHINA(2022)

山东省亚太资本市场研究院

主　编／孙国茂

社会科学文献出版社
SOCIAL SCIENCES ACADEMIC PRESS（CHINA）

图书在版编目（CIP）数据

中国证券公司竞争力研究报告 . 2022／孙国茂主编
. --北京：社会科学文献出版社，2022. 12
（证券公司蓝皮书）
ISBN 978-7-5228-1325-7

Ⅰ. ①中… Ⅱ. ①孙… Ⅲ. ①证券公司-竞争力-研
究报告-中国-2022 Ⅳ. ①F832. 39

中国版本图书馆 CIP 数据核字（2022）第 254045 号

证券公司蓝皮书
中国证券公司竞争力研究报告（2022）

主　　编／孙国茂

出 版 人／王利民
组稿编辑／高　雁
责任编辑／颜林柯
文稿编辑／李惠惠
责任印制／王京美

出　　版／社会科学文献出版社·经济与管理分社（010）59367226
　　　　　　地址：北京市北三环中路甲 29 号院华龙大厦　邮编：100029
　　　　　　网址：www. ssap. com. cn
发　　行／社会科学文献出版社（010）59367028
印　　装／三河市东方印刷有限公司

规　　格／开 本：787mm×1092mm　1/16
　　　　　　印 张：20.5　字 数：307 千字
版　　次／2022 年 12 月第 1 版　2022 年 12 月第 1 次印刷
书　　号／ISBN 978-7-5228-1325-7
定　　价／188.00 元

读者服务电话：4008918866

《中国证券公司竞争力研究报告（2022）》
编 委 会

机构简介

　　山东省亚太资本市场研究院是一家致力于金融与资本市场研究的智库机构，拥有一支30多人的专业研究团队，主要从事宏观经济研究、财政政策与货币政策研究、金融与资本市场研究、数字经济研究以及会议论坛、编辑出版和数据挖掘等业务，为政府提供决策咨询和研究服务，为企业提供实用、专业、权威和有价值的财富管理资讯服务，孵化和培育具有增长潜力的中小企业进入资本市场并提供市值管理和资本运营服务，为政府相关部门、大学及研究机构提供具有战略价值的产业发展、区域规划、乡村振兴、普惠金融、绿色金融等专项研究解决方案。

研究成果

　　山东省亚太资本市场研究院连续多年编写《中国证券公司竞争力研究报告》《山东省上市公司经营绩效及市值管理研究报告》等年度研究报告。其中，《中国证券公司竞争力研究报告》《山东省普惠金融发展报告》《山东省民营及中小企业发展报告》被列入中国社会科学院蓝皮书系列。每年编写《山东省中小企业年鉴》，发布与上市公司、中小企业以及数字经济相关的白皮书；先后完成"山东企业上市制约因素应对举措研究""双循环发展格局下山东自贸区数字化转型战略研究""山东省金融科技与区块链技术应用研究""山东省民营及中小企业调研报告""烟台海洋金融中心建设可行性研究""潍坊市科技金融创新体制机制研究报告""枣庄市普惠金融改革试验区总体方案"等政府委托研究课题；每年向山东省委、省政府及相关部门呈报研究专报，获得包括山东省委、省政府主要领导在内的省领导批示多项；荣获 2022 年度山东省工业和信息化领域优秀调研报告与研究成果二等奖。

会议论坛

中国公司金融论坛自 2012 年创办以来已连续举办 9 届，每年根据国家宏观经济政策和国内外广受关注的金融经济热点问题确定论坛主旨。参加论坛的人员有政府部门和金融监管部门工作人员，金融、类金融和财富管理等机构的高管人员、金融从业人员、大学及研究院（所）的研究人员，以及海内外关注中国经济改革和金融改革的专家、学者。

专家团队

山东省亚太资本市场研究院特约李扬、夏斌、吴晓求、贾康、贺强、王忠民、刘尚希、常修泽、韦森、胡汝银、巴曙松、姚洋、祁斌、王松奇、姚景源、张承惠、管涛、刘李胜、谭雅玲、徐洪才、刘纪鹏、马庆泉、马险峰、郭田勇、曾刚、王力、杨涛、袁红英、张中英和张述存等近百名国内著名经济学家、金融学家和资本市场研究专家，组成了在行业内享有盛誉的专家团队。

合作伙伴

山东省亚太资本市场研究院与中国社会科学院、北京大学、中国人民大学、中央财经大学、上海证券交易所、中国宏观经济研究院、中国（海南）改革发展研究院、山东大学、山东社会科学院、青岛大学、济南大学、山东财经大学、中国金融四十人论坛、中国上市公司市值管理研究中心、齐鲁股权交易中心、山东省金融学会、山东省海洋经济文化研究院、山东省普惠金融研究院等近百家大学、研究机构、金融机构以及人民网、新华网、光明网、中国网、中国经济网、央视网、央广网、国际在线、中国社会科学网、山东电视台、山东广播经济频道、齐鲁网、《中国证券报》、《上海证券报》、《证券时报》、《金融时报》、《证券日报》和《经济日报》等近百家中央、地方专业媒体建立了良好的合作关系。

主编简介

孙国茂　山东省泰山产业领军人才，山东省金融高端人才，山东省人大常委会财政预算专家顾问，山东省人民政府研究室特邀研究员，青岛大学经济学院特聘教授、博士生导师，山东工商学院金融学院特聘教授、金融服务转型升级协同创新中心首席专家。先后担任济南大学公司金融研究中心主任、济南大学金融研究院院长、山东省资本市场创新发展协同创新中心主任和济南大学商学院教授等职。主要研究领域为公司金融、制度经济学和数字经济。出版《公司价值与股票定价研究》《制度、模式与中国投资银行发展》《普惠金融组织与普惠金融发展研究》和《中国证券市场宏观审慎监管研究》等10多部学术专著；在《管理世界》《中国工业经济》和《经济学动态》等学术期刊以及《人民日报》《经济参考报》《中国证券报》等重要报纸上发表论文近200篇，其中30多篇被《新华文摘》和人大复印报刊资料转载；连续11年主编《中国证券公司竞争力研究报告》，连续9年主编《山东省上市公司经营绩效及市值管理研究报告》。主持国家社科基金项目、省部级重大研究课题以及横向研究课题20多项，获得山东省社会科学一等奖2次、二等奖等奖项多次。2012年创办中国公司金融论坛，连续成功举办9届，在学术界和金融界产生巨大反响。每年向山东省委、省政府呈报多项决策咨询研究成果，其中有10多项成果获得包括省委、省政府主要领导在内的省级领导批示并被政府有关部门采纳；是山东省"十二五""十三五""十四五"规划专家。

序言
要进一步提升中国证券公司竞争力

徐洪才*

    首先，热烈祝贺孙国茂教授主编的《中国证券公司竞争力研究报告（2022）》公开出版。十多年来，国茂教授锲而不舍，坚持每年奉献给大家一本这样高质量的研究成果。作为长期关注中国证券业发展的同行和学者，我要对他及他的研究团队，表示由衷的感谢和敬意。

    股市是经济的晴雨表，股市跌宕起伏，能够反映经济发展状况。2022年，中国股票市场低迷，中国经济持续面临"需求收缩、供给冲击、预期转弱"等三重压力。

    2022年，在新冠肺炎疫情和俄乌冲突双重打击下，世界经济始终挣扎在衰退和滞胀的边缘。2月24日，俄乌冲突爆发，"闪电战"变成了"持久战"，致使中国经济外部环境和内在条件都发生了深刻变化，以联合国为核心的全球治理体系开始动摇，以经贸合作为基石的国际关系遭受破坏。全球性通货膨胀、供应链梗阻、金融市场动荡，以及气候危机、粮食危机、能源危机、地缘政治危机，"天灾""人祸"的多重叠加，对中国产业链、供应链以及经济安全、粮食安全、能源安全都产生了负面影响。

    2022年10月，国际货币基金组织（IMF）发布《世界经济展望报告》，维持2022年世界经济增长3.2%的预测，但将2023年增速再下调0.2个百

---

* 徐洪才，中国政策科学研究会经济政策委员会副主任，中国欧美同学会经济研究中心主任。

分点至 2.7%，并称 2023 年有 25% 的可能性降至 2% 以下。当前，世界经济呈现"低增长、高通胀、高失业、高杠杆、高风险"的特点。中国经济增长动力明显不足，疫情时有反复，供应链尚未畅通，就业市场压力较大，中小微企业困难重重，房地产局部风险暴露，外贸增长回落至个位数，特别是消费需求疲弱，股市、债市、汇市剧烈震荡，市场信心亟待提振。

在此背景下，中共二十大召开，重申全面建设社会主义现代化国家的战略目标，继续深化改革开放，着力推动高质量发展。二十大报告延续了过去十年践行的基本思路，围绕"两个一百年"奋斗目标，提出以推动高质量发展为主题，把实施扩大内需战略同深化供给侧结构性改革有机结合起来，增强国内大循环内生动力和可靠性，提升国际循环质量和水平，加快建设现代化经济体系，着力提高全要素生产率，着力提升产业链供应链韧性和安全水平。这些都体现了政策稳定性和连续性。

二十大报告强调完整、准确、全面贯彻新发展理念，积极稳妥推进碳达峰碳中和，广泛形成绿色生产生活方式。深入实施创新驱动发展战略，必须坚持科技是第一生产力、人才是第一资源、创新是第一动力，加快实现高水平科技自立自强。充分发挥市场在资源配置中的决定性作用，更好发挥政府作用。构建全国统一大市场，深化要素市场化改革，建设高标准市场体系。建设现代化产业体系，促进实体经济发展。加快发展数字经济，推动现代服务业同先进制造业、现代农业深度融合。坚持城乡融合发展，促进区域协调发展。着力扩大内需，增强消费对经济发展的基础性作用和投资对优化供给结构的关键作用。实施就业优先战略，支持中小微企业发展，多渠道增加城乡居民财产性收入。坚持对外开放的基本国策，加快构建以国内大循环为主体、国内国际双循环相互促进的新发展格局。营造市场化、法治化、国际化一流营商环境，推动共建"一带一路"高质量发展。

中国作为世界第二大经济体和负责任大国，坚决维护以联合国为核心的全球治理体系，在世界经济强劲、平衡、包容和可持续发展中发挥积极作用。中国愿意参与多层次的国际经贸合作，反对人为"脱钩""断链"和阻碍经济全球化发展，同时对有助于区域和全球合作、共同繁荣的倡议秉持开放支持态度。我相信，只要继续坚持改革开放方向，中美、中欧、中日关系都将逐渐得到改善，经贸合作在国际关系中的"压舱石"和"推进器"地位也将逐渐恢复。未来世界经济发展重心仍将在亚洲，而最大机会就在中国。有鉴于此，我也对中国资本市场的未来发展充满信心。

本人从事资本市场研究，可以追溯到 1990 年初我在中国人民大学读硕士研究生时参加"证券投资研究会"等学生社团活动。20 世纪 90 年代和 21 世纪第一个十年，本人主要关注微观层面的资本市场运作，也形成了一些成果。1994 年，我荣获"万国证券杯"征文全国一等奖。我主编《投资基金运作全书》和《投资银行学》教科书，都是请中国证监会首任主席刘鸿儒先生做序。《投资银行学》在业内算是比较早的，先后出了四版；我主编的《期货投资学》正在出第六版。我的博士学位论文研究投资基金，在业内也是比较早的。1996 年从中国社会科学院博士毕业，进入中国人民银行工作，接着"下海"到了证券公司、风险投资公司出任高管，后又返回大学任金融学教授。进入 21 世纪的第二个十年，本人进入国家高端智库工作，研究重点转向了宏观经济和世界经济，但对资本市场仍然保持关注。

在世界近代史上，资本市场发端于荷兰的阿姆斯特丹，后来转移至英国伦敦，然后在美国华尔街发扬光大。资本市场发展离不开从事证券投资业务的中介机构——投资银行。真正意义上的投资银行诞生于 1933 年美国《格拉斯-斯蒂格尔法案》（Glass-Steagall Act）出台之后，这部法律也称作《1933 年银行法》。1930 年代大危机之后的美国立法，将投资银行业务和商业银行业务严格分开，以切断证券市场与银行体系的风险联系。相对于商业银行，投资银行锐意进取、开拓创新，商业银行较为保守。商业银行主营存贷款业务，提供间接金融服务；投资银行主营证券业务，提供直接金融服务。直接金融的一个显著特点，就是在信息充分披露条件下投融资双方自担风险。

美国是名副其实的投资银行王国。经过 200 多年的历史演变，美国拥有当今世界上最发达的由资本市场主导的金融体系。在资本市场上，投资银行是灵魂、是核心，也是枢纽。投资银行不仅提供首次公开募股（IPO）服务，帮助企业上市融资，而且担任证券交易中介和兼并收购（M&A）顾问。狭义投资银行就是证券公司（券商），广义投资银行还应该包括风险资本（VC）和私募股权基金（PE）等机构，为企业和投资者提供综合性一揽子金融服务。在美国，投资银行作为资本密集型和知识密集型产业，集聚众多优秀人才，广泛应用各种科学方法，例如数学、物理学、现代系统论和控制论方法等。但奇怪得很，在美国很难找到一本《投资银行学》教科书，原因据说是华尔街宁可口口相传，也不愿意留下文字而泄露商业秘密。的确，华尔街有着太多鲜为人知的秘密！从华尔街到华盛顿，有着无数或明或暗的通道，投资银行家经常在政客和金融家之间，不停地转换角色，诞生了无数达官显贵。这也折射出华尔街的巨大影响力。

虽然中国是世界第二大经济体，金融体系在规模上同样位居世界第二，但是大而不强，特别是人民币国际地位与中国经济的国际地位极不相称。中国传统金融模式以银行间接融资为主，以资本市场直接融资为辅，始终存在结构性问题。根据中国人民银行统计，截至2022年6月末，全国金融机构总资产407.42万亿元人民币。其中，银行机构总资产367.68万亿元，证券机构总资产13.1万亿元，保险机构总资产为26.64万亿元。截至9月末，银行机构提供人民币贷款余额210.76万亿元，大体上与债券市场托管市值（140亿元左右）和上市公司市值（70多万亿元）之和相当。1~9月，全国人民币贷款增加18.08万亿元，同期沪深交易所共265家企业IPO，融资额仅为4791亿元。近年来，中国金融开放取得了长足进展，但仍有巨大潜力。沪深港通、基金互认、债券通、沪伦通等渠道相继互联互通，合格投资者管理政策框架不断完善，境外投资者投资境内金融市场便利度提升。截至8月末，境外机构持有境内金融市场股票、债券、贷款及存款等规模合计近10万亿元。2021年底，外资通过"陆股通"北向资金持有内地股票市值达2.72万亿元。

随着中国资本市场全面深化改革，证券经营环境正面临深刻变化。金融业服务实体经济，资本市场作为现代金融体系重要组成部分，对推动构建新发展格局、实现经济高质量发展发挥着不可替代的作用。但是，中国资本市场仍然带有鲜明的"新兴+转轨"的特征。例如，近年来市值管理作为中介机构帮助上市公司所做的一项专业性服务，暴露出一些问题。中介机构和上市公司实际控制人相互勾结，滥用手中持有股票和资金信息等优势，操纵股价，进行内幕交易，侵害了投资者合法权益，对市场秩序也造成破坏。监管部门对此类违规行为须坚持零容忍。与此同时，市场参与者也要敬畏法治、敬畏投资者、敬畏市场，远离市场操纵和内幕交易，珍惜自身声誉和职业操守。

要充分发挥党的领导和现代公司治理的双重优势，中介机构、证券公司通过自身专业化服务帮助企业提高公司治理水平。在全面推行注册制背景下，证券机构要提高保荐能力、定价能力，帮助真正有市场前景的公司顺利融资，通过自身专业能力赢得上市企业信赖。市场参与者还要共塑良好商业文化，形成优胜劣汰机制。优秀投资银行机构保荐人，专业能力强，将得到更多项目机会，为自身赢得更多经济效益，也因此得到投资人信赖。在法治化公平竞争的市场环境中，投资人、企业和投资银行之间相互合作，促进资本市场健康平稳发展。

中国从金融大国走向金融强国，是必由之路，也是中国证券市场参与者的重要使命，但是任重而道远。在国家层面，我认为应该进一步加大对资本市场发展的政策支持力度。从证券机构自身角度，也要自强不息，更加关注实体经济，特别是制造业转型升级；在推动传统产业数字化转型、推动创新成果转化和应用方面，提供高质量专业服务，引导资金合理流动，帮助成长性企业上市融资，在企业并购重组、产业结构调整中发挥引领作用。面对国际国内宏观政策和行业变化，要加强对行业发展、宏观走势和市场变化趋势的研究，做出专业性分析，帮助投资人规避风险，提高特征回报，同时帮助企业提高公司治理水平和经营管理能力。

2022年10月31日是一个值得载入中国证券市场发展史册的日子。经中国证监会批准，上海证券交易所首批科创板做市商将正式开展科创板股票做市交易业务，这是一个重要金融创新。想当年（1990年），沪深交易所在诞生之时，率先采取"无纸化"交易方式，而当时纽约证券交易所仍然延续"人工报价"。再看当下，香港证券交易所面临严峻的"流动性"危机，我认为这与港交所未能采取做市商制度有一定的关系。对于中国证券市场而言，发展是无止境的，创新也无止境。

雄关漫道真如铁，而今迈步从头越。在新的历史时期，我衷心地希望，中国证券市场及经营机构能够在推动中国经济高质量发展，特别是在促进中国产业转型升级过程中，不断提升市场竞争力，发挥不可替代的作用，走出专业化、精品化、特色化的发展道路。

再次感谢国茂教授的盛情邀请，促使我写下了以上文字。

是为序。

摘　要

　　党的二十大报告提出，高质量发展是全面建设社会主义现代化国家的首要任务，这为资本市场改革开放发展指明了方向。资本市场应认真贯彻落实党的二十大精神，努力服务实体经济和科技创新，为经济高质量发展、构建新发展格局和建设现代化经济体系做出积极贡献。党的二十大报告提出，坚持把发展经济的着力点放在实体经济上。作为资本市场的重要参与者和建设者，证券公司在服务实体经济、促进资本市场发展、规范证券市场、提升上市公司质量等方面发挥着重要作用。2021年资本市场实现"十四五"良好开局。股债融资规模创历史新高，要素资源加速向科技创新领域集聚，服务实体经济实现量质双升。资本市场改革向纵深推进，北京证券交易所正式成立，实现与沪深交易所错位发展，形成了京、沪、深三地交易所功能互补、各具特色、各显优势的证券市场新格局。

　　经过30余年的发展，证券公司资产规模不断扩大，服务实体经济和财富管理能力持续增强，合规风控水平持续提升，整体经营成效稳中有进。但我们也应清醒认识到，证券公司在加快实施国家创新驱动战略、促进共同富裕等方面还有很多重要使命有待完成。目前，全行业140家证券公司同质化竞争日益激烈，面临数字化转型的压力和挑战越来越大。在头部券商优势面临来自银行、保险行业的竞争压力日益明显，中小券商努力转型打造局部优势背景下，及时、客观地评价我国证券公司发展情况尤为必要。本书不仅对证券市场及证券公司年度运行情况进行了详细总结，对证券公司经营绩效、竞争力、系统重要性以及数字化转型做出客观评价，还创新性构建了证券公司系统重要性评价体系和数字化转型评价体系，开行业研究领域风气之先。研究发现，我国证券公司规模排名与系统重要性综合排名的相关系数较高，说明存在"大而不倒"的问题，在系统重要性证券机构监管过程中要牢牢把握"太大而不能倒闭"，做好系统性风险的防控。数字化转型重点领域正在从证券经纪财富管理业务逐步向全业务领域扩展，数字化可显著提升证券公司的运营效率。

关键词： 证券公司竞争力　系统重要性　数字化转型

目 录 ↘

Ⅰ 总报告

Ⅱ 评价篇

Ⅲ 专题篇

皮书数据库阅读**使用指南**

总 报 告

General Report

B.1

中国证券公司竞争力研究报告（2022）

孙国茂　张　辉　孙同岩*

摘　要： 我国证券业经历了不断规范和发展壮大的历程，随着我国证券公
司数量的增多，其竞争更加激烈。本报告主要分析了国内外学者
对证券公司竞争力评价的研究动态，从我国实际情况出发，基于
宏观审慎监管视角，从经营能力、盈利能力、基于微观审慎的风
险控制能力、基于宏观审慎的风险控制能力、创新能力（包括
数字化转型能力）和成长能力方面，构建证券公司竞争力评价
体系，重点分析证券行业的核心竞争力和综合竞争力。总体来
看，我国证券公司经营能力不断增强、盈利能力持续提升、更加
重视风险防范与监管治理，进一步强调证券公司作为资本市场
"看门人"的责任；创新方面，数字化转型和金融科技持续赋能

---

* 孙国茂，青岛大学经济学院特聘教授，博士生导师，山东省亚太资本市场研究院院长，研究
领域为公司金融、资本市场、制度经济学；张辉，中央财经大学经济学院博士研究生，研究
领域为资本市场、劳动经济学；孙同岩，济南大学商学院金融学硕士，山东省亚太资本市场
研究院高级研究员，研究领域为资本市场、公司金融。

证券行业、主动引领业务发展。全行业范围内，头部券商集中度提高、大中小券商差异化发展；在注册制下，证券公司投行业务、资产管理业务快速发展，大型龙头券商对通道型经纪业务依赖度更低，财富管理转型成效初显。

关键词： 证券公司　竞争力研究　宏观审慎监管　证券公司评价体系

　　2021 年是中国共产党成立 100 周年，是"十四五"规划和第二个一百年奋斗目标开局之年。面对复杂严峻的国际环境和国内新冠肺炎疫情散发等多重考验，在以习近平同志为核心的党中央坚强领导下，各地区各部门认真贯彻落实党中央、国务院决策部署，坚持稳中求进工作总基调，科学统筹疫情防控和经济社会发展，加强宏观政策跨周期调节，加大实体经济支持力度，国民经济持续恢复发展。全年 GDP 实际增速达到 8.1%，名义 GDP 突破 110 万亿元，达到 114.4 万亿元（接近 18 万亿美元），稳居世界第二，人均 GDP 超过 8.1 万元（按年平均汇率折算达 1.25 万美元），奋力完成改革发展艰巨任务，实现"十四五"良好开局。

　　2021 年是中国资本市场深化改革的大年，中国资本市场改革稳步推进，服务实体经济的能力进一步增强。4 月 6 日，深交所主板与中小板合并，这是继创业板改革并试点注册制顺利实施后资本市场又一项重大改革；9 月 3 日，北京证券交易所正式成立，并于 11 月 15 日揭牌开市。12 月 8~10 日，中央经济工作会议指出"全面实行股票发行注册制"；12 月 30 日，证监会主席易会满表示，正在抓紧制定全市场注册制改革方案。北京证券交易所的设立是新形势下中国全面深化资本市场改革的重要举措，形成与沪深交易所、区域性股权交易市场协同互补、错位发展、互联互通的格局，将进一步完善我国多层次资本市场的"大拼图"，补齐资本市场在支持中小企业方面的短板，进一步推动中国资本市场向多层次、包容性方向发展，标志着中国开启了三个证券交易所共同服务实体经济、服务科技创新的新格局。

报告期内，中国证券市场主要指数呈震荡向上的格局，市场成交量较2020年有所增加。2021年上证指数开盘于3473.07点，年末收于3639.78点，全年上涨4.80%；深证成指年初开盘于14470.68点，年末收于14857.35点，全年上涨2.67%；创业板指数年初开盘于2966.26点，年末收于3322.67点，全年上涨12.02%。报告期内，沪深两市股票基金总成交金额共计2762967.33亿元，同比增长25.33%。随着科创板、创业板注册制改革推进，2021年我国IPO公司数量和募资规模创2000年以来新高，共有524家公司进行了IPO，共计募资规模达5426.75亿元，同比增长12.93%。①其中主板IPO共122家，创业板IPO为199家，科创板IPO为162家，北京证券交易所IPO为41家，两创板块IPO企业数量合计占比为69%。

长期以来，随着我国证券市场的发展，我国证券业经历了不断规范和发展壮大的历程，证券公司创新步伐逐步加快、业务范围逐步扩大、盈利能力逐步提升、抗风险能力逐步增强。随着以国内大循环为主体、国内国际双循环相互促进的新发展格局的加快打造，资本市场枢纽地位日益提升，我国证券业仍处于快速发展的历史机遇期，资本市场的发展和金融体系改革开放都将为行业提供广阔发展空间。在全面注册制改革牵引下，多层次资本市场建设越发清晰、资本市场基础性制度短板不断补齐、投资端能力建设提速，零售、企业、机构三大类客户业务机会全面涌现，我国证券业将日益呈现服务综合化、发展差异化、竞争国际化和运营数字化的发展态势。我国资本市场迈入更加开放包容和高质量发展的新阶段，一级市场IPO发行家数和发行规模、二级市场股基交易额均创历史新高，资产管理市场快速发展，融资融券、场外衍生品规模持续增长。

在行业监管方面，进一步深化"放管服"改革，在坚持从严监管和对违法行为"零容忍"的同时，出台"白名单"制度，开展首批账户管理功能优化试点、扩容基金投顾试点。中国证券业协会出台《证券公司收益互换业务管理办法》，强化扶优限劣鲜明导向，为优质机构打开发展空间，激

① 数据来自Wind。

发创新活力。新时代背景下，市场对证券公司竞争力提出新的要求。随着全面注册制改革的不断推进，证券公司各项业务面临不同的机遇和挑战，提高自身业务能力、提高综合竞争力是证券公司经营发展不变的主题。本报告对140家证券公司竞争力进行分项评价和综合评价，并计算得到各证券公司的综合竞争力情况，最后做进一步分析。

一　证券公司竞争力评价研究方法

证券公司竞争力是指证券公司在资本市场上与国内外其他证券公司争夺市场份额以及生存空间的能力。一般来说，完整的竞争力评价体系包括评价原则、评价对象、评价指标、评价方法和评价结果。目前国内外已有不少学者就证券公司竞争力问题展开研究，主要从竞争力评价方法、竞争力评价指标两个方面展开。

国内对证券公司竞争力进行评价的方法主要有主观赋权法、客观赋权法、动态综合评价法三种。王建华和王芳华[1]采用主观赋权法，建立企业竞争力评价体系，这种方法简单清晰、可操作性强，但在指标权重方面主观性较强，缺乏客观基础。为增强客观性，傅智能[2]以指标客观数据为基础，采用层次分析法计算各项指标权重，再加权确定评价结果。何晓斌[3]将因子分析法应用在证券公司竞争力体系构建中，根据各指标的相关关系确定权重并进行加权。不少学者认为采用静态分析方法不能体现证券公司竞争力的变化，应进一步从动态视角综合评判竞争力变化。董军等[4]在以专家经验确定评价时间点的基础上，确定了评价对象的时间权向量；依据"逐层纵横向"拉开档次评价法提出了一种多层次综合评价方法。石宝峰等[5]基于时序动态

① 王建华、王芳华：《企业竞争力评价的指标体系研究》，《软科学》2002年第3期。
② 傅智能：《中国证券公司核心竞争力研究》，硕士学位论文，武汉理工大学，2004。
③ 何晓斌：《中国证券公司核心竞争力评价与提升研究》，博士学位论文，上海社会科学院，2006。
④ 董军、国方媛：《多层次系统的动态评价研究》，《运筹与管理》2011年第5期。
⑤ 石宝峰、何继欣、胡振、王静：《中国上市券商竞争力评价——基于时序动态组合赋权评价模型》，《金融论坛》2018年第2期。

组合赋权评价模型，将宏观经济因素纳入评价体系，综合考量上市证券公司的竞争力变化情况，并对竞争力水平进行评价，结果显示偿债能力对上市证券公司竞争力至关重要。

从企业经营绩效指标来看，刘强[①]以每股净收益、净资产收益率等 6 个财务指标为基础，采用主成分分析法构建我国证券公司竞争力评价体系，考察证券公司竞争力与公司财务的关系。贺强等[②]选取资产总计、负债总计和所有者权益等指标构建公司经营绩效评价体系，考察企业绩效与二级市场的关系。宣承耀[③]用总资产、净资产、营业收入和净利润量化经营能力，用因子分析法构建上市券商竞争力评价体系，结果显示券商竞争力与经营能力高度正相关。张雯睿[④]选取流动比率、产权比率、货币资金和短期债务比等 14 项财务指标，用因子分析法研究上市券商的竞争力，结果显示盈利能力是影响综合竞争力的关键因子。

从风险控制能力来看，证券市场自建立以来，风控体系建设一直是券商工作的重点。次贷危机后，世界各国理论界和实务界纷纷意识到加强宏观审慎监管、防范系统性风险的重要性。2018 年，中国人民银行、中国银保监会、中国证监会联合发布《关于完善系统重要性金融机构监管的指导意见》（以下简称《意见》），对我国系统重要性金融机构制定特别监管要求，以增强其持续经营能力，降低发生重大风险的可能性。《意见》明确提出系统重要性金融机构的确定必须包含证券机构，且参评数量不能少于 10 家。足以说明我国对证券机构风险防控体系建设的重视程度。刘增学等[⑤]认为券商的核心竞争力是风险管理能力，建立健全风险控制体系是提高证券公司竞争

---

① 刘强：《基于主成分分析的上市证券公司竞争力研究》，《经济研究导刊》2011 年第 28 期。
② 贺强、赵照：《基于因子分析法的证券公司运营绩效研究》，《投资研究》2014 年第 10 期。
③ 宣承耀：《基于因子分析法的内地上市券商竞争力综合评价研究》，硕士学位论文，安徽大学，2015。
④ 张雯睿：《基于因子分析法对中国上市券商竞争力的实证研究——以 29 家上市券商面板数据为例》，《无锡商业职业技术学院学报》2018 年第 3 期。
⑤ 刘增学、王雅鹏、张欣：《中国证券公司风险约束机制的建立》，《金融研究》2004 年第 12 期。

力的关键。邓泽源①用净资产负债比率、资产负债率衡量券商风控能力，结合盈利能力、成长能力和经营规模进行竞争力评价，结果显示综合竞争力弱的公司风控体系建设也较差，对小型券商而言，在扩大规模的同时必须做好风控工作。王国海等②和王聪等③发现在公司治理过程中，委托代理问题的存在会影响风控体系建设，进而影响券商综合竞争力提高。现有研究大多是从微观审慎监管视角展开的，缺乏从更宏观的视角考察可能由证券公司引发的系统性风险。《意见》明确提出要加强宏观审慎监管，防范系统性风险。从业务创新能力来看，为了促进证券公司优化盈利结构、提高资金效率、提升竞争能力，中国证监会先后发布文件，通过证券行业的制度创新，推动券商提升创新意识和创新能力。涂艳艳④认为实质上的资产对企业所产生的竞争能力是巨大的，但是除此之外企业应当拥有为其带来新的竞争力的源泉，这种源泉就是企业的创新力。娄伟⑤通过分析上市证券公司竞争力发现，券商要想提高综合竞争力，就必须在经纪业务、中小企业投行业务等具有现实或潜在核心竞争力的业务上坚持创新，通过业务创新发现新的盈利模式和利润增长点。

现有研究大多只注重考察券商某一项或两项能力，鲜有学者对证券公司竞争力进行全面客观的评价。随着证券行业宏观审慎监管的推进，只考察证券公司的部分能力无法满足新时代监管要求，必须从宏观环境、盈利能力、资产流动性情况等方面进行综合评判。结合《意见》的要求，确定系统重要性金融机构、加强宏观审慎监管必须包含证券公司，且参评机构数量不能少于10家。因此，必须尽快完善证券公司综合竞争力评价体系，将宏观审慎监管纳入证券公司综合竞争力的评价体系。

① 邓泽源：《我国上市证券公司竞争力研究》，硕士学位论文，广西大学，2015。
② 王国海、曹海毅：《证券公司的治理结构：理论分析与现实考察》，《财经理论与实践》2004年第5期。
③ 王聪、宋慧英：《中国证券公司股权结构、市场结构与成本效率的实证研究》，《金融研究》2012年第5期。
④ 涂艳艳：《我国证券公司核心竞争力实证研究》，《考试周刊》2011年第62期。
⑤ 娄伟：《我国上市券商竞争力分析》，硕士学位论文，山东大学，2012。

二 基于宏观审慎监管的证券公司竞争力评价体系

（一）证券公司竞争力评价指标体系

本报告的逻辑就是计算定量因素 E_i 与证券公司竞争力之间存在的函数关系，即

$$C = f(E_1, E_2, E_3, E_4, E_5, E_6) \tag{1}$$

式（1）中，C 为证券公司竞争力；$E_i(i=1,2,3,4,5,6)$ 为经营能力、盈利能力、基于微观审慎的风险控制能力（以下简称"微观风控能力"）、基于宏观审慎的风险控制能力（以下简称"宏观风控能力"）、创新能力和成长能力。

经营能力指标由营业收入、资产规模和净资产[1]构成；盈利能力指标包括 ROA（总资产收益率）[2]、ROE（净资产收益率）[3] 和销售利润率三项指标；微观风控能力指标包括净资本[4]、净资本与净资产比例、风险覆盖率[5]和公司治理四项指标；宏观风控能力指标包括资本充足率[6]、资本杠杆率[7]、流动性覆盖率[8]、净稳定资金率[9]四项指标；创新能力指标包括业务创新能力、技术创新能力和数字化转型能力三项指标；成长能力指标包括营业收入增长率、营业利润增长率和资产规模增长率三项指标。证券公司综合竞争力和单项能力的计算公式分别为：

---

[1] 净资产=资产−负债
[2] ROA=净利润/资产规模
[3] ROE=净利润/净资产
[4] 净资本=净资产−金融资产的风险调整−其他资产的风险调整−或有负债的风险调整−/+中国证监会认定或核准的其他调整项目
[5] 风险覆盖率=净资本/各项风险准备之和
[6] 资本充足率=净资本/风险准备
[7] 资本杠杆率=核心净资本/表内外资产总额
[8] 流动性覆盖率=优质流动性资产/未来30天现金净流出量
[9] 净稳定资金率=可用稳定资金/所需稳定资金

$$C = \sum_{i=1}^{6} E_i Q_i \tag{2}$$

$$E_i = \sum_{j=1}^{n} e_{i,j} q_{i,j} \tag{3}$$

式（2）中，Q_i 为各指标权重；式（3）中，$e_{i,j}$ 和 $q_{i,j}$ 为决定前述各项指标的因素与权重。

本报告构建的基于宏观审慎监管角度的证券公司竞争力评价指标体系（见表1），对往年评价指标体系进行一些调整。例如，将创新能力划分为业务创新能力、技术创新能力和数字化转型能力。业务创新能力度量指标包括研究人员数量、研究报告数量，同时由于部分证券公司不再参与分析师评奖，业务创新能力不再包含获奖分析师人数这一指标；技术创新能力度量指标包括知识产权和研发投入费用。第二，随着经纪业务竞争加剧，证券公司不断推出新的业务模式，收入结构得到明显改善，因此本报告不再将业务结构优化能力作为竞争力评价指标。第三，互联网化运营大幅弱化了证券公司营业部在获客方面的作用，为了更好地刻画证券公司盈利能力，本报告将单个营业部交易额排名指标替换为销售利润率。

表1 2022年证券公司竞争力评价指标体系

单位：%

评价指标		权重（Q_i）	分项评价指标		分项权重（$q_{i,j}$）
经营能力	E_1	25	营业收入	$e_{1,1}$	40
			资产规模	$e_{1,2}$	30
			净资产	$e_{1,3}$	30
盈利能力	E_2	25	ROA	$e_{2,1}$	35
			ROE	$e_{2,2}$	50
			销售利润率	$e_{2,3}$	15
微观风控能力	E_3	15	净资本	$e_{3,1}$	30
			净资本与净资产比例	$e_{3,2}$	30
			风险覆盖率	$e_{3,3}$	20
			公司治理	$e_{3,4}$	20

评价指标		权重(Q_i)	分项评价指标		分项权重($q_{i,j}$)
宏观风控能力	E_4	15	资本充足率	$e_{4,1}$	25
			资本杠杆率	$e_{4,2}$	25
			流动性覆盖率	$e_{4,3}$	25
			净稳定资金率	$e_{4,4}$	25
创新能力	E_5	10	业务创新能力	$e_{5,1}$	30
			技术创新能力	$e_{5,2}$	30
			数字化转型能力	$e_{5,3}$	40
成长能力	E_6	10	营业收入增长率	$e_{6,1}$	30
			营业利润增长率	$e_{6,2}$	30
			资产规模增长率	$e_{6,3}$	40

（二）竞争力评价分项指标计算方法

根据表 1 列示的证券公司竞争力评价指标体系，本报告中各指标具体计算办法如下：

1. 经营能力

$$E_1 = e_{1,1} \times 40\% + e_{1,2} \times 30\% + e_{1,3} \times 30\% \tag{4}$$

式（4）中，E_1 为经营能力分值，$(e_{1,i})$（$i=1$，2，3）为经营能力第 i 个二级指标的得分。

2. 盈利能力

$$E_2 = e_{2,1} \times 35\% + e_{2,2} \times 50\% + e_{2,3} \times 15\% \tag{5}$$

式（5）中，E_2 为盈利能力分值，$(e_{2,i})$（$i=1$，2，3）为盈利能力第 i 个二级指标的得分。

3. 微观风控能力

$$E_3 = e_{3,1} \times 30\% + e_{3,2} \times 30\% + e_{3,3} \times 20\% + e_{3,4} \times 20\% \tag{6}$$

式（6）中，E_3 为微观风控能力的分值，$(e_{3,i})$（$i=1$，2，3，4）为微

观风控能力第 i 个二级指标的得分。其中，$e_{3,4}$ 为公司治理指标，公司治理指标的计算方法如下：

$$公司治理 = 内部治理 × 50\% + 外部治理 × 50\%$$

其中，内部治理 =（1/股权集中度）× β。股权集中度采用第一大股东及其一致行动人的持股比例来衡量；β 取值为 2 或 1，公司上市赋值为 2，未上市赋值为 1。外部治理采用公司经营是否合规来衡量，当公司受到监管部门、行政部门或司法部门处罚则扣减 1 分，当公司面临未决诉讼以及公司董事、监事和高级管理人员出现违规现象也扣减 1 分。

4. 宏观风控能力

$$E_4 = e_{4,1} × 25\% + e_{4,2} × 25\% + e_{4,3} × 25\% + e_{4,4} × 25\% \tag{7}$$

式（7）中，E_4 为宏观风控能力的分值，（$e_{4,i}$）（$i = 1, 2, 3, 4$）为宏观风控能力第 i 个二级指标的得分。

5. 创新能力

本报告以业务创新能力、技术创新能力和数字化转型能力来评价证券公司创新能力。其中，业务创新能力由研究人员数量、研究报告数量得分构成，权重均为 50%；技术创新能力由知识产权得分和研发投入费用得分构成，权重均为 50%；数字化转型能力由数字化战略、数字化业务、数字化能力和数字化治理构成，权重分别为 30%、30%、20% 和 20%。

A. 业务创新能力计算：

$$S_{research} = S_{researcher} × 50\% + S_{report} × 50\% \tag{8}$$

式（8）中，$S_{researcher}$ 为研究人员数量得分，S_{report} 为研究报告数量得分。

B. 技术创新能力计算：

$$S_{tech} = S_{property} × 50\% + S_{R\&D} × 50\% \tag{9}$$

式（9）中，$S_{property}$ 为知识产权得分，$S_{R\&D}$ 为研发投入费用得分。

C. 数字化转型能力计算：

$$S_{digitization} = S_{strategy} × 30\% + S_{business} × 30\% + S_{ability} × 20\% + S_{administer} × 20\% \tag{10}$$

式（10）中，$S_{strategy}$为数字化战略，由数字战略制定、研发投入强度、是否上市构成，权重分别为50%、25%和25%；$S_{business}$为数字化业务，由平台用户数量、技术专利数量、数字系统数量构成，权重分别为40%、40%和20%；$S_{ability}$为数字化能力，由信息技术投入、数字人才数量、数字化影响力构成，权重分别为40%、30%和30%；$S_{administer}$为数字化治理，由数据治理、风险动态监控、内部治理质量构成，权重分别为40%、30%和30%。

6. 成长能力

$$E_6 = e_{6,1} \times 30\% + e_{6,2} \times 30\% + e_{6,3} \times 40\% \tag{11}$$

式（11）中，E_6为成长能力分值，$(e_{6,i})$（$i=1$，2，3）为成长能力第i个二级指标的得分。

三　核心竞争力评价

（一）经营能力

经营能力指标包含营业收入、资产规模和净资产三个指标。根据中国证券业协会的统计，截至2021年12月31日，我国证券业的总资产、净资产及净资本分别为10.59万亿元、2.57万亿元和2.00万亿元，分别较上年末增长19.1%、11.3%和9.9%；2021年，我国证券业实现营业收入5024.10亿元、净利润1911.19亿元，同比分别增长12.0%和14.2%。从全行业范围看，我国证券公司经营能力不断增强。

经营能力TOP20证券公司营业收入合计5360.75亿元，[①]占全行业营业收入的67.93%，同比提高0.61个百分点。TOP20证券公司资产规模合计92940.76亿元，占全行业资产规模的71.99%，同比下降0.95个百分点。TOP20证券公司净资产合计17830.73亿元，占行业净资产的63.19%，同比

[①] 为了更加详细地分析证券公司经营指标，本报告在后续分析中采用年报数据，这与中国证券业协会数据存在差异，但不影响分析效果。

下降 1. 20 个百分点。① 从中可以看出，TOP20 证券公司各项经营能力指标略有下降，大型证券公司的竞争更加激烈。

证券公司经营能力排名 TOP20 见表 2，中信证券（600030. SH）、华泰证券（601688. SH）和国泰君安（601211. SH）位居前三。2019~2021 年，中信证券（600030. SH）一直稳居行业第一，华泰证券（601688. SH）从第 4 名上升至第 2 名，国泰君安（601211. SH）已连续三年排名第三。2021 年中信证券（600030. SH）主要经营业绩达到公司成立以来最高水平，全年实现营业收入765. 24 亿元，同比增长 40. 71%；资产总额为 12786. 65 亿元，同比增长21. 44%，是行业首家总资产规模突破万亿元的证券公司，营业收入和净利润连续十余年排名行业第一。2022 年初，中信证券完成 A+H 股配股发行，募集资金 273. 30 亿元，进一步夯实公司资本实力，有利于扩大业务规模、优化业务结构。华泰证券（601688. SH）于三年前率先启动全面数字化转型，改造业务与管理模式，推动科技赋能从局部突破向整体覆盖，平台化运营能量加速释放，不断推进平台赋能客户，2021 年整体经营业绩创历史新高，营业收入同比增长 20. 55%，总资产同比增长 12. 54%，净资产同比增长 13. 15%。

中金公司（601995. SH）以推进落实"数字化、区域化、国际化"和"中金一家"的"三化一家"战略部署为重点，增加资源投入、完善网络布局、加快转型发展、夯实中后台能力，力争规模体量和发展质量再上新台阶，2021 年营业收入同比增长 27. 35%；净资产同比增长 10. 5%；资产总额排名从第 10 名上升至第 5 名，同比增长 24. 57%，经营能力连续三年排名上升，从第 10 名上升至第 7 名，再上升至第 5 名。东方财富（300059. SZ）连续三年经营能力不断增强，从第 40 名上升至第 25 名，再到冲进 TOP20。公司经纪业务市占率提升及融资融券业务、证券投资业务规模扩大，营业收入同比增长 61. 09%，总资产同比增长 84. 57%，净资产同比增长 31. 5%。单项指标排名中，营业收入从第 40 名上升至第 30 名，再上升至第 22 名；总资产排名从第 42 名上升至第 25 名，再上升至第 21 名；净资产从第 38 名上

———

① 根据 Wind 和券商年报数据整理。

升至第 29 名，再上升至第 21 名。2021 年中国银河（601881.SH）实现营业收入同比增长 51.52%，资产总额同比增长 25.67%，净资产同比增长 21.78%，营业收入、资产总额、净资产分别排名行业第 9 位、第 6 位和第 7 位，经营能力从第 8 名上升至第 7 名；申万宏源（000166.SZ）从第 9 名上升至第 8 名；平安证券从第 16 名上升至第 14 名。

2021 年，海通证券（600837.SH）从第 2 名下降至第 4 名，虽然营业收入和总资产分别增长 13.04% 和 7.33%，但净资产同比下降 5.14%，大型证券公司间竞争日趋激烈，净资产排名下降影响了其经营能力排名。广发证券（000776.SH）经营能力排名从第 5 名下降至第 9 名，总资产排名从第 6 名下降至第 9 名，营业收入和净资产也各下降一个名次。兴业证券（601377.SH）从第 14 名下降至第 15 名，安信证券从第 15 名下降至第 16 名。国泰君安（601211.SH）、招商证券（600999.SH）、中信建投（601066.SH）、国信证券（002736.SZ）、东方证券（600958.SH）、光大证券（601788.SH）、中泰证券（600918.SH）、方正证券（601901.SH）和长江证券（000783.SZ）经营能力排名不变。

表 2 2019~2021 年证券公司经营能力排名 TOP20

公司简称	2019 年	2020 年	2021 年
中信证券	1	1	1
华泰证券	4	4	2
国泰君安	3	3	3
海通证券	2	2	4
中金公司	10	7	5
招商证券	6	6	6
中国银河	8	8	7
申万宏源	7	9	8
广发证券	5	5	9
中信建投	11	10	10
国信证券	12	11	11
东方证券	9	12	12
光大证券	14	13	13
平安证券	15	16	14
兴业证券	13	14	15

续表

公司简称	2021 年	2020 年	2019 年
安信证券	17	15	16
中泰证券	16	17	17
方正证券	18	18	18
长江证券	19	19	19
东方财富	40	25	20

资料来源：Wind、山东省亚太资本市场研究院。

（二）盈利能力

盈利能力是一个公司主营业务获取利润的能力，盈利能力越强，公司获取利润的能力越高，本报告中证券公司盈利能力主要用总资产收益率、净资产收益率、营业利润率来反映。2021 年，证券公司盈利能力排名前三的分别是东莞证券、上海东方资管、天风（上海）证券资管（见表3）。资产管理公司的盈利能力相对较高，主要是因为其业务属于轻资产，资产规模相对较小。

表 3　2021 年证券公司盈利能力 TOP20

公司简称	排名	公司简称	排名
东莞证券	1	华泰联合	11
上海东方资管	2	华泰证券（上海）资管	12
天风（上海）证券资管	3	申万宏源承销保荐	13
财通证券资管	4	上海海通资管	14
上海光大资管	5	华英证券	15
东吴证券	6	东兴证券	16
长江证券承销保荐	7	东方财富	17
安信证券资管	8	华福证券	18
招商证券资管	9	上海国泰君安资管	19
东方证券承销保荐	10	中泰证券（上海）资管	20

资料来源：Wind、山东省亚太资本市场研究院。

从全行业来看，杠杆率稳步提升，净资产收益率不断增加，盈利能力持续增强。2021年末，证券行业杠杆倍数为4.12倍，比2020年的3.86倍有所提升，但距离国际主要投行平均14倍的水平还有较大差距，说明我国证券行业杠杆运用能力仍然不足。2019年以来，证券业正经历由交易型资本中介业务扩张带动下的第三轮扩表，上市券商整体杠杆率稳步提升，上市券商资产规模大幅增加，2021年合计总资产、净资产分别破10万亿元、2万亿元，较2018年分别增长71%和38%，杠杆率（扣除客户保证金）由2018年的3.19倍提高至2021年的3.83倍。自注册制改革以来，随着资本市场权益化、机构化的加深，证券业迎来发展机遇期，2019年以来上市券商盈利能力持续提升，2021年券商板块整体净资产收益率达到9.54%。

从盈利能力排名TOP20来看，资产管理公司的盈利能力相对较高。东莞证券净资产收益率全行业排名第一，报告期内东莞证券一方面积极进行大集合产品和通道业务整改，不断提升主动管理能力，主动管理规模占比提升至91%，较上年同期提升了12%；另一方面，银行代销渠道取得突破，首单固收小集合产品银行代销落地，也是公司盈利能力增强的重要原因。

2021年是资管新规过渡期收官之年，大资管行业监管环境进一步趋严，净值化转型进入改革深水区，资产管理机构之间的竞争越发激烈。同时，债券市场利率持续下行，房地产相关金融工具违约事件频发，股票市场估值整体承压，资管产品在收益实现和风险管控方面均面临较大的挑战。但资本市场改革的进一步深化，以及北京证券交易所设立、深交所主板与中小板合并等一系列监管政策的出台，促使市场体系结构更加清晰，服务实体经济的能力进一步增强。在此背景下，全行业资产管理公司零售与财富管理业务发展势头良好，资产证券化业务拓展机制不断完善。从全行业看，2021年资管业务继续深耕机构客户，聚焦"固收"，围绕资管发展方向和业务布局，以产品突破带动规模突破，以产品特色积聚业务特色，实现收入快速增加。截至2021年末，证券公司全行业资产管理业务规模合计82352亿元，较2020年同期下降4%：其中，集合资产管理计划规模36480亿元，较2020年同期增长

75%；单一资产管理计划 40373 亿元，同比下降 32%。这表明，券商资管在"去通道"的要求下，不断提升主动管理能力，加速优化资产管理业务结构。

（三）风险控制能力

合规经营是证券业发展的立身之本。近年来，券商经营集团化、国际化发展趋势日盛，如何将风险管控边界从母公司层面扩展至合并报表视角，让全面风险管理体系满足"全覆盖、强穿透、系统化"的并表风险管理要求，成为各家券商新的挑战和主要课题。2020 年 3 月 1 日，新《中华人民共和国证券法》（以下简称《证券法》）正式生效。为进一步完善资本市场法规体系，解决监管实践中的突出问题，更好地适应当前资本市场执法工作的新形势，贯彻落实修订后的《证券法》，证监会于 2021 年 3 月 18 日发布修订后的《上市公司信息披露管理办法》，自 2021 年 5 月 1 日起施行。证监会于 2021 年 6 月 15 日发布《证券市场禁入规定》，自 2021 年 7 月 19 日起施行，此次修改落实了新《证券法》证券市场禁入的相关规定，进一步明确了市场禁入类型、交易类禁入适用规则、市场禁入对象和适用情形。2021 年 7 月 5 日，中共中央办公厅、国务院办公厅印发《关于依法从严打击证券违法活动的意见》，就依法从严打击证券违法活动提出主要目标：到 2022 年，资本市场违法犯罪法律责任制度体系建设取得重要进展，依法从严打击证券违法活动的执法司法体制和协调配合机制初步建立，证券违法犯罪成本显著提高，重大违法犯罪案件多发频发态势得到有效遏制，投资者权利救济渠道更加通畅，资本市场秩序明显改善。

风险控制能力是证券公司综合竞争力的重要组成部分，在金融严监管背景下，证券公司合规经营压力较大，监管处罚频发，风控能力对其增强核心竞争力越发重要。从证券公司风险控制能力指标构成来看，微观风控能力和宏观风控能力是《证券公司风险控制指标管理办法》的具体实施表现，微观风控能力与净资本关联度较高，宏观风控能力很大程度反映了资产的流动性。微观风控能力和宏观风控能力排名 TOP20 结果见表 4。

表4　2021年微观风控能力和宏观风控能力排名 TOP20

公司简称	微观风控能力排名	公司简称	宏观风控能力排名
东吴证券	1	金通证券	1
国信证券	2	瑞信证券	2
华泰证券	3	恒泰长财	3
中信证券	4	摩根大通	4
国泰君安	5	红塔证券	5
招商证券	6	大通证券	6
中信建投	7	东证融汇资管	7
海通证券	8	财达证券	8
广发证券	9	财通证券资管	9
光大证券	10	中天国富	10
中国银河	11	金圆统一	11
国金证券	12	南京证券	12
南京证券	13	湘财证券	13
天风证券	14	爱建证券	14
长江证券	15	中泰证券（上海）资管	15
红塔证券	16	太平洋证券	16
方正证券	17	华西证券	17
太平洋证券	18	九州证券	18
华西证券	19	浙商证券	19
东方证券	20	东吴证券	20

资料来源：Wind、山东省亚太资本市场研究院。

1. 微观风控能力分析

从微观风控能力来看，排名前三的分别是东吴证券（601555. SH）、国信证券（002736. SZ）和华泰证券（601688. SH）。具体来看，东吴证券（601555. SH）坚持把"合规、诚信、专业、稳健"的行业文化建设要求落到实处，全面提升合规风控管理的能力、质量和效率，入围证监会公布的首批证券公司"白名单"，连续7年保持证券公司分类监管 A 类 A 级评价。东吴证券建立了良好的公司治理结构和规范的合规风控组织架构，各级业务和职能机构之间权责明确、运作规范；构建了有效的合规风控管理机制，微观风控能力排名全行业第一。国信证券（002736. SZ）微观风控能力排名从第

10 名上升至第 2 名，该公司将创新业务一并纳入多层次、全方位的内部控制和风险管理体系，确保风险可控，制定并实施了《国信证券股份有限公司新产品新业务管理办法》，对创新业务的筹备、业务评估与决策、业务开展及后续管理进行规范。在风险计量方面，引入"经济资本"有效计量和评估公司总体风险水平。在限额管理方面，从业务层级精细到投资策略层级，提高压力测试限额以防范极端风险。华泰证券（601688.SH）微观风控能力排名从第 5 名上升至第 3 名，高度重视先进 IT 技术在风险管理中的应用，用技术手段固化各项风险控制流程和关键节点，持续打造技术系统和数据驱动的风险管理工作流程。报告期内，该公司全面升级综合风险管理平台建设框架，向境外延伸，实现境内外一体化技术支撑，以科技赋能促进风险管理工作模式转型和效率提升。

中信证券（600030.SH）微观风控能力排名从第 6 名上升至第 4 名。中信证券（600030.SH）作为行业内部大型证券公司，综合竞争力一直处于行业第一，2021 年公司重点优化风险偏好管理体系建设，发布了经董事会审议批准的《中信证券股份有限公司风险偏好管理办法》和《中信证券股份有限公司 2021 年度风险偏好陈述书》，充分发挥风险偏好对业务发展的引导作用；同时成立特殊资产部专职负责风险资产处置，防范化解重大金融风险。国金证券（600109.SZ）微观风控能力从第 20 名上升至第 12 名，报告期内，该公司高度重视合规风控体系建设，在达成经营目标的同时，证券行业分类评价结果保持在 A 类 A 级，开展全面风险管理体系建设，增加风险管理系统研发投入，风险覆盖率 334.41%，居行业第11 名，从业务风险计量到操作风险管控，实现对公司业务开展全过程的风险可测、可控、可承受。

中国银河（601881.SH）微观风控能力从第 7 名下降至第 11 名，净资本/净资产排名下降明显，从第 53 名下降至第 81 名，风险覆盖率 219%，从第 32 名下降至第 39 名。南京证券（601990.SH）从第 1 名下降至第 13 名，净资本 1460921.8 万元，下降至行业协会第 38 名，净资本/净资产排名下降至第 61 名，风险覆盖率 460.19%，位居行业第二。

2.宏观风控能力分析

从宏观风控能力来看，排名前三的是金通证券、瑞信证券和恒泰长财。金通证券名列前茅，连续三年排名第一，恒泰长财连续两年排名前三。报告期内，金通证券风险覆盖率5122227.86%，流动性覆盖率324561.70%，位居行业第一；净稳定资金率18673.97%，全行业排名第一；资本杠杆率99.41%，流动性良好，资产质量优良。从财务报表数据分析，报告期末，由于本公司的流动资产绝大部分为现金及银行存款，因此具有能于到期日应付可预见的资金被客户提取的需求，不存在重大流动性风险。恒泰长财风险覆盖率为1268.67%，资本杠杆率为59.27%，流动性覆盖率为4986.67%，宏观风控能力全行业排名第三；净稳定资金率为544.14%，排名第五。恒泰长财积极落实《证券公司投资银行类业务内部控制指引》等监管规定，全面完善内部治理以及风控体系建设和存续期管理体系建设，完善内控制度及业务机制，健全项目质量控制和受托管理制度体系。通过加强内控有效性和执业合规性，建立分工合理、权责明确的三道内控防线，优化合规风控体系，严格项目准入标准，确保业务在坚守合规底线与风险管理生命线的前提下实现健康、稳定的发展。瑞信证券流动性覆盖率为51.31%，宏观风控能力位居行业第二；净稳定资金率为6.18%，位居行业第五，资产质量状况优良，流动性充足。报告期内，该公司未发生重大的信用、市场、操作、流动性和声誉风险事件。同时，该公司通过加强合规管理工作，实现对各项合规风险的有效识别、评估和管理，为该公司各项业务依法合规经营提供有效支持和监督，促进公司持续规范发展。红塔证券（601236.SH）宏观风控能力从第18名上升至第5名，大通证券从第10名上升至第6名，财达证券（600906.SH）从第13名上升至第8名，湘财证券（430399.NQ）从第19名上升至第13名。财通证券（601108.SH）资产管理从第3名下降至第9名，爱建证券从第4名下降至第14名。

通过对证券公司的风控能力进行分析，发现大部分券商持续加大合规相关信息科技投入力度，结合公司数字化战略积极规划和重塑合规体系，运用大数据、人工智能等技术手段助力合规管理，完善风控体系建设，包括定期收集监管法规、监管通报、监管处罚、行业风险事件等相关信息。自然语言处理技术和机器学习模型的引入可协助券商构建合规信息情报站，对各类信息进行系统化、结构化、标准化的解析和处理，并通过规则引擎或模型训练布防监管合规"前哨站"。若有监管新规发布或行业风险事件发生，前置合规数据解析模型可基于相关信息快速进行关键字捕捉与语义解析提炼，并将其成果转化为合规管理建议、合规管理行动并进行任务推送，以协助券商实现对监管合规重要信号的精准研判与敏捷响应。

总体来看，一方面，证券行业不断深化改革，政策环境持续改善；另一方面，自2020年6月"建制度、不干预、零容忍"监管理念被首次提出以来，证券行业严监管态势延续，监管处罚频率有所增加、力度有所增大，证券公司持续面临合规风控的压力。2021年我国出台的一系列政策法规，强化了证券经营机构的执业标准，强调了合规理念与风险防控意识。监管机构持续加强资本市场基础法律制度完善，着重风险防范与监管治理，进一步强调了证券公司作为资本市场"看门人"的责任。这些充分展现了我国深化资本市场改革与强化证券市场监管的方针坚定不移。与此同时，监管机构也应进一步加强对券商全面风险管理落实情况的现场检查，以查促改，旨在督促证券公司进一步提升风险管理水平。证监会对证券公司的全面风险管理落实情况现场检查要注重以下两个方面：一是覆盖范围全面，检查项目包括全覆盖、计量与监测、分析与应对及支持保障措施等，覆盖的业务范围、管理工具、数据系统等较为全面；二是检查尺度严格，在"全面风险管理规范"等监管文件的要求之上，还应多参照并表试点评审的标准以及试点机构的示范实践。

（四）创新能力

近年来，部分头部券商加快创新业务扩张步伐，中小券商陆续重点布局创新业务、研究业务，外资研究所加速入场，对券商创新服务的专业化水平提出了更高要求，传统业务竞争加速白热化。数字化时代，随着资本市场改革的深入，券商纷纷进行数字化转型，研究及创新越发成为投行发行定价及财富管理转型中的重要一环，大力发展创新能力、加大科技及研究投入力度、拓展创新业务、加快进行数字化转型已成为券商发展的主流趋势，尤其是大型券商。2021 年证券公司创新能力排名 TOP20 见表 5，排名前三的分别是国泰君安（601211.SH）、华泰证券（601688.SH）和广发证券（000776.SZ）。

国泰君安（601211.SH）创新业务加强研究团队建设，不断提升创新业务的研究服务能力。报告期内共完成研究报告 6728 篇，举办电话会议 1025 场，开展对机构客户线上及线下路演 13321 人次。公司高度重视以科技推动自主创新战略，发布实施《全面数字化转型整体方案》，明确提出打造"SMART 投行"的数字化转型，持续优化以"国泰君安君弘"App 为核心的数字化财富管理平台和以"国泰君安道合"App 为核心的机构客户服务平台，增强客户体验、引领创新业务发展。期末"国泰君安君弘"App 手机终端用户 3790 万户，平均月活用户数排名行业第 2 位，"国泰君安道合"平台机构用户累计超过 5.5 万户、覆盖机构和企业客户 9047 家。华泰证券（601688.SH）研究人员数量 3169 名，位居行业第一。公司致力于用数字化思维和平台彻底改造业务及管理模式，打造数字化牵引下的商业模式创新与平台化支撑下的全业务链优势。在财富管理领域，不断迭代升级移动金融战略，以移动化、数字化、智能化为目标，致力于打造"千人千面"的财富管理平台；依托"AORTA·聊 TA"平台赋能一线员工，有效推动客户规模和客户活跃度增长。在机构服务领域，以自主研发的机构客户服务数字化平台"行知 2.0"作为牵引，融券通、信用分析管理系统、INCOS 赢客通云平台等串联起机构服务的各个环节，创新客户体验、提升服务效能，促进客户生态不断延展。报告期内，发布"融券通"3.0 版，从高效赋能迈向开放连接，推动融券业务创新发展和融券规模持续扩大。广发证券（000776.SZ）从第 10 名上升至第 3 名，数字化转型排名第二，知识产权数量为 453 个，位居行业第五。多年来，广发证券拥有行业领先的投研能力，连续多年获得"新财富本土最佳研究团队"第一名、"金牛研究机构"等行业权威奖项，构建"研究+N"经营模式，坚持以科技创新引领业务发展，不断加大金融科技投入力度，主动运用先进理念、技术和工具，持续提升公司金融科技与业务的深度融合及数字化水平。

中国银河（601881.SH）从第18名上升至第11名，全行业内知识产权数量最多，达到1103个。国金证券（600109.SH）从第22名上升至第16名，知识产权数量402个，行业排名第七。光大证券（601788.SH）从第23上升至第17名，东吴证券（601555.SH）从第24名上升至第19名，这两家公司创新能力排名提高的共同原因是研究人员数量和研究报告数量较上年明显增加，业务创新能力大大提高。

表5　2021年证券公司创新能力排名TOP20

公司简称	排名	公司简称	排名
国泰君安	1	中国银河	11
华泰证券	2	中泰证券	12
广发证券	3	东方财富	13
海通证券	4	方正证券	14
中信证券	5	申万宏源	15
中信建投	6	国金证券	16
兴业证券	7	光大证券	17
东方证券	8	国信证券	18
招商证券	9	东吴证券	19
安信证券	10	平安证券	20

资料来源：Wind、山东省亚太资本市场研究院。

四　综合竞争力评价

（一）头部券商集中度提高、大中小券商差异化发展

从综合竞争力得分来看，2021年证券公司综合竞争力平均得分为56.91分，与上年比略有提升。综合竞争力得分分布见图1，得分在90分以上的有8家，分别是中信证券（600030.SH）、国泰君安（601211.SH）、华泰证

券（601688.SH）、海通证券（600837.SH）、招商证券（600999.SH）、广发证券（000776.SZ）、中信建投（601066.SH）、中国银河（601881.SH）。这几家头部证券公司的综合竞争力得分一直处于较高水平，体现出综合类证券公司较为稳定的竞争格局和较强的综合竞争实力。得分在70分以上的有32家，比上年多9家；得分为（60，70]的有27家，比上年多7家；60分及以下的有81家。大部分中小企业得分为40~60分，这表明中小型证券公司综合实力相当，竞争十分激烈，而且大型证券公司不断侵占中小型证券公司市场份额，综合实力差距不断扩大。

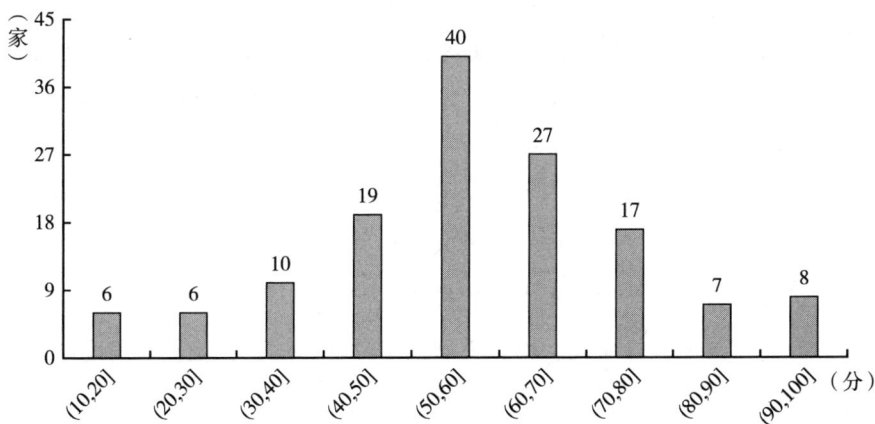

图1　2021年证券公司综合竞争力得分分布

注：图为根据证券公司各项得分加权计算出的综合竞争力得分换算成百分制后的得分。
资料来源：Wind、山东省亚太资本市场研究院。

复杂的国际形势及疫情散发给我国的国民经济发展带来了一定的挑战，我国在科学统筹疫情防控和"双循环"发展战略下经济总体保持恢复态势。面对百年未有之大变局，证券行业经受住了疫情和复杂外部环境等多重冲击和考验，2021年证券行业整体发展稳中有进、砥砺前行，证券公司专业服务能力和水平进一步提升，业务规模和资本实力稳步增长。中国证券业协会公布的经审计数据显示，截至2021年末，行业总资产10.53万亿元，净资产2.51万亿元，较上年末分别增长20.0%和12.5%，行业总资产首次突破

10 万亿元。行业净资本 1.99 万亿元，较上年末增长 10.7%。净利润方面，过百亿的有 10 家公司，其中有 5 家为 100 亿～110 亿元，净利润超 50 亿元的券商有 12 家，超 20 亿元的有 23 家，头部券商马太效应加剧。

从全行业 140 家证券公司综合竞争力排名看，TOP20 证券公司排名较为稳定。证券行业属性强，受资本市场波动影响较大，在重资产业务占比逐渐提升的当下，整体经营稳健、业务结构相对均衡的头部券商有望更好地抵御各类非系统性风险，业绩确定性更高。2021 年排名前五的证券公司营业收入合计占比为 28.24%、排名前十的证券公司营业收入合计占比为 48.26%，分别较上一年提升 1.26 个和 1.80 个百分点。实际上，2017～2021 年，营业收入排名行业前十的大型券商，其营业收入占全行业营业收入的比例从2017 年的 42% 逐渐上升至 48.26%，体现出大券商强大的市场竞争力。随着资本市场改革深化，证券行业业务转型加快，业务空间扩大，头部券商在资本实力、客户资源、研究能力、资产定价能力、风险管理能力等方面均有优势，业务竞争力不断增强，创新能力不断凸显，品牌影响力不断提升，行业整体将呈现业务向头部券商集中化的趋势。

目前，我国证券行业大、中、小型公司共存。从中长期发展角度看，叠加行业整合进程加速，将逐渐形成大中小券商的差异化发展格局。2020 年，中国证监会修订《证券公司分类监管规定》，优化分类评价指标体系，从投资银行、资产管理、机构客户服务及交易、财富管理、盈利能力、信息技术投入等方面，优化调整业务发展状况评价指标，这体现了监管支持证券公司突出主业、做优做强、差异化、特色化发展的导向，进一步推动了证券行业形成差异化发展格局。

（二）注册制促进证券公司投行业务发展

2021 年，北京证券交易所的正式开市交易标志着多层次资本市场建设进入新阶段，注册制改革不断深化，市场化发行承销机制日渐成熟，促进证券公司投资银行业务发展。2021 年证券行业实现投资银行业务净收入704.07 亿元，同比增长 4.29%，其中 14 家 A＋H 股上市券商投行业务净收入 441.66 亿元，占全行业投行业务净收入的 62.73%，较上年的 59.86%略有上升，行业集中度依然显著。①

科创板设立、创业板注册制改革促进全市场募集资金规模扩张，有利于券商开展投行业务。科创板推出后，2019~2021 年分别募集资金 840 亿元、2223 亿元、2100 亿元，分别占全市场募集资金的 33%、46%和 35%。创业板注册制改革后，2020~2021 年分别募集资金 900 亿元和 1494 亿元，远超2019 年的 301 亿元，2019~2021 年募集资金占全市场比重分别为 12%、19%和 25%。2019~2021 年证券行业投行业务收入分别为 483 亿元、672 亿元和 700 亿元，同比增速分别为 26%、47%和 4%，2019~2020 年科创板和创业板注册制实施效果明显，投行业务业绩增量显著。

注册制实施后，股权融资规模大增，为投行业务打开空间。2019 年，科创板在上交所开市，注册制试点正式落地；2020 年，深交所创业板开启注册制试点。2018~2021 年，IPO 融资金额从 1378 亿元增长到 5426 亿元，从 105 家增长到 524 家。从 2021 年上市券商 IPO 数量与募资金额来看，头部券商中信证券（600030.SH）、中金公司（601995.SH）、中信建投（601066.SH）与其他券商拉开较大差距，2021 年三家公司投行业务收入分别为 81.56 亿元、70.36 亿元和 56.31 亿元，位列行业前三。在 IPO 上市企业中，通过注册制方式上市的企业占比超 70%；在高新技术企业较为集中的专用设备制造业、化学原料和化学制品制造业、医药制造业、计算机通信和其他电子设备制造业等行业中，双创板块对于上市企业更有吸引力。再融资行政手续的简化和融资门槛的降低，激发了再融资市场的活力，定增募资和可转债募资成为主要驱动力。同时，随着经济发展新常态以及产业回归本源，跨行业并购逐渐减少，上市公司之间围绕产业链条进行整合的案例增多。考虑到并购重组新规放开配套融资、科创板并购重组、再融资新规在定价、锁定期、减持等方面的加持，上市公司并购重组的需求也将进一步被激发。

债权融资方面，债券市场在高质量发展的同时稳步扩容，公司债表现出

---

① 数据来自 2021 年券商年报。

更大的潜力。截至 2021 年末，中央结算公司登记发行债券 22.84 万亿元，同比增长 4.41%，上海清算所登记发行债券 32.17 万亿元，同比增长 12.27%。其中，公司债的发行量增速突出，发行数量达 4064 只，2018～2021 年发行指数年复合增长率达 38.73%，远超企业债（19.74%）、金融债（21.97%）以及短融（20.97%）等其他债券品种的增速。

（三）数字化转型和金融科技持续赋能证券行业、主动引领业务发展

随着金融科技发展在金融全行业的铺开，传统证券业务受到新兴科技的冲击，数字化转型和金融科技能力建设已经成为中国证券行业发展必须面对的课题。

疫情防控与投资者需求加速财富管理线上化与数字化进程。2021 年国内疫情防控趋于常态化，在一定程度上加速了财富管理行业的线上化。在合规前提下，各项业务通过线上方式实现，而线上化逐步深入又催生了数字化转型，财富管理机构通过数字化标签、画像等了解并满足客户需求。与此同时，财富的代际传递、新富人群的崛起为财富管理市场注入了年轻力量，他们对于线上化与数字化服务的期待更高，对服务体验提出了更高要求。麦肯锡《全速数字化：构建财富管理新护城河》指出，互联网平台成为 85% 以上的 "90 后" 群体理财的主选择，且 80% 以上的中国金融消费者乐意接受由 AI 辅助决策提供的理财投资建议。例如，互联网券商在融资融券业务获客优势表现明显。近年来通过配股、定增等完成再融资的中信证券（600030.SH）、东吴证券（601555.SH）、国联证券（601456.SH）、华安证券（600909.SH）等，均在募资用途中明确表示将发展资本中介业务、扩大两融业务规模。华泰证券（601688.SH）率先发布全市场首个开放式、线上证券借贷交易平台 "融券通"，开启了证券借贷行业数字化运营新模式。2021 年上市券商日均融资融券余额为 1019.04 亿元，同比增长 24.62%；信用业务所带来的利息净收入也进一步增加，2021 年上市券商利息净收入合计 602.12 亿元，同比增长 12.57%。①

---

① 数据来自 2021 年券商年报。

随着金融市场的快速发展，客户对财富管理的需求也呈现多元化特征，传统的交易类服务已无法满足客户需求，但年轻一代投资者群体对于财富管理的了解又不够全面，因此构建全新的数字化财富管理服务体系已迫在眉睫。国内疫情散发对各券商的展业能力又是一次重大的考验。券商行业通过积极打造员工 IP、敏捷展业等方式进行数字化展业。以国信证券（002736.SZ）为例，采用 IP 人设加热点话题的方式进行展业，让直播、短视频等正处于流量风口的新兴产业为展业赋能，鼓励分支机构积极参与公司自媒体运营，利用自身优势形成富有特色的数字化经营模式，通过数字化方式帮助客户构建适合自己的财富管理体系。在当前国际社会不确定性增加、投资品种日益丰富、监管政策和机制日趋成熟的背景下，如何有效识别客户需求、全面推进客户分类分层管理、打造线上精准营销和服务平台已成为券商数字化财富管理的重要环节。对于券商财富管理而言，加强金融科技力量，推进线上化、数字化进程是行业的大势所趋。

数字化转型和金融科技建设已成为证券业下一个战略周期的发展核心驱动力，技术浪潮的兴起给证券行业带来全新的发展机会，但也面临数字化转型缺乏顶层设计、业务与科技融合机制不足、数字化底层基础不牢靠、数据基础能力薄弱等挑战。展望未来，券商需厘清行业发展趋势，进一步结合自身资源禀赋、业务模式和特点，制定中长期发展策略，更好地利用数字化和金融科技的优势，不断提高财富管理能力和综合竞争力。

（四）财富管理业务：转型升级加速

1. 大型龙头券商对通道型经纪业务依赖度更低

2021 年，证券行业实现营业收入 5011 亿元，同比增长 12%，[1] 从具体收入结构来看，各业务条线收入较上年均有增长。其中，自营业务作为证券公司第一大收入来源，全年实现收益（公允价值变动损益与投资收益合计）1641 亿元，同比增长 11%，占营业收入总额的 33%。传统经纪业务得益于

---

① 数据来自 2021 年券商年报。

财富管理转型与整体市场交易量走高，2021 年实现净收入 1547 亿元，同比增长 19%，占营业收入总额的 31%。随着科创板的设立和注册制改革的不断深化推进，2021 年股权融资发行单数以及发行规模创新高，债权融资规模也同样维持高位，投资银行业务实现净收入 704 亿元，同比增长 4%，占营业收入总额的 14%。2021 年资管新规过渡期收尾，资产管理行业进入了公募化转型与净值化新阶段。报告期内以主动管理为代表的集合资产管理规模大幅增长，而受"去通道"政策影响较大的单一资产管理规模持续收缩，全行业资产管理业务净收入为 317.86 亿元，同比增长 6%。展望未来，传统"看天吃饭"的佣金模式将发生显著变化，国内券商收入结构有望逐步向欧美大型投行靠拢，行业高质量发展和增长再提速成效显著。

通过分析资产规模排名前十的证券公司的收入结构发现，十家公司的经纪业务收入占比均低于行业平均水平（24%）。随着佣金率持续下行，证券公司越来越注重传统经纪业务向财富管理业务转型。当前，各家证券公司依据自身禀赋，制定不同的策略发展财富管理业务。代销金融产品是传统经纪业务转型的一种模式。根据中国证券业协会数据，2021 年证券行业代理销售金融产品净收入 206.90 亿元，同比增长 53.96%，收入占经纪业务收入 13.39%，占比提升 3.02 个百分点。以代销金融产品收入在经纪业务中占比为衡量指标，在上市证券公司中，中信证券（600030.SH）、中金公司（601995.SH）、兴业证券（601377.SH）、中信建投（601066.SH）及广发证券（000776.SZ）的代销金融产品收入在经纪业务收入中占比分别为 19.02%、18.84%、18.65%、15.12% 和 13.74%，均高于行业平均水平。除了产品代销以外，基金投顾业务试点的推出也给证券公司财富管理业务带来了更大发展机遇。在产品代销模式中，证券公司接受基金管理人的委托代销基金产品，受理投资者申赎基金产品申请，收入来源主要是销售费收入和申赎费用等。而在基金投顾模式中，证券公司可以开展管理型基金投顾服务，收取基金投顾服务费，这将创新财富管理服务的模式，丰富盈利来源。

2. 资管业务快速发展

2021 年是资管新规过渡期的最后一年，券商资管主动化管理转型进入了冲刺期。证券行业资产管理业务规模为 10.88 万亿元，同比增长 3.53%，尤其是以主动管理为代表的集合资管规模达到 3.28 万亿元，同比增长 112.52%，在总的受托资产管理规模中占比从 2020 年的 19.89% 提升到 30.15%。根据上市券商披露口径，2021 年上市券商实现资管业务收入 497.50 亿元，同比增长 28.14%。从受托管理资产总规模来看，中信证券（600030.SH）以 16257.35 亿元的受托规模排名第一，和其他证券相比规模优势明显。

2021 年是券商资管公募化改造的提速期，报告期内完成公募化改造的券商大集合产品已超过 140 只。公募基金市场规模迭创新高，全行业管理资产总规模从上年的 19.89 万亿元提升至 25.56 万亿元；基金数量于 2022 年 6 月突破 10000 只。2022 年 4 月，证监会发布《关于加快推进公募基金行业高质量发展的意见》，为加快构建基金行业新发展格局、实现高质量发展指明方向。5 月证监会发布《公开募集证券投资基金管理人监督管理办法》，开启"一参一控一牌"新时代。截至 2022 年 6 月，市场上拥有公募基金牌照的券商资管共有 12 家，而包括中信证券、中金公司、中信建投等在内的券商也都在积极部署资管子公司的设立和公募牌照的申请，券商资管子公司公募化转型和布局持续深化。

后资管新规时代，资管机构已逐步完成去通道、净值化管理等要求，步入券商资管向公募化转型的新阶段。在回归本源的同时，券商资管业务还需考虑如何在充分利用自身优势和政策导向的同时实现资管业务高质量的发展，拓宽投资渠道，搭建不同风险偏好的产品体系，开发跨市场的产品或产品组合，实现差异化经营，满足个性化的综合金融服务需求。

3. 部分头部券商在产品、客户、团队全面布局，财富管理转型成效初显

中信证券（600030.SH）：（1）产品层面：公募及私募基金保有规模超过 3800 亿元，较 2020 年末增长 26%，较 2018 年末增长 2.6 倍。（2）客户层面：200 万元以上资产财富客户数量 15.8 万户、资产规模 1.8 万亿元，分别较 2020 年末增长 25% 和 21%；600 万元以上资产高净值客户数量 3.5 万户、资产规模 1.5 万亿元，较 2020 年末分别增长 29% 和 19%；财富客户及高净值客户的数量及资产规模均较 2018 年末实现翻倍增长。（3）投顾层面：自 2021 年 11 月 1 日公募基金投资顾问业务上线以来，两个月内累计签约客户超过 9 万户，签约客户资产超过 70 亿元。

中金公司（601995.SH）：（1）产品层面：产品保有量突破 3000 亿元，同比增长近 90%。财富管理买方收费资产近 800 亿元，同比大幅增长超 180%。（2）客户层面：财富管理客户数量达 453.51 万户，较上年增长 22.9%，客户账户资产总值达 3.00 万亿元，较上年增长 16.2%。其中，高净值个人客户数量为 3.49 万户，较上年增长 36.2%，高净值个人客户账户资产总值达 8204.35 亿元，较上年增长 22.0%。（3）投顾层面：投顾团队规模快速扩张，投顾品牌市场影响力进一步提升。截至 2021 年末，中金财富投顾团队超 3000 人，其中，服务高净值客户的私人财富顾问超过 1000 人。

华泰证券（601688.SH）：（1）产品层面：金融产品保有数量（除现金管理产品"天天发"外）7181 只，金融产品销售规模（除现金管理产品"天天发"外）7594 亿元。（2）客户层面：2021 年"涨乐财富通"平均月活数为 891.31 万户，截至 2021 年末月活数为 1101.81 万户，月活数居证券公司类 App 第一名。根据内部统计数据，客户账户总资产规模达 5.40 万亿元。（3）投顾层面：基金投资顾问业务全面运营推广，基金投资顾问业务收入快速提升，截至 2021 年末，基金投资顾问业务授权资产 195.11 亿元、参与客户数量 72.21 万户。

附件：

2021 年证券公司竞争力指标排名情况汇总

名称	综合排名	经营能力排名	盈利能力排名	微观风控能力排名	宏观风控能力排名	成长能力排名	创新能力排名
中信证券	1	1	29	4	66	38	5
国泰君安	2	3	35	5	54	53	1
华泰证券	3	2	50	3	64	42	2
海通证券	4	4	57	8	43	66	4

名称	综合排名	经营能力排名	盈利能力排名	微观风控能力排名	宏观风控能力排名	成长能力排名	创新能力排名
广发证券	5	9	28	9	49	80	3
招商证券	6	6	33	6	34	54	9
中国银河	7	7	31	11	40	41	11
中信建投	8	10	24	7	55	84	6
中金公司	9	5	25	27	32	27	23
国信证券	10	11	26	2	21	77	18
申万宏源	11	8	48	40	63	43	15
东方证券	12	12	56	20	45	11	8
兴业证券	13	15	22	25	30	86	7
东吴证券	14	52	6	1	20	99	19
光大证券	15	13	73	10	44	74	17
平安证券	16	14	51	31	46	36	20
中泰证券	17	17	52	34	37	39	12
国金证券	18	30	34	12	41	83	16
方正证券	19	18	92	17	65	17	14
浙商证券	20	23	47	29	19	45	27
东方财富	21	20	17	80	130	69	13
长江证券	22	19	60	15	59	48	44
东莞证券	23	117	1	44	67	114	47
财通证券	24	25	32	32	50	82	31
华西证券	25	28	61	19	17	81	22
安信证券	26	16	44	104	131	59	10
东北证券	27	33	41	36	35	71	21
国元证券	28	24	72	24	26	34	32
长城证券	29	29	42	33	29	56	34
东兴证券	30	48	16	22	80	92	33
西部证券	31	31	79	21	24	49	28
华安证券	32	37	64	47	22	70	26
西南证券	33	32	94	26	57	31	29
天风证券	34	27	109	14	33	13	24
红塔证券	35	44	53	16	5	94	72
南京证券	36	47	68	13	12	60	45

续表

名称	综合排名	经营能力排名	盈利能力排名	微观风控能力排名	宏观风控能力排名	成长能力排名	创新能力排名
山西证券	37	35	87	37	58	26	30
华福证券	38	36	18	71	127	63	54
中金财富	39	21	37	48	95	30	107
国联证券	40	40	81	39	52	25	43
第一创业	41	51	74	23	36	72	41
财达证券	42	54	71	38	8	37	39
国海证券	43	34	85	45	89	28	37
渤海证券	44	39	43	51	109	64	53
中原证券	45	46	101	35	60	3	50
中银国际	46	42	70	30	86	50	66
财通证券资管	47	112	4	70	9	113	70
财信证券	48	41	76	50	28	22	57
湘财证券	49	63	59	53	13	62	38
上海证券	50	38	88	58	74	12	42
信达证券	51	43	39	87	126	33	52
民生证券	52	45	54	68	122	76	51
开源证券	53	57	100	42	27	68	36
华创证券	54	50	36	100	48	61	40
华龙证券	55	59	77	28	42	75	75
华林证券	56	76	55	41	53	98	49
首创证券	57	61	38	74	112	78	48
万联证券	58	56	75	63	113	47	63
国盛证券	59	67	104	90	39	6	25
华泰联合	60	88	11	77	81	103	103
申港证券	61	86	63	46	68	90	69
上海光大资管	62	105	5	99	73	121	106
中航证券	63	69	30	102	56	91	78
招商证券资管	64	99	9	54	70	118	125
万和证券	65	84	67	62	71	8	76
爱建证券	66	111	98	49	14	2	71
天风(上海)证券资管	67	119	3	122	84	35	116
太平洋证券	68	73	114	18	16	133	46

名称	综合排名	经营能力排名	盈利能力排名	微观风控能力排名	宏观风控能力排名	成长能力排名	创新能力排名
上海海通资管	69	95	14	97	78	101	108
恒泰证券	70	58	107	64	121	32	68
粤开证券	71	78	111	43	51	24	58
五矿证券	72	62	83	89	128	65	79
华鑫证券	73	65	58	127	132	87	56
金元证券	75	74	86	82	47	9	91
国开证券	76	53	115	66	100	5	80
上海国泰君安资管	77	89	19	94	76	122	101
国都证券	78	60	49	111	115	88	105
世纪证券	78	87	102	61	31	15	62
上海东方资管	79	96	2	139	138	111	124
新时代证券	80	71	96	78	108	21	77
华宝证券	81	77	103	76	107	14	59
长城国瑞	82	91	105	52	61	10	74
北京高华	83	102	27	59	102	135	67
国融证券	84	85	62	105	110	20	82
英大证券	85	70	69	91	90	51	94
东海证券	86	49	110	112	124	29	61
大通证券	87	94	93	56	6	85	92
华泰证券(上海)资管	88	80	12	125	123	126	138
东方证券承销保荐	89	113	10	118	91	96	122
瑞银证券	90	101	65	84	114	52	81
长江证券承销保荐	91	130	7	98	77	105	130
中信证券(山东)	92	64	46	106	118	116	136
瑞信证券	93	121	89	55	2	18	98
中天证券	94	92	80	67	75	73	96
中邮证券	95	81	106	60	97	40	88
摩根大通	96	118	78	79	4	131	60
申万宏源西部	97	75	40	101	99	97	139
诚通证券	98	72	97	114	104	110	73
恒泰长财	99	135	23	92	3	102	123
中泰证券(上海)资管	100	129	20	72	15	119	117

续表

名称	综合排名	经营能力排名	盈利能力排名	微观风控能力排名	宏观风控能力排名	成长能力排名	创新能力排名
宏信证券	101	98	99	85	25	44	85
申万宏源承销保荐	102	115	13	120	87	107	140
九州证券	103	100	95	86	18	79	99
联储证券	104	79	119	57	103	4	86
江海证券	105	66	112	123	129	7	93
长江证券(上海)资管	106	107	21	116	82	117	134
国新证券	107	55	113	93	133	108	120
中信证券华南股份	108	82	91	103	101	55	137
华英证券	109	133	15	126	120	104	133
东证融汇资管	110	26	122	134	7	16	131
东亚前海	111	22	126	133	134	1	83
兴证证券资管	112	126	45	119	83	123	114
华金证券	113	90	120	73	96	23	65
安信证券资管	114	122	8	136	135	112	118
渤海汇金资管	115	128	108	75	69	128	89
金通证券	116	139	116	130	1	19	128
摩根士丹利	117	132	66	132	116	124	100
甬兴证券	118	108	84	128	92	138	109
中天国富	119	97	118	121	10	100	110
广发证券资管	120	93	90	137	136	127	121
德邦证券	121	68	132	96	119	46	35
银泰证券	122	104	123	95	98	93	111
浙商证券资管	123	110	82	140	139	120	135
川财证券	124	116	125	81	62	134	55
中德证券	125	125	124	83	79	95	127
华兴证券	126	109	117	115	111	139	90
方正承销保荐	127	120	121	124	38	89	132
大同证券	128	103	140	69	23	58	87
中山证券	129	83	128	88	117	67	97
高盛高华	130	106	127	109	88	57	104
德邦资管	131	131	131	65	72	115	113
金圆统一	132	123	133	107	11	137	102

续表

名称	综合排名	经营能力排名	盈利能力排名	微观风控能力排名	宏观风控能力排名	成长能力排名	创新能力排名
汇丰前海	133	127	137	110	105	130	119
野村东方国际	134	114	130	129	125	136	84
大和证券（中国）	135	134	134	113	94	129	112
第一创业承销保荐	136	136	129	117	85	109	126
上海甬兴资管	137	138	136	131	93	106	115
星展证券	138	124	135	108	106	—	95
国盛证券资管	139	137	138	138	137	125	129
网信证券	140	140	139	135	140	132	64

资料来源：Wind、中国证券业协会、证券公司年报、山东省亚太资本市场研究院。

参考文献

孙国茂、张辉、张运才：《宏观审慎监管与证券市场系统性风险测度研究》，《济南大学学报》（社会科学版）2020 年第 6 期。

评 价 篇
Evaluation Reports

B.2
中国证券市场发展报告（2022）

孙国茂　李宗超*

摘　要： 2021 年，资本市场改革取得新突破，北京证券交易所开市运行，服务创新型中小企业迈出重要步伐，多层次资本市场体系更加完善。全年股债融资规模创历史新高，要素资源向科技创新领域集聚，服务实体经济实现量质双升。债券违约等重点领域风险收敛，市场韧性和抗风险能力增强。探索实施转板制度，实现多层次资本市场之间互联互通。在注册制推动下，资本市场直接融资功能明显，全年 IPO 数量及融资额、债券发行数量及金额均创历史新高。股票市场维持活跃状态，三大股票指数均实现上涨，股票市场成交额创历史纪录。作为资本市场重要服务机构的证券公司，全年盈利能力稳定提升，自营投资业务和财富管理业务成为业绩主要增长引擎。随着 ESG 治理理念的倡导，证券公司纷纷

---

* 孙国茂，青岛大学经济学院特聘教授，博士生导师，山东省亚太资本市场研究院院长，研究领域为公司金融、资本市场、制度经济学；李宗超，山东省亚太资本市场研究院高级研究员，研究领域为证券投资、商业银行。

将 ESG 因素纳入业务考量，为绿色产业发展提供支持，同时，ESG 在促进实现"碳达峰、碳中和"目标中也扮演着重要角色。

关键词： 证券市场　北京证券交易所　新三板市场

2021 年，在以习近平同志为核心的党中央坚强领导下，我国沉着应对百年变局和世纪疫情，加快构建新发展格局，全面深化改革开放，坚持创新驱动发展，推动高质量发展，全年实现人均 GDP 突破 8 万元，超世界平均水平，"十四五"实现良好开局。我国经济稳中向好、长期向好的发展态势，为资本市场发生更加积极的结构性变化、平稳健康发展奠定了坚实基础。

中国证监会系统在国务院金融稳定发展委员会统一指挥协调下，坚持用改革的思路来破解资本市场发展难题、稳定市场预期，激活市场发展动力和内生稳定机制，取得服务经济高质量发展的新成效。2021 年，证券市场全面实行股票发行注册制条件逐步具备，北京证券交易所获准设立，服务创新型中小企业迈出重要步伐。股权、债券和期货多层次市场功能得到有效发挥，全年股债融资规模创历史新高，要素资源向科技创新领域集聚，服务实体经济实现量质双升。资本市场改革向着更深层次推进，提高上市公司质量取得积极成效，常态化退市机制加速形成。资本市场双向开放取得新进展。机构投资力量更加壮大，市场资金结构、投资者结构明显优化，市场更加成熟。落实中共中央办公厅、国务院办公厅《关于依法从严打击证券违法活动的意见》，打击资本市场违法活动，查处一批大案要案，首例证券纠纷特别代表人诉讼"康美案"判决落地，"零容忍"震慑更加彰显，市场生态持续优化。债券违约、私募基金等重点领域风险继续收敛，市场韧性和抗风险能力不断增强。①

---

① 《中国证监会召开 2022 年系统工作会议》，中国证监会网站，2022 年 1 月 17 日，http：//www.csrc.gov.cn/csrc/c106311/c1774378/content.shtml。

截至 2021 年末，全国上市公司共计 4697 家（含北京证券交易所），同比增长 13.32%；全年股权融资金额 1.82 万亿元，同比增长 8.33%。① 我国多层次资本市场服务实体经济的渠道更为成熟，创新创业型企业不断发展壮大，资本市场已成为促进经济发展、推动新旧动能转换的重要力量。近年来，我国更加重视生态环境的治理，提出"既要绿水青山，也要金山银山。宁要绿水青山，不要金山银山，而且绿水青山就是金山银山"。② 2020 年我国正式提出"碳达峰、碳中和"目标，2021 年 10 月国务院印发的《2030 年前碳达峰行动方案》中提出"拓展绿色债券市场的深度和广度，支持符合条件的绿色企业上市融资、挂牌融资和再融资"。资本市场在助力做好"碳达峰、碳中和"工作中必然大有可为，为我国 2060 年前实现碳中和贡献力量。

一 证券市场运行概况

（一）证券一级市场

1. 注册制改革逐步推进

自 2019 年 A 股市场试点注册制改革以来，我国资本市场全流程全链条运行机制已得到持续优化，市场化机制发挥更大作用，股票发行上市便利度持续提升。2021 年，注册制改革继续稳步推进。2 月 5 日，深圳证券交易所发布《关于启动合并主板与中小板相关准备工作的通知》。主板与中小板合并，对促进资本要素市场化配置，提升资本市场服务国家战略和实体经济能力，建设优质创新资本中心和世界一流交易所具有重要意义。4 月 6 日，深圳证券交易所主板与中小板合并正式实施，两板合并将加速推进注册制改革。两板合并遵循"两个统一、四个不变"思路，即统一业务规则和运行监管模式，发行上市条件、投资者门槛、交易机制、证券代码和简称不变。

---

① 数据来自 Wind，导出时间为 2022 年 1 月 6 日。
② 《让绿水青山造福人民泽被子孙——习近平总书记关于生态文明建设重要论述综述》，中国政府网，2021 年 6 月 3 日，http://www.gov.cn/xinwen/2021-06/03/content_ 5615092.htm。

在两板合并业务规则整合过程中，深圳证券交易所对交易规则、融资融券交易实施细则、高送转指引等规则进行了适应性修订，并废止《关于在部分保荐机构试行持续督导专员制度的通知》等文件。两大板块的合并意味着深圳证券交易所形成了"主板+创业板"为主体的市场格局，新深市将更好地为不同成长阶段的企业提供融资服务。在创业板注册制改革落地之后，主板与中小板合并是资本市场支持"双区"① 建设又一项重要成果。

北京证券交易所设立并正式开市交易。2021 年 9 月 2 日，国家主席习近平在中国国际服务贸易交易会全球服务贸易峰会致辞中宣布，深化新三板改革，设立北京证券交易所。11 月 15 日，国内第三家证券交易所——北京证券交易所正式揭牌运营，对于发挥资本市场功能作用、促进科技与资本融合、支持中小企业创新发展具有重要意义。我国中小企业众多，金融机构对中小企业的支持力度有限，融资难、融资贵仍然是制约中小企业发展的重要问题。而北京证券交易所的设立，正是要突破体制和机制上的瓶颈，探索资本市场如何服务中小企业的科技创新，建立适应中小企业创新发展的政策体系、制度体系、服务体系。北京证券交易所立足市场定位，在市场准入、融资、退出安排等方面引入了包容性的制度设计，按照注册制逻辑稳步运行，成为全市场推行注册制愿景下的新尝试。

股票发行全面注册制有望铺开。2021 年中央经济工作会议提出，改革开放政策要激活发展动力，抓好要素市场化配置综合改革试点，全面实行股票发行注册制。截至 2021 年末，我国境内股票市场除沪深两大交易所主板以外，均已实现股票发行注册制。通过近两三年科创板、创业板的试点以及后续制度规则的完善，推进主板注册制改革的条件也逐步具备。中国证监会副主席王建军在 12 月 4 日出席国际金融论坛第十八届全球年会时表示，中国证监会将深入贯彻党的十九届六中全会精神，为全面推行注册制改革创造良好的环境和条件，努力打造规范、透明、开放、有活力、有韧性的资本市场。

---

① "双区"是指粤港澳大湾区和深圳中国特色社会主义先行示范区。

2. 首发制度不断完善

2021 年，中国证监会发布多个与首发上市（IPO）相关的制度，做好配套基础建设，为全面实行股票发行注册制做准备。1 月 29 日，中国证监会发布《首发企业现场检查规定》，对现场检查适用范围、检查对象等内容进行了规定，明确了检查涉及单位和人员的权利义务，压实了发行人和中介机构责任，并加强了对检查人员的监督，主要对现场检查适用范围、检查对象等内容进行了规定。该规定从源头上把控上市公司质量，加强 IPO 企业信息披露监管，提升证券市场有效性及运行效率。

2 月 9 日，中国证监会发布《监管规则适用指引——关于申请首发上市企业股东信息披露》，对违规代持、影子股东、突击入股、多层嵌套等 IPO 乱象加强监管，通过要求拟上市企业披露相关股东信息、督促中介机构开展核查、对临近上市入股的股东设置较长锁定期等措施，持续加强对拟上市企业股东的监管。其中，较为关注的是加强了对临近上市入股行为的监管。要求提交申请前 12 个月内入股的新股东锁定股份 36 个月，并要求中介机构全面披露和核查新股东相关情况。相比之前的规定，监管时间范围从申报前 6 个月延长到 12 个月，而监管对象范围也从增资或控股股东实际控制人处受让，扩大到所有新增股东，监管要求显著提高。

7 月 9 日，中国证监会发布《关于注册制下督促证券公司从事投行业务归位尽责的指导意见》，强化对注册制下保荐承销、财务顾问等投行业务的监管，督促证券公司认真履职尽责，提升监管合力，更好发挥中介机构"看门人"作用，为稳步推进全市场注册制改革积极创造条件。

9 月 18 日，中国证监会发布《关于修改〈创业板首次公开发行证券发行与承销特别规定〉的决定》，本次修改取消了创业板新股发行定价与申购安排、投资风险特别公告次数挂钩的要求；删除累计投标询价发行价格区间的相关规定，由深圳证券交易所在其业务规则中予以明确。上海证券交易所同步修改了科创板业务规则，取消科创板新股发行定价与申购安排、投资风险特别公告次数挂钩的要求。实践中出现的部分网下投资者重策略轻研究、为博入围"抱团报价"干扰发行秩序等新情况新问题得到了有效解决。

9 月 30 日，中国证监会发布《首次公开发行股票并上市辅导监管规定》，进一步规范辅导相关工作，发挥派出机构属地监管优势，压实中介机构责任，从源头提高上市公司质量。该规定针对验收内容指出：辅导机构辅导计划和实施方案的执行情况；辅导机构督促辅导对象规范公司治理结构、会计基础工作、内部控制制度情况，指导辅导对象对存在问题进行规范的情况；辅导机构督促辅导对象及其相关人员掌握发行上市、规范运作等方面的法律法规和规则、知悉信息披露和履行承诺等方面的责任、义务以及法律后果情况；辅导机构引导辅导对象及其相关人员充分了解多层次资本市场各板块的特点和属性，掌握拟上市板块的定位和相关监管要求情况。

11 月 19 日，中国证监会分别就修订《证券发行上市保荐业务工作底稿指引》《保荐人尽职调查工作准则》向社会公开征求意见，以提高保荐机构尽职调查工作质量。从征求意见稿来看，修订结合了在境内公开发行股票、可转换债券或存托凭证的发行条件和上市条件的变化，保荐机构尽职调查实践中的重点以及监管部门在现场检查或督导工作中发现的问题，对底稿目录中需要关注的事项和尽职调查资料进行了明确和调整。另外还指出，无论是否有明确规定，凡对保荐机构及其保荐代表人履行保荐职责有重大影响的文件资料及信息，均应当作为工作底稿予以留存。保荐机构应当在参照本指引基础上，根据发行人的行业、业务类型不同，在不影响保荐业务质量的前提下调整、补充、完善首次公开发行保荐工作底稿，对于其他融资类型保荐业务目录可参照首次公开发行保荐工作底稿做适当简化。

3. 首发规模创历史新高

（1）IPO 数量

在科创板设立和注册制改革推动下，特别是北京证券交易所开市运营，2021 年无论是 IPO 数量还是融资额均创下历史新高。根据 Wind 数据，2021 年沪深证券市场 IPO 数量达 524 家，比 2020 年多 87 家，同比增长 19.91%，数量创历史纪录（见图 1）。其中，创业板 IPO 数量最多，达 199 家，科创板 162 家，主板 122 家，北京证券交易所 41 家。2021 年受益于注册制改革不断深化，IPO 审核数量维持高位，各板块审核数量和通过率都处于历史较高水平。根据深圳证券交易所统计数据，2021 年全年首发上会企业 470 家（不含暂缓表决、取消审核），通过 441 家，未过会 29 家，通过率为 93.8%。其中深市主板通过 26 家，未过会 6 家，通过率为 81.3%；创业板通过 196 家，未过会 8 家，通过率为 96.1%；沪市主板通过 45 家，未过会 7 家，通过率为 86.5%；科创板全年通过 140 家，未过会 8 家，通过率为 94.6%；北京证券交易所通过 34 家，通过率达 100%。与 2020 年相比，2021 年上会企业数量减少 23.5%，上会通过率由 98.5%下降至 93.8%，直接原因是撤销申报材料的企业数量比 2020 年明显增多。

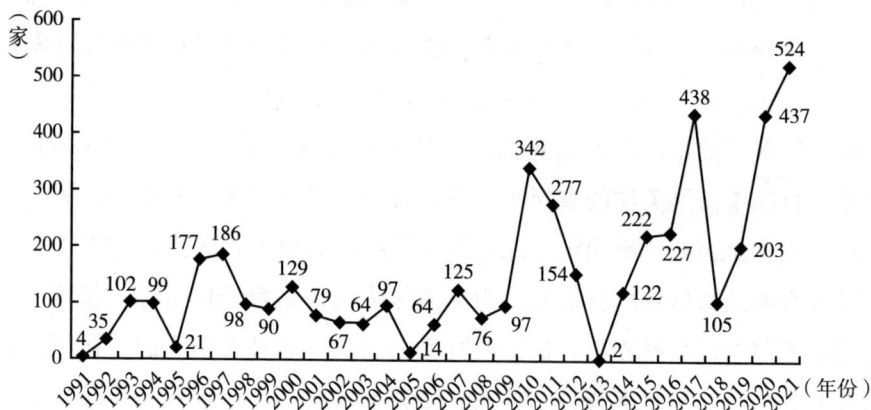

图 1　1991~2021 年证券市场 IPO 数量统计

资料来源：Wind、山东省亚太资本市场研究院。

同往年一样，IPO 企业多集中在东部沿海省份以及经济较为发达地区，西部地区的 IPO 数量较少。位居第一梯队的广东、浙江和江苏 IPO 数量优势明显，大幅领先于全国其他省（区、市），IPO 数量分别为 92 家、87 家和 86 家，合计占全国 IPO 总量的 50.57%。上海、北京和山东位于第二梯队，IPO 数量分别为 48 家、40 家和 36 家（见图 2）。可以看出两个梯队之间出现了明显的数量空当。从申万一级行业（2021）分布来看，2021 年机械设备行业 IPO 数量高达 80 家，位居全行业之首；其次是医药生物行业，IPO 数量为 60 家；电子和基础化工行业 IPO 数量在 50 家及以上。这 4 类行业 IPO 数量合计占比为 46.56%。另外，银行、建筑材料、商贸零售、非银金融、钢铁等行业 IPO 数量相对较少，均不足 5 家（见图 3）。

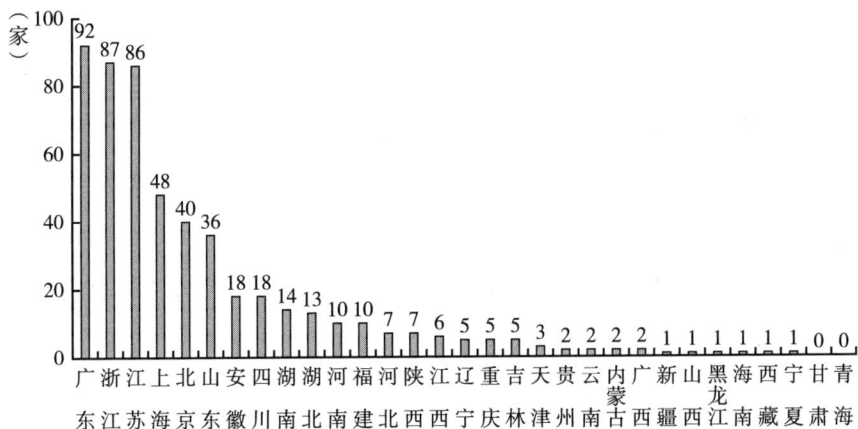

图 2　2021 年中国 31 个省（区、市）IPO 数量统计

资料来源：Wind、山东省亚太资本市场研究院。

值得一提的是，2021 年出现 3 起 IPO 较为典型的事件。生益电子（688183.SH）于 2021 年 2 月 25 日正式登陆上海证券交易所科创板。生益电子（688183.SH）由上市公司生益科技（600183.SH）分拆而来，此次上市标志着上市公司控股型分拆上市正式全面落地。禾迈股份（688032.SH）于 2021 年 12 月 20 日正式登陆科创板，其发行价高达557.80 元/股，成为沪深市场历史上最贵的新股。由于发行价过高，投资者申购新股弃购金额达 3.63 亿元，最终由承销商中信证券（600030.SH）包销认购。另外，2021 年 9 月 30 日，联想集团正式在科创板提交 IPO 申请，但于国庆假期后的 10 月 8 日撤回 IPO 申请，成为股票市场历史上"最短 IPO 之旅"。

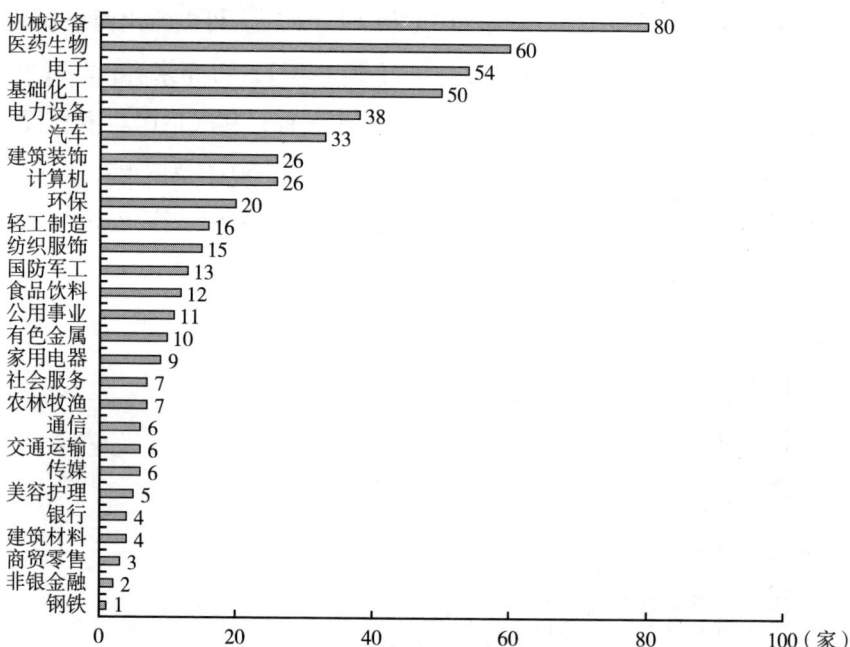

图3 2021年各行业IPO数量统计

资料来源：Wind、山东省亚太资本市场研究院。

（2）IPO融资额

随着IPO数量的增多，IPO融资额也一路上涨，2021年融资额达5426.75亿元①，比2020年多621.25亿元，同比增长12.93%，融资额创历史新高，比历史上次高年2010年的4845.22亿元高12%（见图4）。其中，科创板、主板、创业板、北京证券交易所融资额分别为2029.05亿元、1847.30亿元、1475.11亿元和75.29亿元，四大板块平均融资额依次为12.53亿元/家、15.14亿元/家、7.41亿元/家和1.84亿元/家。继2020年之后，科创板IPO融资额再次实现对主板的反超。总体来看，2021年我国资本市场服务实体经济力度明显增大、效果明显增强，实现量质双升。全年IPO

---

① 数据来自Wind。由于统计口径不同，与中国证券业协会公布的"5351.46亿元"存在差异，但不影响分析效果，此后不赘。

融资额排名前三的上市公司中国电信（601728.SH）、三峡能源（600905.SH）和百济神州-U（688235.SH）融资额均超过 200 亿元，3 家公司融资额合计 927.77 亿元（见表 1），占全年 IPO 融资额的 17.10%。中国电信（601728.SH）此次在上海主板上市，共融资 479.04 亿元，主要用于 5G 产业互联网建设项目、云网融合新型信息基础设施项目和科技创新研发项目，融资金额占主板融资总额的 25.93%。三峡能源（600905.SH）IPO 融资额 227.13 亿元，成为截至 2021 年中国能源类公司在 A 股完成的最大 IPO 项目。百济神州-U（688235.SH）融资 221.60 亿元，成为全球首个在美国纳斯达克、中国香港及上海科创板三地上市的生物医药公司。

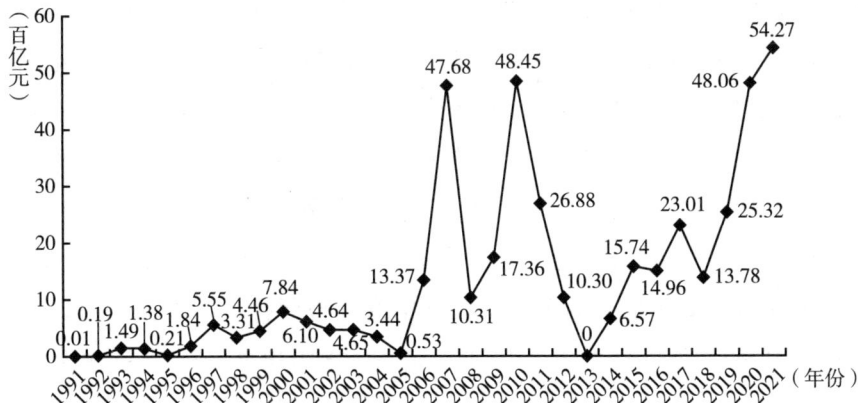

图 4   1991~2021 年 IPO 融资额统计

资料来源：Wind、山东省亚太资本市场研究院。

表 1   2021 年证券市场 IPO 融资额 TOP10

单位：亿元

排名	股票代码	股票名称	上市日期	融资额	板块	行业
1	601728.SH	中国电信	2021 年 8 月 20 日	479.04	主板	通信
2	600905.SH	三峡能源	2021 年 6 月 10 日	227.13	主板	公用事业
3	688235.SH	百济神州-U	2021 年 12 月 15 日	221.60	科创板	医药生物
4	601825.SH	沪农商行	2021 年 8 月 19 日	85.84	主板	银行
5	688538.SH	和辉光电-U	2021 年 5 月 28 日	81.72	科创板	电子

排名	股票代码	股票名称	上市日期	融资额	板块	行业
6	688187. SH	时代电气	2021 年 9 月 7 日	75.55	科创板	机械设备
7	688303. SH	大全能源	2021 年 7 月 22 日	64.47	科创板	电力设备
8	688032. SH	禾迈股份	2021 年 12 月 20 日	55.78	科创板	电力设备
9	301047. SZ	义翘神州	2021 年 8 月 16 日	49.80	创业板	医药生物
10	688819. SH	天能股份	2021 年 1 月 18 日	48.73	科创板	电力设备

资料来源：Wind、山东省亚太资本市场研究院。

根据申万一级行业（2021）标准，2021 年医药生物、电子行业 IPO 融资热度不减，同 2020 年一样，两大行业融资额继续位居全行业前列。与 2020 年不同的是，2021 年医药生物行业融资额居全行业首位，电子行业融资额位居第二（见图 5）。在新冠肺炎疫情影响下，由于海外供应链受阻，与整个医药生物领域相关联的上游产业，包括培养基、酶、重组蛋白、一次性反应系统等试剂、耗材、仪器设备等在内的进口产品的供应受到了极大的限制，凸显了国产化的重要性，因此医药生物上游产业的国产化在 2021 年受到了极大的关注。根据中商情报网提供的数据，2021 年医药生物领域融资事件数达 522 起，较 2020 年增长 53.1%；融资额达 1113.58 亿元，较 2020 年增长 26.0%。[①] 表现在沪深市场，医药生物行业 IPO 公司数量共计 60 家，总融资额 889.12 亿元。其中，行业内百济神州-U（688235. SH）融资额占整个医药生物行业的 24.92%，募集资金将用于支持公司在全球创新药物研发、生产及商业化领域的投入，推动公司多种在研创新药物的全球临床试验，推进现代化研发中心及广州大分子药物生产基地建设，并扩大公司国内外营销队伍以提升公司产品市场份额，巩固公司在行业内的领先地位。

[①] 《年度总结：2021 年中国生物医药及其细分领域投融资情况数据汇总分析》，"中商情报网"百家号，2022 年 1 月 16 日，https：//baijiahao.baidu.com/s? id=1722038694720341674&wfr=spider&for=pc。

图 5 中，水平条形图显示各行业IPO融资额分布：

- 医药生物 889.12
- 电子 576.26
- 机械设备 539.03
- 通信 506.24
- 电力设备 468.64
- 基础化工 376.20
- 公用事业 322.56
- 汽车 221.49
- 计算机 192.03
- 纺织服饰 170.76
- 银行 160.27
- 建筑装饰 146.51
- 国防军工 101.13
- 轻工制造 97.47
- 环保 87.31
- 食品饮料 81.45
- 家用电器 76.54
- 美容护理 64.94
- 交通运输 64.31
- 农林牧渔 59.28
- 有色金属 51.57
- 非银金融 44.96
- 传媒 39.71
- 建筑材料 26.88
- 社会服务 24.11
- 钢铁 19.66
- 商贸零售 18.33

（单位：亿元，横轴刻度 0、200、400、600、800、1000）

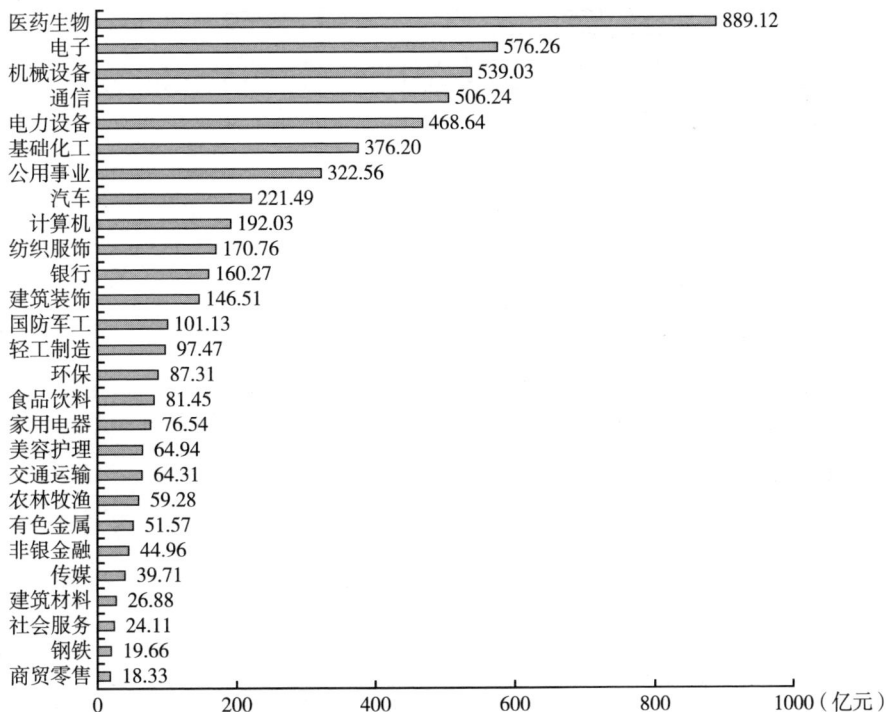

图 5　2021 年证券市场 IPO 融资额行业分布

资料来源：Wind、山东省亚太资本市场研究院。

2021 年全国共有 29 个省（区、市）的企业实现 IPO。IPO 企业数量较为集中的东部沿海省份也是融资额较多的地区。北京凭借 IPO 融资额前三名中国电信（601728.SH）、三峡能源（600905.SH）和百济神州－U（688235.SH）居全国首位，融资额达 1215.15 亿元，是融资额唯一过千亿元的省份，其中前三名公司融资额占全市的 76.35%。广东、上海、浙江和江苏融资额为 600 亿~800 亿元（见图 6）。上海、江苏、浙江 IPO 数量多年来始终位居前列，资本市场特别是科创板成为长三角一体化的有力助推器，形成具有创新精神和竞争力的先进产业集聚地。

（3）新股上市表现

在注册制下，优胜劣汰的市场化退出机制加速形成，不同质地新股上市后

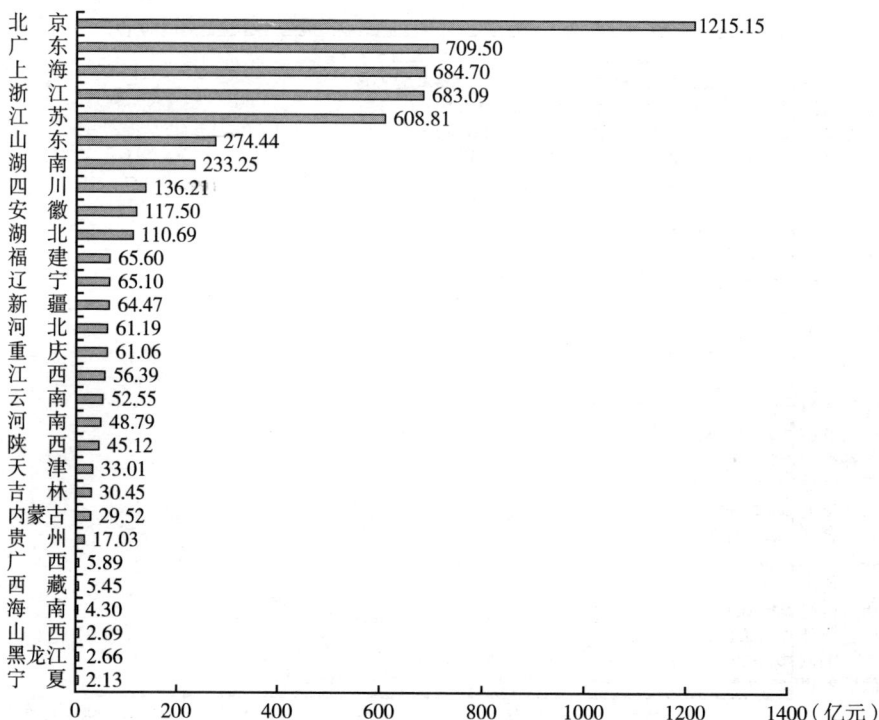

图6　2021年证券市场IPO融资额地域分布

资料来源：Wind、山东省亚太资本市场研究院。

估值水平快速分化。随着企业发行价升高，2021年新股破发①现象逐渐增多。从成熟资本市场的发展经验看，破发是新股发行市场化的必经之路。在美国上市的中概股破发率高达40%，我国香港市场新股上市破发率达到15%左右。②

从新股上市首日来看，全年上市首日股价收盘价超越发行价5倍的新股共有27只，其中，读客文化（301025.SZ）、纳微科技（688690.SH）和力量钻石（301071.SZ）更是超过10倍。全年共有22只新股上市首日出现破发，两家科创板企业成大生物（688739.SH）、迪哲医药-U（688192.SH）甚

---

① 是指股票上市当日跌破发行价。
② 《「回望2021」全年IPO纪录！最强新股首日暴涨19倍！多只新股破发，最惨跌近40%！》，"证券时报"百家号，2021年12月29日，https：//baijiahao.baidu.com/s？id=1720486343362334544&wfr=spider&for=pc。

至跌破发行价的 20%，分别下跌 27.27% 和 21.83%。从新股上市后 3 个月来看，股价比发行价实现上涨的股票共有 167 只，328 只股票出现下跌，南极光（300940.SZ）跌幅更是达到 60.08%。剔除新股上市时间因素，从年末来看，全年共有 435 只新股股价高于发行价，其中，力量钻石（301071.SZ）以1306.35% 的涨幅居新股首位（见表 2），百济神州-U（688235.SH）以47.13% 的跌幅位居新股涨幅最末。

从 2021 年新股股价表现看，新股价格更能反映企业实际价值，价格发现效率显著提升。不同行业、不同质地公司面临较大估值分化，发行定价趋近于基本面。股票上市后，成交换手更为充分，破发现象有所增多。注册制改变了过去市场中存在的新股供不应求预期，股票"壳价值"逐步下降，优质公司股票更受青睐。

表 2　2021 年新股股价涨幅 TOP10

单位：%

排名	股票代码	股票名称	上市日期	涨幅	行业（证监会标准）
1	301071.SZ	力量钻石	2021 年 9 月 24 日	1306.35	非金属矿物制品业
2	301025.SZ	读客文化	2021 年 7 月 19 日	940.65	新闻和出版业
3	301089.SZ	拓新药业	2021 年 10 月 27 日	868.08	医药制造业
4	688690.SH	纳微科技	2021 年 6 月 23 日	854.15	化学原料及化学制品制造业
5	003031.SZ	中瓷电子	2021 年 1 月 4 日	837.78	计算机、通信和其他电子设备制造业
6	836077.BJ	吉林碳谷	2021 年 8 月 31 日	824.31	化学纤维制造业
7	301060.SZ	兰卫医学	2021 年 9 月 13 日	820.38	卫生
8	605117.SH	德业股份	2021 年 4 月 20 日	739.89	电气机械及器材制造业
9	688305.SH	科德数控	2021 年 7 月 9 日	650.23	通用设备制造业
10	301069.SZ	凯盛新材	2021 年 9 月 27 日	640.43	化学原料及化学制品制造业

资料来源：Wind、山东省亚太资本市场研究院。

4. 债券发行规模稳定增长

2021 年我国经济运行总体稳中向好，债券市场发行规模回归至平稳增长。地方政府债、同业存单、金融债、公司债等各类债券大力发行，支持实体经济发展，全年债券市场发行规模创历史新高，为经济社会发展贡献金融力量。根据 Wind 债券分类标准，以发行起始日计算，2021 年我国债券市场共计发行 53805 只债券，比上年增长 7.07%；债券发行金额 61.75 万亿元①，比上年增长 8.54%，再创历史新高（见图 7）。全年国债共计发行 169 只，比上年减少 3 只；发行金额共计 67967.10 亿元，同比下降 4.50%。地方政府债共计发行 1991 只，比上年增加 143 只；发行金额共计 74826.30 亿元，同比增长 16.12%。金融债共计发行 1925 只，比上年增加 132 只；发行金额共计 94034.36 亿元，同比增长 3.62%。公司债共计发行 4064 只，比上年增加 447 只；发行金额共计 34525.24 亿元，同比增长 2.46%。此外，资产支持证券发行金额 31397.17 亿元，同比增长 8.77%；同业存单发行金额217972.00 亿元，同比增长 14.86%（见表 3）。

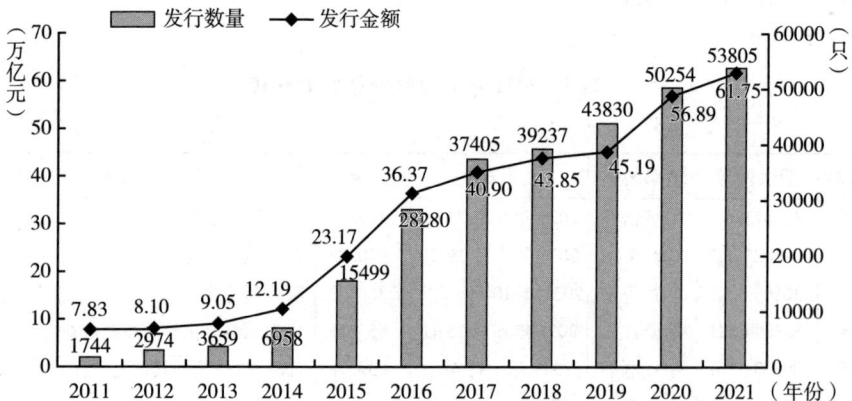

图 7　2011~2021 年债券市场发行规模统计

资料来源：Wind、山东省亚太资本市场研究院。

表 3　2021 年债券发行统计

类别	发行数量（只）	同比增长（%）	发行金额（亿元）	同比增长（%）
国债	169	-1.74	67967.10	-4.50
地方政府债	1991	7.74	74826.30	16.12
央行票据	12	0.00	600.00	-1.64

---

① 由于统计口径不同，Wind 数据与中国人民银行公布的 61.9 万亿元存在一定差异。

类别	发行数量（只）	同比增长（%）	发行金额（亿元）	同比增长（%）
同业存单	29955	4.67	217972.00	14.86
金融债	1925	7.36	94034.36	3.62
政策银行债	878	3.54	55561.20	6.78
商业银行债	103	22.62	7710.55	14.15
商业银行次级债券	145	15.08	12025.73	-4.84
保险公司债	19	-9.52	539.00	-30.90
证券公司债	449	25.07	10962.38	25.24
证券公司短期融资券	269	-8.81	5937.00	-25.63
其他金融机构债	62	3.33	1298.50	-28.34
企业债	491	26.87	4399.40	12.05
一般企业债	491	26.87	4399.40	12.05
公司债	4064	12.36	34525.24	2.46
一般公司债	1425	17.57	16408.13	7.64
私募债	2639	9.73	18117.11	-1.83
中期票据	2561	20.80	25492.65	8.72
一般中期票据	2561	20.80	25492.65	8.72
短期融资券	5165	6.67	52301.71	4.63
一般短期融资券	583	13.20	5260.78	6.58
超短期融资债券	4582	5.89	47040.93	4.42
定向工具	1410	37.56	8618.83	21.86
国际机构债	9	80.00	175.00	45.83
政府支持机构债	20	33.33	1900.00	9.83
资产支持证券	5872	7.19	31397.17	8.77
银保监会主管 ABS	581	11.95	8815.33	9.62
交易商协会 ABN	1404	29.04	6440.55	26.72
证监会主管 ABS	3887	0.41	16141.29	2.55
可转债	119	-45.16	2828.47	2.12
可交换债	33	-23.26	421.60	-11.50
项目收益票据	9	200.00	64.30	167.92
合　计	53805	7.07	617524.14	8.54

资料来源：Wind、山东省亚太资本市场研究院。

根据中国证监会行业标准，2021年金融行业发行债券"一枝独秀"，共计发行35452只，占全行业债券发行总量的65.89%，发行金额33.73万亿元，占全部发行额的54.62%。其次，建筑业全年共计发行债券4615只，发行金额3.15万亿元。长期以来，发行债券是商业银行重要的融资方式。2021年，在市场利率回落、银行业整体让利实体经济、加大拨备计提力度的背景下，部分银行利润增长有限，内源性资本补充不足，在增加信贷投放的同时，需要通过外源性渠道补充资本、抵御风险。根据Wind数据统计，全年商业银行合计发行债券248只，累计发债规模达1.97万亿元，发债数量及金额较2020年分别增长18.10%和1.55%。债券类型以二级资本债、永续债、小微贷款金融债、金融债、绿色金融债为主，发行主体同样多元，包括国有大型商业银行、股份制银行、城市商业银行、农村商业银行等。此外，监管部门为引导金融机构加大对实体经济特别是小微企业、科技创新、绿色发展的支持力度，2021年7月，中国人民银行印发《关于深入开展中小微企业金融服务能力提升工程的通知》，要求加大对中小微企业的信贷投放力度，鼓励中小银行业金融机构发行小微企业专项金融债券，拓宽小微企业信贷资金来源。小微企业专项金融债作为专项用于小微企业贷款的债券，发行规模保持较高水平。2021年共有41家商业银行合计发行52只小微企业专项金融债，合计发行规模达3420亿元。具体包括21家城市商业银行、11家农村商业银行、6家股份制银行、3家国有大型商业银行。其中单笔发行规模最大的小微企业专项金融债来自交通银行、中国光大银行，两家银行分别于3月、4月发行400亿元额度的债券。①

2021年3月，十三届全国人大四次会议表决通过《中华人民共和国国民经济和社会发展第十四个五年规划和2035年远景目标纲要》。"十四五"规划明确提出加大地方政府债券支持农业农村力度，丰富债券品种，发行长期国债和基础设施长期债券。地方政府债券尤其是地方政府专项债券是地方

① 《2021年商业银行发债近2万亿：二级资本债规模居首占比超三成 永续债热度有所回落》，同花顺财经网站，2022年1月10日，http://bond.10jqka.com.cn/20220110/c635837626.shtml。

政府基础设施建设的重要资金来源。2021年，我国地方政府债券发行扩容明显，发行规模创新高。作为重要的逆周期调节工具，地方政府债券放量发行对于稳增长、补短板起到明显提振作用。2021年，全国36个省、自治区、直辖市、计划单列市及新疆生产建设兵团发行地方政府债券1995只，共计74898.35亿元①。其中，一般债券25669.20亿元，专项债券49229.13亿元。按债券性质划分，全国各地共计发行新增债券43709.12亿元，再融资债券31189.21亿元。再融资债券中，一般债券17803.72亿元，专项债券13385.49亿元（见表4）。2021年，地方政府债券平均发行利率3.36%，比2020年下降4bp。其中，一般债券3.26%，专项债券3.41%。广东、山东两省地方政府债券无论是增量还是存量均居全国前两位。2021年专项债券募集资金投向结构较2020年变化不大，仍以棚改、城市基础设施和产业园区类项目等为主。

表4　2021年全国31个省（区、市）地方政府债券发行情况

单位：亿元

省（区、市）	合计	一般债券		专项债券	
		新增债券	再融资债券	新增债券	再融资债券
北　京	3293.52	157.95	304.36	840.00	1991.21
天　津	2255.82	68.00	421.44	1166.00	600.38
河　北	3288.60	510.53	620.88	1946.00	211.19
山　西	1145.51	256.16	244.50	583.00	61.85
内蒙古	1565.24	307.92	773.15	295.00	189.17
辽　宁	2457.16	98.00	1360.40	421.00	577.76
吉　林	1393.98	235.02	252.34	747.00	159.62
黑龙江	1386.96	397.67	382.81	488.00	118.48
上　海	1211.10	242.00	201.10	625.00	143.00
江　苏	3701.85	289.00	1019.01	1498.00	895.84
浙　江	4235.77	376.00	949.50	2235.00	675.27
安　徽	2814.99	144.10	585.85	1665.00	420.04

---

①　由于统计口径不同，此处财政部统计数据和Wind数据存在差异。

续表

省（区、市）	合 计	一般债券		专项债券	
		新增债券	再融资债券	新增债券	再融资债券
福　建	2648.25	189.88	441.79	1507.00	509.58
江　西	2290.74	301.78	361.02	1475.00	152.94
山　东	5631.47	224.00	1308.93	3117.00	981.54
河　南	3413.35	373.85	761.96	1981.00	296.54
湖　北	3010.05	453.07	434.28	1615.00	507.70
湖　南	2996.46	333.71	832.75	1304.00	526.00
广　东	6759.96	363.46	1460.81	3706.00	1229.69
广　西	1622.44	290.24	301.21	772.00	258.99
海　南	695.56	119.51	201.86	318.00	56.19
重　庆	2517.63	126.00	648.25	1215.00	528.38
四　川	3695.02	397.35	883.96	1968.00	445.71
贵　州	2275.78	162.44	882.60	528.00	702.74
云　南	2282.26	219.56	531.90	1270.00	260.80
西　藏	162.31	51.00	53.22	48.09	10.00
陕　西	2196.60	311.35	629.25	834.00	422.00
甘　肃	1255.83	186.59	158.05	800.00	111.19
青　海	503.86	197.10	183.73	70.55	52.48
宁　夏	259.42	105.24	124.48	—	29.70
新　疆	1930.84	377.00	488.33	806.00	259.51
合　计	74898.35	7865.48	17803.72	35843.64	13385.49

资料来源：财政部政府债务研究和评估中心、山东省亚太资本市场研究院。

（二）证券二级市场

1. 市场成交规模增长明显

（1）全球重要股指多数实现上涨

2021年，新冠肺炎疫情依旧在全球肆虐，但全球重要股票指数在充沛的流动性中多数实现上涨。在海外重要股票指数中，欧美股指表现较为突出。法国CAC40指数、标普500指数在2021年分别涨28.85%和26.89%，领涨重要经济体指数。印度SENSEX30指数、纳斯达克指数均涨逾21%。巴西 IBOVESPA 指数、中国香港恒生指数表现欠佳，在重要经济体股指中排名靠后。欧美主要股指走强主要受到两大因素推动：一是欧美央行维持超宽松的货币政策，金融市场也拥有充裕的流动性环境；二是欧美经济均较 2020 年出现了较为明显的复苏，市场信心得到修复。需要指出的是，美国两大股指中纳斯达克指数涨幅罕见低于标普 500 指数。在 2021 年之前的十年中，纳斯达克指数年度涨幅跑输标普 500 指数的情况仅发生过两回，分别是 2011 年和 2016 年。而此种情况于 2021 年再度发生，主要原因是随着投资者逐渐看淡疫情影响，开始减少对远程工作技术、家庭健身系统、食品配送应用程序和基于科技的娱乐等投资，疫情期间科技股也逐渐被投资者减持。新兴市场股指呈现较为分化的表现，印度 SENSEX30 指数、俄罗斯 RTS 指数涨幅明显，部分亚太区主要股指则小幅上涨，而巴西 IBOVESPA 指数明显下跌。2021 年我国股票市场整体向好，上证综指上涨 4.80%，深证成指上涨 2.67%，与日本日经 225 指数、韩国综合指数涨幅相当，但在全球重要股票指数中表现相对落后（见表 5）。此次恒生指数跌幅较大，成为全球表现最差的指数之一，其原因与我国出台互联网平台公司反垄断政策和指数中房地产行业占比较高有关。

表 5　2021 年全球重要股票指数涨幅

单位：%

指数名称	涨幅	指数名称	涨幅
法国 CAC40	28.85	澳洲标普 200	13.02
标普 500	26.89	日经 225	4.91
印度 SENSEX30	21.99	上证综指	4.80
纳斯达克指数	21.39	韩国综合指数	3.63
道琼斯工业指数	18.73	深证成指	2.67
德国 DAX	15.79	巴西 IBOVESPA 指数	−11.93
俄罗斯 RTS	15.01	恒生指数	−14.08
英国富时 100	14.30		

资料来源：Wind、山东省亚太资本市场研究院。

（2）成交额创历史新高

2021年，我国GDP实现114.37万亿元，同比增长8.1%。受经济快速增长影响，我国证券市场维持活跃状态，三大股票指数均实现上涨。上证综指上涨4.80%，年末收盘于3639.78点；深证成指上涨2.67%，年末收盘于14857.35点；创业板指数上涨12.02%，年末收盘于3322.67点。其中，上证综指和深证成指创出两项历史纪录。第一，上证综指时隔28年再现3年连续上涨。深证成指打破了成立以来连续2年上涨的纪录，首次实现连续3年上涨。第二，上证综指和深证成指均创出历史最小振幅。2021年上证综指最高3731.69点，最低3312.72点，全年振幅仅有12.06%，深证成指全年最高16293.09点，最低13252.24点，振幅为21.01%，均是历史上最小的年振幅。由此可以看出股票市场的新变化，即一个稳健而持续的行情正在形成。

尽管全年两大股指振幅较小，但并没有因为市场缺乏"上蹿下跳"式行情而交投清淡，实际情况恰好相反，2021年股票市场成交额创出历史纪录。全年证券市场（包括A股和B股）成交257.25万亿元，超过历史上最高年度2015年的253.65万亿元。2021年不仅市场成交额创出纪录，还创下了股票市场自成立以来持续时间最长的成交额破万亿元纪录。自2014年12月5日沪深两市成交额历史首次破万亿元开始，迄今股票市场只发生过10次连续10个（含）以上交易日成交额破万亿元的情形，其中2015年和2020年均为3次，2021年则出现4次。尤其是2021年7月21日至9月29日，沪深两市连续49个交易日成交额破万亿元，创下历史之最，超过2015年的连续43个交易日破万亿元。2021年10月22日至12月24日沪深两市再次连续46个交易日成交额破万亿元。与成交额相对应，2021年沪深两市成交量也创下历史新高。全年证券市场（包括A股和B股）成交18.68万亿股，超过历史上2015年的17.02万亿股（见图8）。这些成交数据显示出2021年股票市场交易非常活跃。

股票市场成交规模之所以创出历史新高，主要是全年机构投资者队伍不断壮大，包括公募基金、私募基金、养老基金等规模越来越大。值

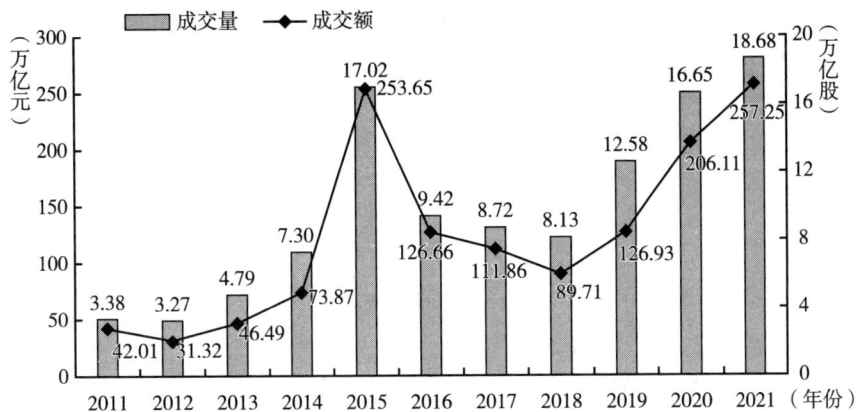

图 8　2011~2021 年沪深市场成交规模统计

资料来源：Wind、山东省亚太资本市场研究院。

得一提的是，海外机构进入国内股市资金也创出新纪录。2021 年北向资金通过"沪港通""深港通"净买入额达 4371 亿元，这一额度远超此前 2019 年 3517.43 亿元的历史纪录。北向资金单日净买入规模超 200 亿元的历史上仅有 4 天，其中 3 天发生在 2021 年，分别是 1 月 8 日、5 月 25 日、12 月 9 日，其中 5 月 25 日全天净买入达 217.23 亿元，创历史新高。除了沪深港通，2021 年通过 QFII 进入国内股票市场的资金也在增加，充分显示出外资对国内市场看好，随着我国股票市场投资价值的凸显以及外资对市场配置比重提高，包括北向资金在内的外资持续流入国内市场的态势仍将延续。

（3）市值呈现结构性变化

随着注册制的推进，IPO 数量稳步增长，结构性行情明显，市场活跃度大幅提高，推动了股票市值的提高。截至 2021 年末，全国上市公司共计 4697 家（含北京证券交易所），比上年末增长 13.32%；沪深两市总市值达 99.11 万亿元，比上年末增长 13.91%，创历年年末新高（见图 9）。其中，上证主板总市值为 52.18 万亿元，占总市值的 52.65%；深证主板总市值为 26.33 万亿元，占比 26.57%；深证创业板市值为 14.07 万亿元，占比

14.20%；上证科创板市值为 6.26 万亿元，占比 6.32%；北京证券交易所市值为 2723 亿元，占比 0.27%。

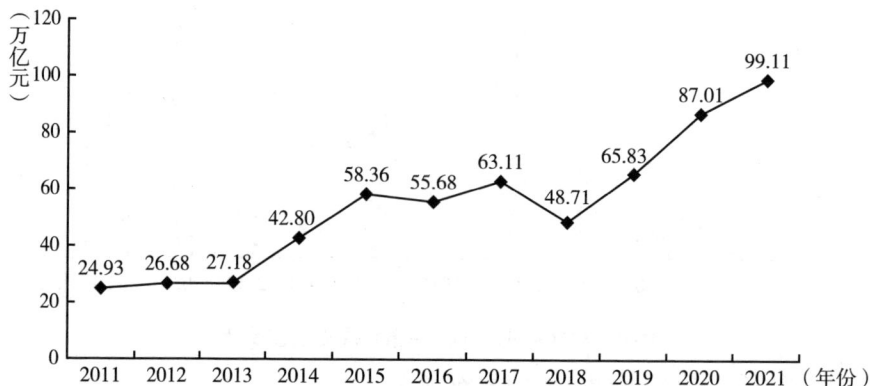

图 9 2011~2021 年沪深市场总市值统计

资料来源：Wind、山东省亚太资本市场研究院。

2021 年有 162 家上市公司市值突破千亿元，比 2020 年增加 30 家，市值合计 43.29 万亿元，占全部上市公司总市值的 43.69%。2020 年市值突破千亿元的 132 家上市公司 2021 年市值合计 38.55 万亿元，比 2020 年下降 4.93%。可以看出，市值偏大个股整体出现缩水，而其他市值区间个股均不同程度上涨，且市值越低，涨幅越高，市值不足 20 亿元的股票表现最突出。2020 年末市值低于 20 亿元的 382 只个股市值合计 5726.54 亿元，2021 年末则达到 8246.50 亿元，增幅达 44.00%。侧面反映出 2021 年小市值股崛起、大盘股低迷的结构性变化。2021 年末，6 家上市公司市值超过万亿元，数量比上年减少 1 家。2021 年宁德时代（300750.SZ）新晋万亿元市值排行榜，中国平安（601318.SH）、五粮液（000858.SZ）则退出排行榜。剔除 2021 年上市新股，共计 373 只个股市值增幅超过 1 倍，其中，*ST众泰（000980.SZ）市值增幅达 1075.92%，位列第一；30 只个股市值跌幅超过 50%，其中，中公教育（002607.SZ）市值下跌 77.63%，成为年度表现最差股票。

根据申万一级（2021）行业标准，同往年一样，2021 年银行业凭借国有大型商业银行规模优势，其市值继续居行业首位，达 9.33 万亿元，但比上年下跌 3.22%。电力设备和医药生物行业市值均突破了 8 万亿元（见图 10）。2021 年受国际大宗商品价格维持向上影响，加上我国积极落实"碳达峰、碳中和"目标，行业内新上市公司较多，以及相关细分设备领域也不断创新升级和更新迭代，电力设备行业景气度较高，2021 年末行业市值为 8.44 万亿元，比上年末增长 139.77%。2021 年医药生物行业波动幅度较大，全年呈现高开低走的态势，上半年整个行业上涨明显，但受带量采购和医保谈判持续深化、抗肿瘤药物临床研发指导原则出炉、安徽 IVD 集采等影响，行业市场出现较大波动。总的来看，医药生物行业在新股的助推下，年末市值为 8.33 万亿元，比上年末增长 9.64%。在 31 个申万一级（2021）行业中，同 2020 年相比，23 个行业市值出现上涨，其中电力设备行业涨幅最

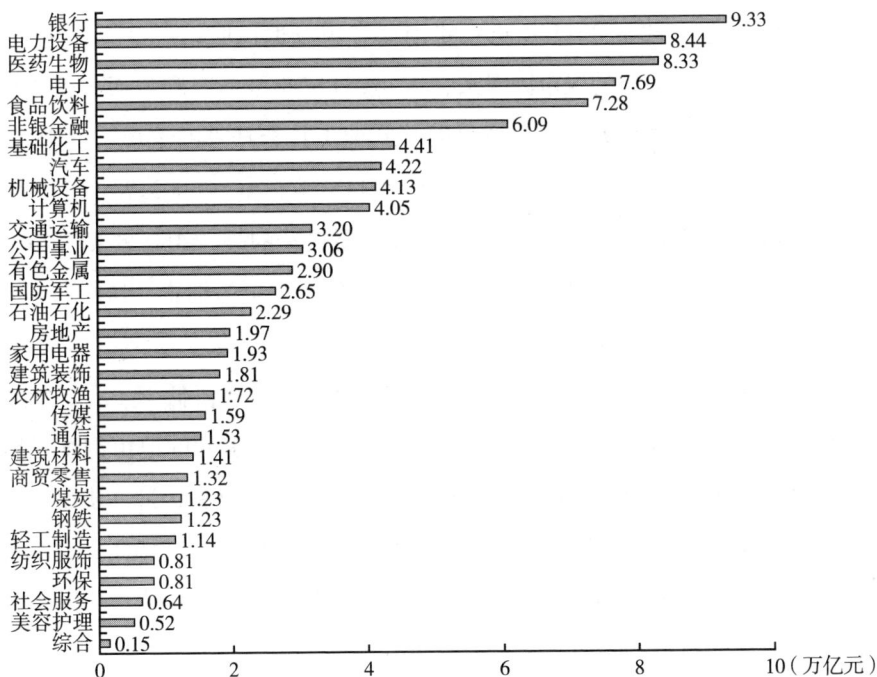

图 10　2021 年 A 股市场行业市值统计

资料来源：Wind、山东省亚太资本市场研究院。

大；其次是受"碳达峰、碳中和"政策影响，环保行业市值以72.62%的涨幅位居第二。相反，综合行业市值缩水最为严重，较上年末下降65.09%。其中，东方集团（600811.SH）、广电计量（002967.SZ）、华测检测（300012.SZ）、广汇物流（600603.SH）等行业内较大市值股票出现缩水，从而导致整个行业市值缩减。

（4）退市公司数量增加

2020年末沪深交易所发布多项退市配套规则。[①] 新规实施后，业绩表现较差、财务造假等企业将被淘汰出局，有利于建立"有进有出、优胜劣汰"的市场生态，从而进一步优化市场资源配置，完善资本市场结构。

根据Wind数据，2021年我国证券市场有23只股票退市，年内退市数量创历史新高，比上年增加3只。自1999年第一只退市股票琼民源A（000508.SZ）起，截至2021年末，我国证券市场退市股票数量累计达170只。从2021年退市股票的退市原因来看，"连续三年亏损"和"股价低于面值"成为退市的主要原因，部分公司因"其他不符合挂牌的情形"而退市，首商股份（600723.SH）、葛洲坝（600068.SH）、营口港（600317.SH）3家上市公司因"吸收合并"退市（见表6）。需要提及的是，2021年新开市的北京证券交易所，其强制退市制度相比新三板精选层更为细化，强制退市分为交易类、财务类、规范类和重大违法类等四类情形。从交易类指标来看，北京证券交易所强制退市指标日期为连续60个交易日面值低于1元，而创业板和科创板均为20个交易日。北京证券交易所灵活多元的退市制度是践行注册制的要求，有助于保持市场有进有退的健康运行机制，进一步激活资本市场。北京证券交易所服务创新型中小企业的市场定位，其特征是高收益与高风险并存，未来将体现出上市企业数量快速增长、平均市值小、上市和退市更加便利的特点。

---

① 《上海证券交易所股票上市规则》《深圳证券交易所股票上市规则》《上海证券交易所科创板股票上市规则》《深圳证券交易所创业板股票上市规则》。

表6　2021年上市公司退市统计

单位：元

序号	代码	名称	退市日期	退市时股价	退市原因
1	600723.SH	首商股份	2021年10月22日	8.93	吸收合并
2	600068.SH	葛洲坝	2021年9月13日	9.93	吸收合并
3	300362.SZ	天翔退	2021年8月30日	1.34	其他不符合挂牌的情形
4	002359.SZ	北讯退	2021年7月23日	0.35	其他不符合挂牌的情形
5	000760.SZ	斯太退	2021年7月23日	0.26	暂停上市后未披露定期报告
6	600614.SH	退市鹏起	2021年7月21日	0.26	连续三年亏损
7	600634.SH	退市富控	2021年7月21日	0.28	连续三年亏损
8	200986.SZ	粤华包B	2021年7月21日	5.51	其他不符合挂牌的情形
9	900907.SH	退市鹏B	2021年7月21日	0.02	连续三年亏损
10	002711.SZ	欧浦退	2021年7月15日	0.32	其他不符合挂牌的情形
11	600485.SH	*ST信威	2021年6月1日	1.39	连续三年亏损
12	002450.SZ	康得退	2021年5月31日	0.20	连续四年亏损
13	200168.SZ	*ST舜喆B	2021年5月26日	0.70	股价低于面值
14	600891.SH	退市秋林	2021年5月12日	0.38	连续三年亏损
15	002071.SZ	长城退	2021年5月7日	0.31	股价低于面值
16	600701.SH	退市工新	2021年4月30日	0.45	连续三年亏损
17	000662.SZ	天夏退	2021年4月12日	0.25	股价低于面值
18	600978.SH	*ST宜生	2021年3月22日	0.52	股价低于面值
19	600247.SH	*ST成城	2021年3月22日	0.65	股价低于面值
20	600677.SH	*ST航通	2021年3月18日	3.01	连续三年亏损
21	600086.SH	退市金钰	2021年3月17日	0.16	股价低于面值
22	600687.SH	退市刚泰	2021年3月3日	0.30	股价低于面值
23	600317.SH	营口港	2021年1月29日	2.60	吸收合并

资料来源：Wind、山东省亚太资本市场研究院。

2. 债券成交额下降

（1）国债收益率整体震荡下行

在国际环境趋于复杂严峻、全球疫情不断蔓延、大宗商品价格上涨、供应链紧张、我国宏观政策回归常态化等背景下，2021年上半年我国经济持续复苏，第三季度经济增长有所放缓，第四季度小幅改善。通货膨胀方面，在国际大宗商品价格快速走高的带动下，我国PPI同比涨幅持续走高，虽然在"保供稳价"的政策下，PPI同比上涨速度放缓，但依然保持在较高的位置，市场上对"类滞胀"预期较高，但中国人民银行多次提出"通胀走势总体稳定，不存在长期通胀或通缩的基础"，叠加7月降准表明中国人民银行货币政策"不受通胀影响"的态度，在一定程度上稳定了市场"高通胀引发紧货币"的预期，12月PPI涨幅连续第二个月回落，进一步缓解市场上对"滞胀"的预期。受国内需求相对疲弱的影响，叠加猪肉价格低迷，CPI同比涨幅全年处于相对较低的位置，对市场的影响较小。

2021年，我国国民经济持续稳定恢复，同时受新冠肺炎疫情脉冲式扰动、外部环境复杂多变等因素影响，经济发展面临一定压力，叠加货币政策稳健基调下市场流动性保持充裕，国债收益率整体震荡下行（见图11）。根据财政部数据，2021年末1年期、3年期、5年期和10年期国债收益率分别为2.24%、2.46%、2.61%和2.78%，较2020年末分别下行23BP、36BP、34BP和36BP。中国人民银行贯彻执行稳健的货币政策灵活精准、合理适度，通过灵活开展公开市场操作，熨平市场资金波动，市场资金波动幅度较过去3年降低。整体来看，全年债券市场发展稳健，流动性不断提升，投资者结构日益完善，交易策略趋于丰富。

从具体走势来看，2021年国债收益率总体呈"前高后低"态势。第一阶段：年初至春节前，国债收益率快速上行。随着"永煤"债违约事件对市场的冲击逐渐消退及资金面实现平稳跨年，中国人民银行开始回收流动性，资金面逐步收紧，市场流动性预期由乐观转向谨慎，国债收益率快速上行。第二阶段：春节后至7月初中国人民银行降准前，国债收益率震荡下行。这一阶段，中国人民银行货币政策坚持稳字当头，资金面总体平稳偏松，加之地方政府专项债额度下发较晚且发行门槛提高导致机构面临"资产荒"，国债收益率呈震荡下行态势。第三阶段：7月初央行降准至8月初，国债收益率快速下行。下半年经济下行压力逐渐显现，7月9日中国人民银行实施全面降准。全面降准在释放流动性的同时带动市场降息预期升温，从而带动国债收益率快速下行。第四阶段：8月初至10月中旬，国债收益率

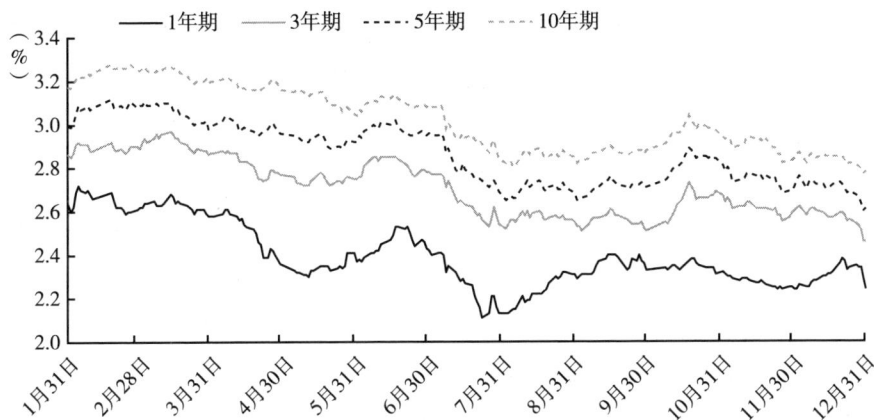

图 11　2021 年中国国债收益率曲线

资料来源：财政部、山东省亚太资本市场研究院。

震荡上行。8 月以来，地方政府债发行明显提速，中国人民银行结构性宽松货币政策也加速推进，带动市场宽信用预期不断升温，叠加结构性通胀压力不断抬升，国债收益率震荡上行。第五阶段：10 月下旬至年末，国债收益率震荡下行。在保供稳价政策支持下，通胀压力有所缓解，中国人民银行通过灵活主动的公开市场操作维持了市场流动性的合理充裕，12 月二次降准落地、支农支小再贷款利率下调及 1 年期 LPR 下调进一步提振市场降息预期，国债收益率震荡下行。

（2）成交额出现下降

2021 年，逆周期调节政策逐步退出，信用扩张力度减弱，叠加信用债发行监管趋严，地产债和城投债风险事件频发，再融资环境转紧，信用债成交萎缩。根据 Wind 数据，2021 年我国债券成交额为 1123.40 万亿元[1]，同比下降 12.38%。从交易市场来看，银行间债券市场成交 761.61 万亿元，占比 67.80%；上海证券交易所成交 314.50 万亿元，占比 28.00%；深圳证券交易所成交 47.29 万亿元，占比 4.21%。从债券交易业务类型来看，现券交

---

[1]　包含现券交易、回购交易和同业拆借。

易金额为229.19万亿元，占比20.40%，成交额同比下降4.90%；回购交易金额为799.66万亿元，占比71.18%，成交额同比下降10.55%；同业拆借交易金额为94.55万亿元，占比8.42%，成交额同比下降35.74%。

根据Wind债券分类①，2021年我国18个大类债券共计成交229.19万亿元，同比下降4.90%。其中，国债成交40.75万亿元，同比下降12.31%；地方政府债成交7.94万亿元，同比下降41.17%；金融债成交94.42万亿元，同比下降1.08%；企业债成交1.27万亿元，同比下降5.14%（见表7）。其中，地方政府债成交量换手率下降，流动性减弱明显。2021年地方债全年平均换手率1.19‰，比2020年低1.14个千分点。地方政府债从2018年7月溢价改善以来成交额增长幅度有所扩大，2019年3月达到新高，月成交额过万亿元，之后随着资金利率回调成交额再次回落至万亿元以下。自2020年8月地方政府债成交额下降后，2021年起成交额呈现锯齿状波动，成交额位于2019年以来较低水平。与2020年相比，全年仅有项目收益票据、定向工具、国际机构债、资产支持证券和可转债实现了增长，同比分别增长28.69%、25.27%、0.70%、83.32%和61.15%。

表7 2021年不同类型债券成交额统计

单位：亿元

债券类型	银行间	上交所	深交所	合计
国债	402609.82	4903.63	3.41	407516.86
地方政府债	79368.78	31.39	0.89	79401.06
央行票据	0.00	0.00	0.00	0.00
同业存单	431339.30	0.00	0.00	431339.30
金融债	941864.83	767.30	1564.94	944197.07
政策银行债	826005.74	509.28	379.00	826894.02
商业银行债	24426.55	0.00	0.00	24426.55
商业银行次级债券	74184.25	0.00	0.00	74184.25
保险公司债	2169.47	0.00	0.00	2169.47

① 指现券交易。

债券类型	银行间	上交所	深交所	合计
证券公司债	316.01	252.74	1185.94	1754.70
证券公司短期融资券	9106.35	0.00	0.00	9106.35
其他金融机构债	5656.46	5.29	0.00	5661.75
企业债	12593.30	149.05	5.38	12747.73
一般企业债	12575.55	149.04	5.38	12729.97
集合企业债	17.75	0.02	0.00	17.77
公司债	0.00	1541.70	4661.53	6203.23
一般公司债	0.00	1541.70	818.91	2360.61
私募债	0.00	0.00	3842.62	3842.62
中期票据	110701.75	0.00	0.00	110701.75
一般中期票据	110701.75	0.00	0.00	110701.75
集合票据	0.00	0.00	0.00	0.00
短期融资券	96298.81	0.00	0.00	96298.81
一般短期融资券	12601.46	0.00	0.00	12601.46
超短期融资债券	83697.36	0.00	0.00	83697.36
项目收益票据	100.43	0.00	0.00	100.43
定向工具	28259.53	0.00	0.00	28259.53
国际机构债	181.46	0.00	0.00	181.46
政府支持机构债	5180.31	4.97	0.71	5185.99
标准化票据	0.00	0.00	0.00	0.00
资产支持证券	11149.14	0.00	1234.04	12383.18
证监会主管 ABS	0.00	0.00	1234.04	1234.04
银保监会主管 ABS	7403.01	0.00	0.00	7403.01
交易商协会 ABN	3746.13	0.00	0.00	3746.13
可转债	0.00	55205.64	100726.21	155931.85
可交换债	0.00	1083.40	348.78	1432.18
可分离转债存债	0.00	0.00	0.00	0.00
总　计	2119647.45	63687.09	108545.90	2291880.44

资料来源：Wind、山东省亚太资本市场研究院。

（3）交易结算机构情况

从中央结算公司来看，2021年交易结算量持续增长，全年共结算1043.47万亿元①，同比增长10.63%。其中，现券结算141.47万亿元，同比下降7.63%；回购结算892.20万亿元，同比增长13.94%；债券借贷结算9.80万亿元，同比增长37.74%。

2021年现券结算中，政策性银行债为80.02万亿元，占总结算量的56.56%。国债和地方政府债分别为39.95万亿元、7.88万亿元，两者合计占33.81%。商业银行债券、信贷资产支持证券和非银行金融机构债券结算量分别增长105.59%、119.55%和52.30%。企业债券结算量增长2.24%。2021年，政策性银行债和国债是现券交易较为活跃的券种，换手率分别为406.57%和177.33%。商业银行债券换手率为146.20%，同比上升65.17个百分点；非银行金融机构债券换手率为89.78%，同比上升30.55个百分点；企业债券换手率为59.42%，同比上升3.38个百分点；信贷资产支持证券换手率为40.67%，同比上升18.84个百分点（见表8）。

2021年，回购品种分化明显。质押式回购结算887.62万亿元，同比增长14.33%。从总量看，商业银行和非法人产品是质押式回购的交易主力，合计占总结算量的82.19%。从增速看，境外机构同比增长231.55%，保险机构、证券公司和非法人产品的增速均在36%以上。质押式回购结算量逐季增加，回购利率在年中较高，年末有所回落。

2021年，债券借贷持续增长。债券借贷结算量9.80万亿元，同比增长37.74%。近年来债券借贷业务增速较快，成为质押式回购和现券之外的第三大交易类型。从期限结构看，2021年平均期限为12天；7天及以下结算量占比68.9%，同比上升8.9个百分点。参与债券借贷业务的投资者多样化，从商业银行、证券公司逐步扩展到农信社、非法人产品、财务公司等机构。②

---

① 指窄口径交易结算量，质押式回购、买断式回购、债券借贷仅统计首期结算量，不含柜台市场。
② 中央国债登记结算有限责任公司：《2021年债券业务统计分析报告》，2022年1月。

表8　2021年银行间市场现券交易结算量变化情况

单位：亿元，%

债券类型	现券交易结算量	同比增长	占比	换手率
国债	399542.79	-13.00	28.24	177.33
地方政府债	78753.25	-40.58	5.57	25.99
政策性银行债	800176.92	-6.72	56.56	406.57
政府支持机构债	5088.03	-43.41	0.36	27.36
商业银行债券	97649.72	105.59	6.90	146.20
非银行金融机构债券	5798.77	52.30	0.41	89.78
企业债券	16841.24	2.24	1.19	59.42
信贷资产支持证券	10457.10	119.55	0.74	40.67
其他债券	396.23	-13.72	0.03	46.04

资料来源：中央结算公司、山东省亚太资本市场研究院。

从上海清算所来看，2021年共集中清算226.38万笔债券交易，清算面额合计284.89万亿元，同比下降7%。从清算方式看，债券净额清算面额3.76万亿元，全额清算面额281.13万亿元。从交易方式看[1]，债券现券97.62万笔，清算面额70.58万亿元，同比下降8%；债券回购123.84万笔，清算面额211.35万亿元，同比下降6%。2021年共清算质押式回购123.41万笔，面额210.99万亿元；买断式回购4333笔，面额3573亿元。截至2021年末，在债券质押式回购业务中，各类投资者待回购债券面额合计2.62万亿元，同比增长17%。[2] 2021年上海清算所紧抓金融数字化转型升级重大机遇，坚持优化服务与防范风险"两手抓"，全面推进产品服务数字化、网络化、智能化深度融合发展，有力支持了金融市场的持续安全运行。

（4）信用债违约处置效率提高

根据Wind数据，2021年我国共有150只信用债发生违约，比上年减少

[1] 除现券与回购外，上海清算所2021年共清算债券分销4.52万笔，面额2.70万亿元；债券借贷0.4万笔，面额0.26万亿元；无债券远期交易纳入清算。
[2] 上海清算所：《上海清算所债券业务运行分析（2021年12月）》，2022年1月。

5 只；违约规模合计 1603.93 亿元，比上年下降 8.75%[①]，债券违约金额是自 2014 年以来首次出现下降。在债券违约数量和规模均出现下降的同时，民营企业信用债违约规模占比却超过 60%，民营企业违约潮延续。全年债券市场新增违约主体 23 家，比上年减少 7 家，到期违约金额合计 1015.76 亿元，比 2020 年的 1019.36 亿元稍有下降，违约金额近四年保持高位震荡态势。新增违约主体主要为民营企业，分布在房地产业、航空业等，违约情况不容乐观。

2021 年来，尽管市场上信用风险暴露不断增加，但债券市场特殊到期处置方式逐步增多，发行人频繁采用展期、场外兑付和债券置换等方式避免直接违约，确保了企业经营能够正常进行，以免形成明显的挤兑后导致破产清算。2021 年债券违约处置有序推进，处置途径以破产重整、协商债务重组方式居多。2020 年 12 月，中国银保监会、国家发改委、中国人民银行、中国证监会联合发布《金融机构债权人委员会工作规程》，首次建立了完善的银行业金融机构债权人委员会制度，明确了债委会职责定位，严格规定债委会原则上由直接对企业持有债权的金融机构或其分支机构组建。涉及中央企业或者重大复杂的企业集团，可以在金融机构法人总部层面组建债委会。联合授信企业发生债务风险的，牵头银行可推动组建债委会。2021 年，金融债委会继续发挥积极作用，部分协商重组方案落地后有序执行。金融债委会机制继续展开应用实践，在推进企业债务重组、有序化解债务风险方面发挥积极作用，如在华夏幸福债委会推动下，债务重组计划于 2021 年 12 月表决通过。从债券偿付进展来看，永煤集团、山东山水、巴安水务依据协商重组方案按计划兑付债券。

推进大型企业债务处置与化解。随着大型企业违约风险的有序暴露和处置，破产重整程序运用增多。除以往常见的单独重整方式之外，海航集团、紫光集团、永泰集团联合旗下子公司运用合并重整方式解决集团化债务问题，提高债务处置效率；预重整制度作为庭外协商与庭内重整的结合，也在

---

① 数据导出时间为 2022 年 4 月 25 日。

违约处置当中继续实践。

以市场化退出为导向的违约债券交易机制发挥作用，但交易活跃度有待提升。目前银行间市场违约债券可通过匿名拍卖、北京金融资产交易所到期债券转让方式进行交易，交易所市场则可通过特定债券转让结算开展交易。2021年，违约债券交易活跃度持续上升，全年交易面额合计198.18亿元，同比上升70%，但相比于存量违约债券而言交易规模较小，流动性有待提升。整体来看，债券市场信用风险化解的手段逐步多样化，信用风险相对可控。

二　新三板市场

（一）深化新三板改革

1. 新三板改革站上新起点

党中央、国务院高度重视中小企业创新发展和新三板改革，2021年中央经济工作会议、"十四五"规划和中央政治局会议都对发展"专精特新"中小企业、深化新三板改革做出重要部署。北京证券交易所的设立为进一步深化新三板改革、更好支持中小企业创新发展指明了方向。资本市场以服务中小企业创新发展为重要使命。新三板是资本市场服务中小企业的重要平台。北京证券交易所设立前，全国中小企业股份转让系统从制度安排、组织体系、技术系统、交易运行、市场动员、新闻宣传等方面深化新三板改革，做好与北京证券交易所的对接工作。北京证券交易所成立后，全国中小企业股份转让系统坚持北京证券交易所与新三板创新层和基础层统筹协调与制度联动、与沪深交易所和区域性股权市场错位发展与互联互通，打通中小企业转板通道，发挥好新三板服务创新型中小企业的功能。

经过30年左右的发展，我国已经初步形成了多层次资本市场体系，并在此基础上建立了包括区域股权交易中心至新三板以及创新层至北京证券交易所的升级转板、沪深A股和北京证券交易所至新三板的降级转板、北京证券交易所至科创板和创业板的平级转板、新三板基础层与创新层之间的内部转板在内的转板制度。2021年北京证券交易所设立后，我国资本市场形成了京、沪、深三地交易所功能互补、各具特色、各显优势的证券市场新格局。北京证券交易所的定位为"服务创新型中小企业的主阵地"。沪深市场的主板将继续为成熟的大中型企业服务，科创板为硬科技产业板块的企业服务，创业板为高新技术企业、战略新兴产业企业和成长型创新创业企业服务。在新的格局下，应以注册制改革为核心，引领全面市场化改革，增强市场的活力、韧性、包容性、适应性，更好地为各类企业竞争发展服务。

2. 探索多层次资本市场普惠金融新格局

北京证券交易所与新三板在多层次资本市场全面深化改革大局下，构建了全链条服务创新型中小企业的资本市场体系。①

以错位发展为本，补齐资本市场短板。北京证券交易所与新三板坚持服务创新型中小企业，市场定位突出更早、更小、更新，与主板、科创板、创业板形成错位格局、增强服务合力。截至2021年末，北京证券交易所上市公司82家，战略性新兴产业、先进制造业、现代服务业等占比87%，经营业绩突出、创新能力较强；2017年以来65家公司获得国家科学技术奖，市场服务创新型中小企业的集聚效应初步形成，服务创新驱动发展、经济转型升级等国家战略的功能更加凸显。

以递进联通为基，激发企业向上动能。北京证券交易所与新三板上下贯通、内外连通的市场特色，使得企业向上发展意愿增强，市场吸引力提升。改革宣布以来，挂牌申报数量同比增长46%。

3. 市场服务吸引力提升

截至2021年末，新三板市场挂牌企业达6932家，符合北京证券交易所上市财务条件的挂牌企业超过千家。全市场累计783家企业获评专精特新"小巨人"，59家企业成长为"单项冠军"。新增上市辅导的挂牌企业中，

---

① 北京证券交易所：《北京证券交易所、新三板2021年市场改革发展报告》，2022年2月。

近九成企业计划申报北京证券交易所。2021年新三板市场分层过程中，96%的符合条件的基础层挂牌企业申请进入创新层，为分层制度实施以来最高水平。全年有3家公司提交科创板和创业板转板申请，3家公司通过区域市场绿色通道快速完成新三板挂牌。

（二）新三板发展概况

1.挂牌企业数量继续减少

自2017年以来，新三板市场挂牌企业数量逐年递减，至2021年已跌破7000家，减至6932家，比上年减少1255家。相比2017年高点，下降幅度已达40.40%（见图12）。自2014年扩容以来，新三板市场快速发展，但因交易不活跃、流动性不强、投资门槛高等问题饱受争议，许多没有达到融资目的的企业相继摘牌。这些新三板企业摘牌有主动的，也有被动的，主要有以下四点原因：一是流动性差，交易不活跃，许多没有实现融资目的的企业认为既耗费时间又耗费精力，不如一退了之；二是每年交给股转系统、券商、律师事务所、会计师事务所的费用，给部分经营状况不好的新三板企业带来不小压力，摘牌可以省去服务费用；三是有些企业因经营出问题，或者

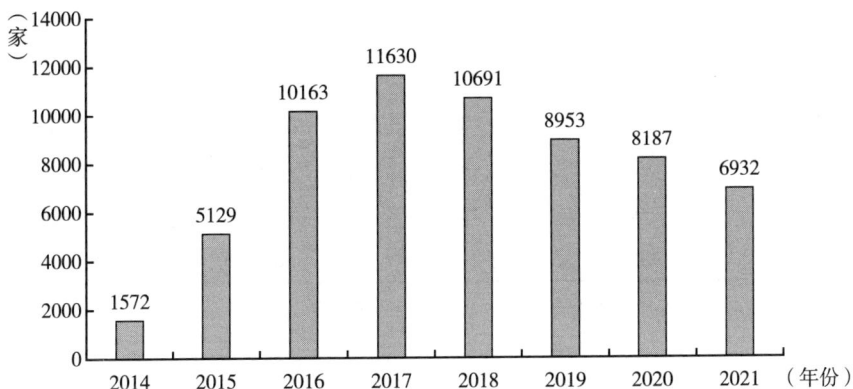

图12　2014~2021年新三板市场挂牌企业数量统计

资料来源：全国中小企业股份转让系统、山东省亚太资本市场研究院。

故意拖延年报披露时间，坐等股转系统摘牌；四是还有一些企业成功在主板、北京证券交易所上市，新三板的使命已经完成。此外，挂牌企业数量逐年减少也是一个原因。根据 Wind 统计，自 2016 年以来，新增挂牌企业数量出现大幅缩减之势，由 2016 年的 2133 家减至 2021 年的 89 家①，新增数量远不及摘牌数量，造成挂牌企业数量不断减少。

2. 成交量出现回暖

根据全国中小企业股份转让系统公布的数据，2021 年新三板市场融资 281 亿元。其中，发行股票融资 259.67 亿元，占全部融资额的 92.41%，但发行股票融资同比下降 23.29%。

全市场股票成交量 309.08 亿股，同比增长 18.69%，成交量创 2018 年以来新高。股票成交金额 2148.16 亿元，同比增长 65.93%（见表 9）。

表 9　2013~2021 年新三板市场股票成交统计

年度	成交量（亿股）	成交金额（亿元）	成交笔数（万笔）	换手率（%）
2013	2.02	8.14	0.10	4.47
2014	22.82	130.36	9.27	19.67
2015	278.91	1910.62	282.13	53.88
2016	363.63	1912.29	308.81	20.74
2017	433.22	2271.80	282.99	13.47
2018	236.29	888.01	150.84	5.31
2019	220.20	825.69	154.37	6.00
2020	260.42	1294.64	540.83	9.90
2021	309.08	2148.16	827.30	17.66

资料来源：全国中小企业股份转让系统、山东省亚太资本市场研究院。

融资方面，2021 年全市场共计发行 598 次，合计融资 281 亿元。其中，41 家公司公开发行融资 75 亿元，已有 2 家北京证券交易所上市公司

---

① 数据来自 Wind，导出时间为 2022 年 7 月 5 日。

启动再融资，持续满足企业大额高效融资需求；532 家公司完成定向发行 557 次，融资 206 亿元，其中自办发行 122 次，融资 10 亿元，全年拟定向发行募集金额同比增长 55%，进一步发挥小额、快速、按需融资功能。交易方面，2021 年全市场交易额 2815 亿元，同比增长 1.17 倍。创新层和基础层获得有效带动，全年成交额同比增长 20%，10 只指数全部上涨，估值定价能力得到提升。

3. 行业及地域分布情况

根据中国证监会制定的行业分类标准，在 2021 年新三板市场中，制造业挂牌企业数量占据主力位置，企业数量达 3410 家，占比达 49.19%。紧随其后的是信息传输、软件和信息技术服务业，行业内挂牌企业数量达 1351 家，占比为 19.49%。余下 16 个行业挂牌企业数量均在 500 家之下，与上述制造业与信息传输、软件和信息技术服务业差距十分明显。在 84 家金融业挂牌企业中，包含 3 家证券公司，有粤开证券（830899.NQ）、东海证券（832970.NQ）和国都证券（870488.NQ）；15 家基金公司，有清源投资（835075.NQ）、好买财富（834418.NQ）、中邮基金（834344.NQ）等；13 家期货公司，有海通期货（872595.NQ）、长江期货（872186.NQ）、金元期货（872050.NQ）等。与 2020 年相比，文化、体育和娱乐业挂牌企业数量降幅最大，由 2020 年的 189 家降至 2021 年的 145 家，降幅达 23.28%。

同主板上市公司一样，新三板挂牌企业也集中在东部沿海省市。广东、北京、江苏、浙江和上海挂牌企业数量位居前列，均超过 500 家。有 15 个省份挂牌企业数量不足 100 家，其中青海仅 3 家。同 2020 年相比，2021 年全国除青海外，其余 30 个省（区、市）挂牌企业数量均出现下降。其中，上海由 647 家降至 516 家，同比下降 20.25%，降幅最大；其次是湖南，同比下降 19.39%（见表 10）。山西、陕西、海南、西藏和河北 5 省区降幅较小，均不足 10%。

表10　2021年新三板市场挂牌企业数量和数量降幅TOP10省份

单位：家，%

挂牌企业数量TOP10			挂牌企业数量降幅TOP10		
省份	家数	增幅	省份	家数	增幅
广东	975	-17.44	上海	516	-20.25
北京	898	-16.31	湖南	133	-19.39
江苏	840	-14.89	江西	97	-18.49
浙江	612	-14.17	云南	63	-18.18
上海	516	-20.25	新疆	51	-17.74
山东	434	-14.23	广东	975	-17.44
湖北	253	-13.95	广西	54	-16.92
河南	250	-13.79	重庆	84	-16.83
安徽	247	-15.99	北京	898	-16.31
福建	237	-15.96	安徽	247	-15.99

资料来源：全国中小企业股份转让系统、山东省亚太资本市场研究院。

（三）主办券商执业评价

2021年末，《北京证券交易所 全国中小企业股份转让系统证券公司专业质量评价指标及计算方法》及《北京证券交易所 全国中小企业股份转让系统证券公司执业质量负面行为清单》出台。2022年1月，北京证券交易所、全国中小企业股份转让系统有限责任公司根据评价规则发布了2021年度证券公司执业质量评价结果，101家证券公司由高到低分别被评为一、二、三、四档，评价结果较为全面客观地反映了证券公司整体执业质量。持续督导家数和参与定向发行次数排名靠前的主办券商见表11和表12。

一是体现了证券公司的专业服务能力。2021年，证券公司持续加大北京证券交易所、新三板市场业务投入力度，专业服务能力整体有所提升。二是反映了证券公司合规执业意识。证券公司的合规执业情况也是评价内容的重要组成部分。三是呈现特色券商发展趋势。2021年执业评价获评一档的证券公司中，排名前五的证券公司与上年保持一致，排名前20位的证券公司基本稳定，16家证券公司连续两年分档结果为一档，特色券商队伍初步成形。

表11　2021年主办券商持续督导家数TOP10

单位：家

排名	主办券商简称	督导家数	创新层	基础层
1	开源证券	613	107	506
2	申万宏源承销保荐	596	122	474
3	国融证券	285	25	260
4	东吴证券	283	51	232
5	中泰证券	263	38	225
6	长江证券	247	44	203
7	安信证券	229	36	193
8	东北证券	193	25	168
9	兴业证券	166	36	130
10	财通证券	161	28	133

资料来源：全国中小企业股票转让系统、山东省亚太资本市场研究院。

表12　2021年主办券商参与定向发行次数TOP10

排名	主办券商简称	发行次数（次）	融资金额（亿元）	发行量（亿股）
1	申万宏源承销保荐	46	19.61	4.2
2	开源证券	42	8.91	2.92
3	东吴证券	24	18.26	2.76
3	国融证券	24	4.59	1.84
5	中泰证券	22	6.59	1.86
6	安信证券	21	13.37	2.35
7	财通证券	20	7.52	2.47
7	长江证券	20	3.46	0.83
9	山西证券	17	3.23	1.26
10	东北证券	14	1.82	0.47

资料来源：全国中小企业股票转让系统、山东省亚太资本市场研究院。

三 北京证券交易所市场

（一）北京证券交易所正式设立

2021 年 9 月 3 日，中国证监会起草形成《北京证券交易所向不特定合格投资者公开发行股票注册管理办法（试行）》《北京证券交易所上市公司证券发行注册管理办法（试行）》《北京证券交易所上市公司持续监管办法（试行）》，同步修订了《证券交易所管理办法》并向社会公开征求意见。从北京证券交易所基础制度安排来看，主要体现在 5 个方面。[①]

一是融资准入方面。突出创新型中小企业经营特点，总体平移精选层发行条件以及有关盈利能力、成长性、市场认可度、研发能力等方面的上市条件，提升包容性和精准性。完善公开发行、定向发行融资机制，丰富市场融资工具，提供直接定价、询价、竞价等多种定价方式，进一步贴合中小企业多元化需求。

二是交易制度方面。坚持精选层较为灵活的交易制度，实行连续竞价交易，新股上市首日不设涨跌幅限制，自次日起涨跌幅限制为 30%，增加市场弹性。坚持合适的投资者适当性管理制度，促进买卖力量均衡，防范市场投机炒作。

三是持续监管方面。严格遵循上市公司监管法律框架，一方面，各项要求与《证券法》《公司法》关于上市公司的基本规定接轨，压实各方责任。另一方面，延续精选层贴合中小企业实际的市场特色，强化公司自治和市场约束，在公司治理、信息披露、股权激励、股份减持等方面形成差异化的制度安排，平衡企业融资需求和规范成本。

四是退出安排方面。维持"有进有出""能进能出"的市场生态，构建

---

① 参见《中国证监会 2021 年 9 月 3 日新闻发布会》，北京证券交易所网站，2021 年 9 月 3 日，http://www.bse.cn/important_news/200010672.html。

多元化的退市指标体系，完善定期退市和即时退市制度，在尊重中小企业经营特点的基础上，强化市场出清功能。建立差异化退出安排，北京证券交易所退市公司符合条件的，可以退至创新层或基础层继续交易，存在重大违法违规的，应当直接退出市场。

五是市场联接方面。加强多层次资本市场有机联系，丰富企业成长路径。在新三板创新层、基础层培育壮大的企业，鼓励继续在北京证券交易所上市，同时坚持转板机制，培育成熟的北京证券交易所上市公司可以选择到沪深交易所继续发展。

9月5日，北京证券交易所起草三件基本业务规则《北京证券交易所股票上市规则（试行）》《北京证券交易所交易规则（试行）》《北京证券交易所会员管理规则（试行）》，并向市场公开征求意见。三件业务规则主要内容包括：构建与市场定位和法律性质相匹配的公司监管制度；延续已经过实践检验的成熟交易制度；探索与公司制交易所相契合的会员管理制度。[①]

此后至2021年11月，北京证券交易所又陆续发布多项业务规则，涵盖发行上市、融资并购、公司监管、证券交易、会员管理以及投资者适当性等方面，形成了北京证券交易所自律规则体系。同时，北京证券交易所开市涉及的技术系统完成改造升级，各证券公司、信息商和基金公司相关系统完成配套改造。北京证券交易所内部机构配置、人员配备安排到位。11月15日，北京证券交易所正式揭牌开市。中国证监会主席易会满在致辞中指出，设立北京证券交易所，是党中央、国务院立足构建新发展格局、推动高质量发展做出的重大决策部署，对于进一步健全多层次资本市场，加快完善中小企业金融支持体系，推动创新驱动发展和经济转型升级，都具有十分重要的意义。

（二）设立北京证券交易所的重要意义

习近平总书记高度重视中小企业发展，明确指出"我国中小企业有灵

---

① 参见《北京证券交易所就上市规则、交易规则和会员管理规则公开征求意见》，北京证券交易所网站，2021年9月5日，http://www.bse.cn/important_news/200010674.html。

气、有活力，善于迎难而上、自强不息"，强调"中小企业能办大事"。①
2021 年中央经济工作会议、"十四五"规划均对服务中小企业创新发展做出
重要部署。

新三板是资本市场服务中小企业的重要探索，2013 年正式运营，2016
年初步划分为创新层、基础层，2020 年设立精选层，同时引入转板上市、
公开发行和连续竞价交易，逐步形成了与不同层次企业状况相适应的差异
化发行、交易等基础制度，建立了"基础层、创新层、精选层"层层递进
的市场结构，可以为不同阶段、不同类型的中小企业提供全口径服务。其
中，精选层经过两年来的实践，已经初步具备了服务中小企业的公开市场
功能。以新三板精选层为基础组建北京证券交易所，对推动完善中国特色
多层次资本市场体系，提升精选层法律地位和市场功能，突破体制机制发
展瓶颈，探索新三板支持服务中小企业科技创新的普惠金融之路，具有重
要意义。

一是打造服务中小企业创新发展的专业化平台。进一步破除新三板建设
的政策障碍，围绕"专精特新"中小企业发展需求，夯实市场服务功能，
完善政策支持体系，形成科技、创新和资本的集聚效应，逐步发展成为服务
创新型中小企业的主阵地。

二是探索完善契合中小企业特点的制度安排。尊重中小企业发展规律
和成长阶段，持续探索有特色、差异化的制度安排。通过试点注册制，探
索适合中小企业的注册制安排；通过实行公司制，探索交易所组织形式和
管理模式的创新；通过实施转板制度，强化多层次资本市场之间的互联
互通。

三是形成支持中小企业持续成长的市场服务体系。创造积极向上的良性
市场生态，打造从创投基金和股权投资基金到区域性股权市场，再到新三板
和交易所市场，持续支持中小企业科技创新的全链条服务体系，促进科技和

---

① 《人民日报：培育更多专精特新中小企业》，河北省市场监督管理局网站，2021 年 8 月 20
日，网址 http://scjg.hebei.gov.cn/info/71801。

创新资本融合，持续培育发展新动能。同时，使中小企业增强公司治理意识、公众公司意识和敬畏投资者意识，为资本市场持续健康发展积累力量。①

（三）北京证券交易所上市公司运营情况

截至 2021 年末，北京证券交易所上市公司共计 75 家。根据中国证监会行业标准，同主板、创业板、科创板一样，北京证券交易所制造业公司占据主要位置，高达 53 家，占比 70.67%。信息传输、软件和信息技术服务业公司数量为 12 家。科学研究和技术服务业公司数量为 4 家。北京证券交易所各行业上市公司营业收入增速都有较大幅度的增长，盈利增速表现参差不齐。其中，材料行业无论是营业收入增速，还是净收入增速，在各行业都处于领先地位，分别为 43.28% 和 44.89%。这一方面得益于上游大宗商品的行情走势，另一方面与北京证券交易所开市带来的政策红利有关。从公司属性来看，民营企业占据多数，数量为 65 家，国有企业 6 家。从省份来看，江苏、广东、北京排名靠前，分别为 12 家、10 家和 9 家。

北京证券交易所上市公司全年实现营业收入 622.12 亿元，同比增长 31.17%，平均每家 8.29 亿元。增速比主板、创业板分别高 12.19 个和 7.66 个百分点，但低于科创板 5.81 个百分点。其中，贝特瑞（835185.BJ）营业收入为 104.91 亿元，是北京证券交易所营业收入唯一超百亿元的公司。75 家公司营业收入大致相当于主板上市公司广汽集团（601238.SH）单家公司收入（627.17 亿元）。2021 年，北京证券交易所上市公司全部实现盈利，共计实现净利润 68.81 亿元，同比增长 24.32%，平均每家 0.92 亿元。增速比主板高 5.27 个百分点，比科创板、创业板分别低 39.39 个和 2.08 个百分点。贝特瑞（835185.BJ）成为净利润唯一超 10 亿元的公司。贝特瑞（835185.BJ）得益于电动汽车市场持续景气，拉动了上游电池材料的需求

---

① 参见《中国证监会 2021 年 9 月 3 日新闻发布会》，北京证券交易所网站，2021 年 9 月 3 日，http://www.bse.cn/important_news/200010672.html。

增长，带动公司盈利能力提升。66 家公司净利润不足 1 亿元，占比 88%，体现了北京证券交易所服务创新型中小企业的战略定位。

四　证券公司发展情况

（一）从机构数量看证券公司的发展

根据中国证券业协会公布的数据，截至 2021 年末，我国证券公司达到 140 家，比上年增加 2 家。新增的 2 家证券公司星展证券（中国）有限公司（以下简称"星展证券"）、大和证券（中国）有限责任公司（以下简称"大和证券"）均为外资控股证券公司。2021 年 1 月，星展证券在上海市市场监督管理局完成登记注册并取得营业执照，注册资本为 15 亿元人民币。公司股东为星展银行有限公司、上海东浩兰生投资管理有限公司、上海黄浦投资控股（集团）有限公司、上海汇旸资产经营有限公司、上海黄浦引导资金股权投资有限公司，各股东出资及股权比例分别为 51%、24.67%、13.33%、6.5% 和 4.5%。2020 年 12 月，大和证券在北京市西城区市场监督管理局完成登记注册并领取营业执照，注册资本为 10 亿元人民币。公司股东为株式会社大和证券集团总公司、北京国有资本运营管理有限公司、北京熙诚资本控股有限公司，各股东持股比例分别为 51%、33% 和 16%。

2021 年 3 月，中国证券业协会向会员机构下发《证券公司 2021 年度经营情况分析》[①]，数据显示 2021 年证券行业共有 17 家外资参控股券商（9 家外资控股），较上年末增加 2 家（均为外资控股）。全年 17 家外资券商实现营业收入 327.56 亿元，同比增长 8.63%；实现营业支出 236.90 亿元，同比上涨 19.18%；实现净利润 79.56 亿元，同比下降 6.29%。2021 年外资券商在群体规模扩张的情况下，业绩表现不及行业平均水平，利润整体下降，主

[①] 《2021 年外资券商业绩表现不及行业平均水平　净利润同比下降 6.29%》，《经济参考报》网站，2022 年 3 月 8 日，http://www.jjckb.cn/2022-03/08/c_1310505811.htm。

要原因是许多新设公司成本刚性投入较大。2021 年外资证券公司平均净资产收益率为 5.00%，同比减少 1.22 个百分点，与行业整体 7.84% 的水平存在一定差距。外资券商经营许可业务多集中在承销保荐、证券经纪、证券自营、证券投资咨询，拥有业务全牌照的公司仅 4 家。2021 年末外资证券公司总资产为 6198.02 亿元，净资产为 1670.01 亿元，同比分别增长 12.08% 和 10.26%。

截至 2021 年末，全国上市券商共计 46 家，比上年新增 1 家。其中，沪深上市券商 42 家，包含 14 家既在沪深交易所上市又在香港上市的券商；新三板市场 3 家，分别为粤开证券（830899.OC）、东海证券（832970.OC）和国都证券（870488.OC）；香港交易所上市券商 1 家，即恒投证券（1476.HK）。与上年相比，2021 年新增上市券商为财达证券（600906.SH）。自 2020 年以来，券商登陆资本市场速度加快，截至 2022 年 6 月末，已有华宝证券、开源证券等 7 家券商排队上市，华龙证券、深港证券等 5 家券商处于辅导备案状态。登陆资本市场，意味着可以更好地利用上市平台进行融资，尤其是在 2020 年 2 月再融资新规出台后，券商机构纷纷抓住政策红利进行"补血"。

（二）从机构区域分布看证券公司发展情况

根据上海证券交易所官网公布的数据，2021 年共有会员 123 家，会员营业部合计 11828 家，比上年增加 97 家，同比增长 0.83%。从会员营业部数量来看，截至 2021 年 6 月①，中国银河（601881.SH）、方正证券（601901.SH）、安信证券营业部数量位居前三，数量分别为 502 家、373 家和 368 家。排名靠前的 10 家会员营业部数量合计 3364 家，占比 28.44%，即数量不足 1% 的证券公司营业部数量却达全部会员营业部总量的近三成（见表 13）。大型券商牌照齐全，业务线比较多，分支机构承担多条业务线职责，比如一些券商的营业部或分支机构同时承揽投行业务，但是中小券商的营业部职责比较单

---

① 截至 2022 年 7 月 7 日，上海证券交易所官网公布的会员营业部数量最新日期为 2021 年 6 月。

一，主要承担交易职责。随着行业交易佣金率的持续下滑，中小券商营业部如果面临亏损或成本较高，证券公司就会考虑撤销分支机构。自 2019 年以来，证券公司营业部呈现"头部增设、腰部缩减"趋势。

表 13　截至 2021 年 6 月证券公司营业部数量 TOP10

单位：家，%

排名	会员名称	营业部数量	市场份额
1	中国银河	502	4.24
2	方正证券	373	3.15
3	安信证券	368	3.11
4	国泰君安	360	3.04
5	中泰证券	324	2.74
6	海通证券	306	2.59
7	中信建投	296	2.50
8	广发证券	290	2.45
9	长江证券	275	2.32
10	华泰证券	270	2.28

资料来源：上海证券交易所、山东省亚太资本市场研究院。

证券公司及营业部数量基本与其所在地区经济的发达程度成正比，主要分布在经济发达、人口密度大及人口收入高、财富管理氛围浓厚的东部发达地区。广东、北京和上海数量远高于其他地区，3 省市证券公司合计 63 家，占上海证券交易所会员数量的 51.22%。截至 2021 年末，全国仅剩甘肃、广西、青海等 8 个省份只有 1 家证券公司，而宁夏至今没有本区内的证券公司。从各证券公司营业部分布来看，广东、浙江和江苏较密集，3 省营业部数量合计 3783 家，占全国的 31.98%。海南、宁夏、青海和西藏 4 省区营业部数量不足百家。从近 5 年证券公司业务趋势来看，之前作为证券公司主要收入来源的经纪业务随着互联网、智能手机的普及，加上竞争激烈，现在已出现大幅下滑，取而代之的是资产管理业务和投资业务。在此背景下，营业部作为线下渠道的流量价值已被大幅削弱，但在"双轮驱动"之下，营业部在客户结构上将实现优化调整，并带动业务发展模式由"粗犷引流"转向"精耕细作"。因此，在经济发达的省份，业务牌照齐全的大型券商依然重视线下服务。财富管理被视为资产管理业务渠道端的延伸，强调"线上+线下"的全面广泛的渠道获客能力。伴随财富管理转型的深入推进，线下网点布局增速有所放缓，新增网点布局或更多聚焦并深耕客户需求更强的地区。此外，线上数字化转型加快，"线上+线下"的场景化获客日益成为主要抓手。

（三）从主要经营数据看证券公司发展情况

1.服务实体经济取得新成效

证券公司作为重要的金融力量，是连接资本市场和实体经济的重要桥梁，在新形势下面临更高的发展要求。在高质量发展要求下，证券公司以服务实体经济、服务国家战略为发展定位和原则，围绕实体经济的发展需求开展和创新业务，避免"脱实向虚"。

根据中国证券业协会未经审计数据，2021年证券公司共服务481家企业完成境内首发上市，融资金额达到5351.46亿元，同比分别增加87家、增长13.87%。① 其中，在科创板首发上市的"硬科技"企业有162家，融资2029.04亿元；在创业板首发上市的成长型创新创业企业有199家，融资1475.11亿元。两板首发上市企业数量占全年IPO企业数量的75.05%，融资金额占全年IPO融资总额的65.48%，引导资本有效支持了科技创新。2021年证券公司服务527家境内上市公司实现再融资，融资金额达到9575.93亿元，同比分别增加132家、增长8.10%。证券公司承销债券15.23万亿元，同比增长12.53%。证券行业2021年实现投资银行业务净收入699.83亿元，同比增长4.12%。2021年作为绿色公司债券主承销商或绿色资产证券化产品管理人的证券公司共50家，承销（或管理）102只债券（或产品），合计金额1376.46亿元。其中，资产证券化产品38只，合计金

---

① 《中国证券业协会发布证券公司2021年度经营数据》，中国证券业协会网站，https://www.sac.net.cn/hysj/zqgsjysj/202202/t20220225_148469.html。

额 529.25 亿元。全年作为创新创业公司债券主承销商的证券公司共 23 家，承销 32 只债券，合计金额 343.95 亿元。全年参与发行地方政府债券的证券公司共 81 家，合计中标金额 4529.99 亿元，合计中标地区 32 个。

2. 盈利能力稳健增长

2021 年，得益于全面注册制稳步推进、北京证券交易所开市及财富管理转型进入深水区，证券行业迎来"高光时刻"。上证综指、深证成指、创业板指均实现上涨，市场交投活跃度大幅提升，自营投资业务和财富管理业务成为券商业绩主要增长引擎。注册制改革助推 IPO 规模创历史新高，资管主动管理转型成效凸显。根据中国证券业协会披露的数据，截至 2021 年末，140 家证券公司资产规模突破 10 万亿元关口，证券从业人员也重回 34 万人关口。景气度的上涨，使得证券行业盈利出现明显增长。2021 年全行业 140 家证券公司实现营业收入 5024.10 亿元，同比增长 12.03%；实现净利润 1911.19 亿元，同比增长 14.23%；总资产为 10.59 万亿元，净资产为 2.57 万亿元，较上年末分别增长 19.07% 和 11.34%。[①] 尽管整个行业营业收入不断增长，但全行业总营业收入大致和中国中冶（601618.SH）相当。[②]

从各项主要业务占总营业收入的比重来看，受沪深两市交易量大幅增加影响，经纪业务收入占比出现回升，全年证券经纪业务实现收入 1529.62 亿元，同比增长 19.6%。其占营业收入比重为 30.45%，较 2020 年增加 2 个百分点。经纪业务收入主要受到股基交易量的影响，2021 年股基总成交额为 276.30 万亿元，同比增长 25.3%，行业平均经纪佣金率为 2.801‰[③]，小幅上升。在成交总量上升、平均佣金率小幅上涨的影响下，经纪业务收入上升幅度明显。

2021 年股市呈现结构性机会，自营业务在证券公司收入来源中占比为 32.18%，同上年度基本持平，为证券公司第一大收入来源。全年自营业务

① 《中国证券业协会发布证券公司 2021 年度经营数据》，中国证券业协会网站，https://www.sac.net.cn/hysj/zqgsjysj/202202/t20220225_148469.html。
② 2021 年中国中冶（601618.SH）营业收入为 5005.72 亿元，在沪深上市公司中排名第 18 位。
③ 毕马威中国金融服务：《二零二二年中国证券业调查报告》，2022 年 7 月。

（证券投资和股权投资）收入 1616.52 亿元，同比增长 12.73%。近三年，证券公司自营业务转型加快，开发多元策略。场外衍生品业务作为基于客户需求的非方向性用表方式，在权益市场震荡过程中，已成为头部券商实现盈利可持续性的扩表方式。受投资品种、配置策略和业务发展模式的不同影响，证券公司自营投资业绩分化加剧。2021 年，在 106 家开展自营业务的证券公司中，98 家公司实现赢利，中山证券、华融证券等 8 家券商出现亏损。即使在盈利的证券公司中，自营业务收入差别也较大，优势明显向头部券商集中。例如，中信证券（600030.SH）自营收入为 139.75 亿元，而北京高华、宏信证券等 12 家券商收入不足 5000 万元。

2021 年是资管新规过渡期的最后一年，公募基金业务、基金公司专户业务整体规模呈现持续上涨趋势，证券公司资产管理业务、基金子公司专户业务整体规模有所下降。截至 2021 年末，证券行业资产管理业务规模合计 10.88 万亿元，同比增长 3.53%。其中，集合资产管理计划规模 3.28 万亿元，较 2020 年同期增长 112.52%。这表明，券商资管在"去通道"的要求下，不断提升主动管理能力，加速优化资产管理业务结构。全年实现资产管理业务净收入 317.86 亿元，同比增长 6.10%。资产管理业务收入占营业收入的比重为 6.33%，较上年下降 1 个百分点。2022 年 4 月，中国证监会发布了《关于加快推进公募基金行业高质量发展的意见》，适度放宽同一主体下公募牌照数量限制，鼓励商业银行、保险机构、证券公司等优质金融机构依法设立或并购基金管理公司，壮大公募基金管理人队伍，着力打造行业良好发展生态，为券商并购或新设公募基金创造了良好的政策环境。公募基金业务作为券商资管转型的重要发力点之一，在为券商贡献可观利润来源的同时，更成为券商资产管理业务布局的关键一环。

北京证券交易所的正式开市交易标志着多层次资本市场建设进入新阶段，多层次资本市场体系错位发展、有序竞争新格局初步构建。注册制改革不断深化，市场化发行承销机制日渐成熟，证券公司投资银行业务面临高阶转型战略机遇。2021 年股权融资发行单数以及发行规模创造新高，债权融资规模也同样维持高位，全年投资银行业务实现净收入 699.83 亿元，同比增长 4.12%，占营业收入总额的 13.93%。在 2021 年 IPO 企业中，通过注册制方式上市的企业占比超七成；在高新技术企业较为集中的专用设备制造业、医药制造业等行业中，双创板块对于上市企业都显示出了更强的吸引力。再融资行政手续的简化和融资门槛的降低，激发了再融资市场的活力，定增募资和可转债募资成为主要驱动力。同时，随着经济发展新常态以及产业回归本源，跨行业并购逐渐减少，上市公司之间围绕产业链条进行整合的案例增多，这将给投行业务带来新的机会。

3. 期货业务成为重要收入来源

我国超过半数的证券公司设有期货子公司或控股、参股期货公司，期货业务逐渐成为证券公司收入来源的一大选项。根据中国期货业协会数据，2021 年期货市场累计成交量 75.14 亿手，累计成交额 581.20 万亿元，同比分别增长 22.13% 和 32.84%，创出了历史新高，连续三年大幅增长。[1] 值得一提的是，2021 年 4 月，广州期货交易所正式揭牌成立，这是我国碳期货市场建设迈出的重要一步，与其他 4 家交易所形成互为补充、互相促进的关系。全年 150 家期货公司实现营业收入 494.64 亿元，同比增长 40.34%；净利润 137.05 亿元，同比增长 59.30%；交易额 579.39 万亿元，同比增长 32.97%；交易量 72.62 亿手，同比增长 20.68%。[2] 继南华期货（603093.SH）、瑞达期货（002961.SZ）之后，2021 年 12 月，永安期货（600927.SH）成为 A 股第三家期货上市公司。通过不断的资本扩张，期货公司将在大类资产配置、构建大宗商品服务体系方面更好地服务实体经济。期货市场规模的扩大和运行质量的提升吸引了更多实体经济和产业客户利用期货衍生品进行风险管理。在此背景下，期货风险管理子公司作为服务实体的重要手段成为期货业务创新的突破口。截至 2021 年末，共有 97 家风险管理子公司在中国期货业协会备

---

[1] 《2021 年 12 月全国期货市场交易情况》，中国期货业协会网站，2022 年 1 月 4 日，http://www.cfachina.org/servicesupport/researchandpublishin/statisticaldata/monthlytransactiondata/202201/t20220104_24883.html。

[2] 《2021 年 12 月期货公司总体及分辖区经营情况》中国期货业协会网站，2022 年 2 月 9 日，http://www.cfachina.org/informationpublicity/qhgsydjysj/202202/t20220209_25316.html。

案，其中有 92 家备案了试点业务。上述风险管理子公司总资产达 1245 亿元，同比增长 32%；净资产为 322 亿元，同比增长 19%。2021 年实现业务收入 2629 亿元，同比增长 26%，主要为大宗商品基差贸易收入。[①] 券商系下期货风险管理子公司，更是通过与证券集团 FICC 业务[②]实现联动和业务协同，打造双赢、双增长的业务新局面。

（四）从合规风控管理看证券公司发展情况

合规经营是证券业发展的立身之本，监管机构持续完善资本市场基础法律制度，着重风险防范与监管治理，进一步强调了证券公司作为资本市场"看门人"的责任。2021 年，我国出台了若干政策法规，强化了证券经营机构的执业标准，强调了合规理念与底线意识，对证券期货市场秩序维护提出明确要求。这些规定充分展现了我国资本市场深化改革与强化证券市场监管的方针坚定不移。2021 年末，证券行业净资本 2.00 万亿元，其中核心净资本 1.72 万亿元。截至 2021 年末，行业平均风险覆盖率 249.87%（监管标准≥100%），平均资本杠杆率 20.90%（监管标准≥8%），平均流动性风险覆盖率 233.95%（监管标准≥100%），平均净稳定资金率 149.64%（监管标准≥100%），行业整体风控指标优于监管标准，合规风控水平整体稳定。[③]

全球地缘政治和疫情的不确定性持续影响资本市场，证券行业对保障资本市场和金融市场平稳运行和健康发展的作用将更为重要。一方面，证券行业应该以高度的责任感与使命感，做到守正创新，不断优化证券行业生态，持续推进行业的文化建设，提升行业的社会责任，守住风险底线和合规红线，为证券行业的创新发展夯实基础；另一方面，券商要持续提升服务实体

---

① 参见中国期货业协会《风险管理公司试点业务情况报告》2021 年第 12 期。

② FICC（Fixedincome、Currencies&Commodities）业务，主要包括固定收益产品、外汇和大宗商品及衍生品。

③ 《中国证券业协会发布证券公司 2021 年度经营数据》，中国证券业协会网站，https：//www.sac.net.cn/hysj/zqgsjysj/202202/t20220225_ 148469.html。

经济的效率，增强服务直接融资能力，助力资本市场发挥枢纽功能，更好服务国家发展战略。

（五）从数字化转型看证券公司发展情况

2021 年初，中国人民银行印发《金融科技发展规划（2022—2025年）》（以下简称《规划》），提出金融业数字化转型的首要目标是从多点突破迈入深化发展新阶段，全局性、系统性数字思维深入人心，数字化转型的理论、方法、评价体系基本形成，"上云用数赋智"稳步推进，金融机构数字化经营能力大幅跃升。《规划》的出台业进一步加快了我国整个金融行业数字化转型步伐。根据中国证券业协会发布的数据，2021 年全行业信息技术投入金额达 338.20 亿元，同比增长 28.66%。IT 投入排名前十五的券商较为稳定，投入金额基本处于上涨趋势。这部分券商可以利用金融科技带来的差异化优势，通过大力开展技术赋能业务、打造数字化金融科技平台等方式，谋求快速发展。

数字化转型和金融科技建设已成为证券业下一个战略周期的发展核心驱动力。在数字化转型方面，根据毕马威给出的建议，证券行业领先机构应依据"一套顶层规划、五大建议主题"的路径推动下一步数字化转型，"一套顶层规划"作为企业数字化转型的主干，"五大建议主题"作为企业数字化转型的主要突破口。[1] 一套顶层规划：建立一套审现状、绘蓝图、可落地的公司级数字化转型顶层规划。数字化转型是一个系统工程，数字化转型首先需要基于企业整体战略明晰数字化战略和顶层设计，识别业务场景中的数字化机会实现对业务赋能，全面提升与企业数字化战略相匹配的数据和技术能力，从而保障企业数字化转型实施落地。五大建议主题：零售业务财富化、机构业务协同化、投行业务平台化、业技融合敏捷化和数转价值可量化。

---

[1] 毕马威中国金融服务：《二零二二年中国证券业调查报告》，2022 年 7 月。

（六）从企业社会责任看证券公司发展情况

2021 年 10 月 24 日，国务院发布《2030 年前碳达峰行动方案》，提出重点领域国有企业特别是中央企业要制定实施企业碳达峰行动方案，发挥示范引领作用。相关上市公司和发债企业要按照环境信息依法披露要求，定期公布企业碳排放信息。近年来，环境、社会和公司治理（Environment, Social and Governance，ESG）理念与投资浪潮在全球范围内广泛兴起，越来越多的金融机构参与评估环境、社会和公司治理风险对企业财务绩效和战略管理的影响。一些国家的金融监管部门以企业 ESG 信息披露为抓手，推动金融机构和上市公司提升 ESG 发展水平。金融机构作为现代经济的核心，是连接微观企业与个人主体和宏观上层建筑的枢纽，不仅直接影响经济建设的进程，也在一定程度上关系社会发展的状况，因此金融机构有义务在服务实体经济的同时承担社会责任。目前，虽然我国金融监管部门没有强制金融机构进行 ESG 信息披露，但是随着社会各界对 ESG 理念的倡导，一些证券公司开始用实际行动践行 ESG 可持续发展理念，并构建了以"金融+绿色"为核心的可持续发展战略。2021 年以来，证券公司持续完善 ESG 治理架构及治理体系，设立 ESG 委员会，制定 ESG 战略并融入公司日常运营，统筹推进 ESG 管理，将 ESG 引入全面风险管理，深化 ESG 整合；在企业环境责任方面，制定并执行自身运营碳中和计划，积极参与政府绿色金融研究课题的讨论与实践，将绿色低碳理念融入企业文化，鼓励和倡导员工推进可持续的生活方式；在社会责任方面，踊跃投身"一司一县"结对帮扶项目，服务乡村振兴。根据中国证券业协会数据，截至 2021 年末，共有 102 家证券公司结对帮扶 323 个脱贫县，致力于践行创新、协调、绿色、开放、共享发展理念，助力提升发展的平衡性、协调性、包容性。已有 60 家证券公司参与"促进乡村振兴公益行动"，承诺出资 3.4 亿元，以巩固脱贫成果为重点，积极开展助学、助老、助残、助医、助困等公益行动，服务乡村振兴，促进共同富裕。已有 21 家证券公司发起设立公益基金会，通过公益平台广泛汇聚社会力量，积极参与第三次分配，动员员工发挥专业、投入时间，为促进共同富裕做出行业积极贡献。①

作为资本市场的中介机构，除了自身践行 ESG 理念，各大券商也纷纷将 ESG 因素纳入业务考量，围绕金融服务实体经济的宗旨，恪守责任投资原则，通过直接或间接融资、股权投资等金融服务为绿色产业发展提供支持。2021 年，作为绿色公司债券主承销商或绿色资产证券化产品管理人的证券公司共 50 家，承销（或管理）102 只债券（或产品），合计金额 1376.46 亿元，同比增长 52%。其中，资产证券化产品 38 只，合计金额 529.25 亿元，同比增长 207%。②

证券行业践行企业社会责任的另一项具体举措就是落实国家"碳达峰、碳中和"目标。"碳达峰、碳中和"目标是推动经济社会绿色转型和深化金融供给侧结构性改革的重要方向。资本市场具有为绿色产业发现价格、管理风险，为绿色发展提供中长期金融服务的优势，在构建绿色低碳循环发展经济体系中具有枢纽功能，在促进实现"碳达峰、碳中和"目标中扮演重要角色。证券行业是资本市场最重要的中介机构，是助力实现"碳达峰、碳中和"目标的重要金融力量。

构建绿色金融体系。证券公司充分发挥中介机构优势，运用股权融资、债权融资等形式为绿色企业及绿色项目提供融资支持；发挥金融创新载体优势，创新绿色金融产品，推动绿色股权、绿色债券、绿色投资基金、绿色指数、绿色信贷、绿色保险、绿色信托和碳金融产品等多层次绿色投资工具体系建设；推动各种资产类别的绿色指数开发与绿色指数跟踪产品创新；助力绿色产业基金的发展，为绿色产业基金从创业投资、产业投资到资产持有提供全生命周期的金融中介服务。2022 年以来，各大券商在债券承销规模和品种上持续实现突破。2022 年 4 月，中信证券（600030.SH）助力中国金茂成功发行市场最大规模碳中和商业地产抵押支持证券（CMBS）。2022 年 5 月，中金公司（601995.SH）与中信证券（600030.SH）牵头承销交易所首

---

① 《中国证券业协会发布证券公司 2021 年度经营数据》，中国证券业协会网站，https：//www.sac.net.cn/hysj/zqgsjysj/202202/t20220225_ 148469.html。
② 2021 年 11 月，北京、上海、广州三地证监局发布《关于规范基金投资建议活动的通知》。

批低碳转型挂钩债券。绿色债券是证券行业服务"碳达峰、碳中和"战略的重要着力点，后续证券行业也将坚持绿色优先，践行高质量发展理念，推进绿色产业发展。

推动碳金融市场体系建设，促进碳价格的市场形成机制和碳排放权的市场化配置。当前碳金融市场处于早期发展阶段，但市场潜力巨大。证券公司发挥设计交易机制、管理资金配置、提供流动性、推动产品开发、价格发现等优势，积极引导资金流向，激励参与主体，增强减排动力，积极创新包括碳基金、碳债券、碳排放权抵质押融资、碳资产回购、碳资产托管、碳远期等在内的多种碳金融产品，在推动碳金融市场体系的建立中扮演着重要角色。

在履行社会责任中推广低碳理念、丰富绿色实践。证券行业主动明确自身"碳达峰、碳中和"目标，多家证券公司发布行动方案，积极履行推动绿色发展的社会责任。推行绿色低碳理念，实施低碳办公和无纸化办公，节约办公能源资源，提升员工节能意识，让绿色办公成为常态。倡导员工绿色生活，鼓励绿色出行，提升全体员工节约、环保意识，并开展培训、志愿服务、健步走等特色活动，丰富绿色实践。[1]

2021年是实施"十四五"规划的开局之年，立足新发展阶段，如何把资本市场深化改革与经济绿色低碳转型有机结合起来，既是证券行业的机遇，也是挑战。构建绿色低碳循环发展经济体系，应借鉴ESG国际实践，对标对表新发展理念，赋予ESG中国内涵和中国特色，推动以新发展理念为引领的ESG在中国的生动实践，为实现"碳达峰、碳中和"目标做出证券行业应有的贡献。

参考文献

孙国茂主编《中国证券公司竞争力研究报告（2021）》，社会科学文献出版

---

[1] 参见中国证券业协会《证券行业助力碳达峰碳中和目标行动报告》，2021年10月。

社，2021。

　　深圳证券交易所：《2021 年 IPO 市场总结》，2022 年 1 月。

　　中国人民银行：《2021 年金融市场运行情况》，2022 年 2 月。

　　中央国债登记结算有限责任公司：《2021 年债券业务统计分析报告》，2022 年 1 月。

　　中央国债登记结算有限责任公司：《2021 年资产证券化发展报告》，2022 年 2 月。

　　财政部政府债务研究和评估中心：《地方政府债券市场报告（2021 年 12 月）》，2022 年 2 月。

　　联合资信评估股份有限公司债券市场研究部：《2021 年度债券市场发展报告》，2022 年 3 月。

　　招商银行研究院、柏禹含：《2021 年债券市场回顾与展望》，2022 年 1 月。

　　国融证券研究与战略发展部：《螺蛳壳里做道场：低波动下的新常态——2022 年债券市场年度策略报告》，2021 年 12 月。

　　北京证券交易所：《北京证券交易所、新三板 2021 年市场改革发展报告》，2022 年 2 月。

　　毕马威中国：《2022 年中国证券业调查报告系列——证券行业趋势及战略洞察》，2022 年 5 月。

B.3
中国证券公司经营情况
比较与分析（2022）

孙同岩　李　猛*

摘　要： 尽管经济社会运行仍面临新冠肺炎疫情的挑战，但我国金融供给侧结构性改革持续深化，坚持对外开放、北京证券交易所成立、基金投顾持续扩容等一系列政策推动，为我国资本市场发展提供良好机遇，2021 年我国证券行业实现高增长。经纪业务方面，受沪深两市股票和基金市场交易活跃度进一步提升的影响，证券公司经纪业务增长良好，且在佣金率不断下滑的态势下，全面拥抱财富管理成为行业共识。承销和保荐业务方面，股债承销规模双双回升，龙头证券公司品牌效应的优势更加明显，行业集中度有所提高。资产管理业务方面，资管新规过渡期结束，证券公司资管主动管理转型基本完成，以主动管理为代表的集合资管规模大幅增长。2021 年证券行业经营状况整体向好，全行业共实现营业收入 5024.10 亿元，同比增长 12.03%；实现净利润 1911.19亿元，同比增长 14.23%；总资产达到 10.59 万亿元，同比增长19.07%；净资产达 2.57 万亿元，同比增长 11.34%，证券行业盈利能力和综合实力进一步提升，行业规模进一步壮大。

关键词： 证券公司　经纪业务　承销保荐业务　资产管理业务

---

* 孙同岩，济南大学商学院金融学硕士，山东省亚太资本市场研究院高级研究员，研究领域为资本市场、公司金融；李猛，济南大学应用经济学硕士，中国社会科学院工业经济研究所博士研究生，研究领域为产业经济。

2021 年，证券行业挑战与机遇并存，整体稳中有进，全球新冠肺炎疫情仍未完全受控，经济社会运行持续受到影响。但我国金融供给侧结构性改革持续深化，坚持对外开放、北京证券交易所成立、基金投顾持续扩容等一系列政策推动我国多层次资本市场建设进入新阶段，证券行业发展环境不断优化。同时，监管层多次提到全面实行股票发行注册制，在 2021 年中央经济会议中提出并将其列入"十四五"规划，全市场注册制落地可期。2021年 9 月 2 日，国家主席习近平在 2021 年中国国际服务贸易交易会全球服务贸易峰会上的致辞中提到，将继续支持中小企业创新发展，深化新三板改革，设立北京证券交易所，打造服务创新型中小企业主阵地。北京证券交易所是国务院批准设立的我国第一家公司制证券交易所，公司制的证券交易所意味着在运转方面更高效。北京证券交易所的成立，一方面会加快资本市场向深化金融供给侧结构性改革、完善多层次资本市场体系的目标发展；另一方面，这将为证券公司的投行业务带来增量空间。

从全年二级权益市场表现来看，上证综指涨 4.80%，沪深 300 指数跌5.20%，创业板指涨 12.02%，股市呈现结构性牛市，指数涨跌不一。其中，半导体、新能源产业链投资机会突出。股市交投活跃，两融余额稳定增长，2021 年股基累计成交额 276.30 万亿元，同比增长 25.3%，创历史纪录；全年日均股基交易额 1.14 万亿元，同比增长 24.8%；年末两融余额 1.83 万亿元，同比增长 13.2%，实现稳健增长。股债融资创新高，受益于注册制改革和北京证券交易所成立，全年境内 IPO 融资规模 5351.46 亿元，同比增长 13.87%，再融资规模 9575.93 亿元，同比增长 8.10%，证券公司承销债券 15.23 万亿元，同比增长 12.53%。① 市场的景气度向好，对应的是证券公司业绩不断提升。证券行业全年实现营业收入 5024.10 亿元，同比增长 12.03%；实现净利润 1911.19亿元，同比增长 14.23%；总资产达到 10.59 万亿元，净资产达 2.57 万亿元，较上年末分别增长 19.07% 和 11.34%，证券行业资产规模稳步扩大。

---

① 如无特别说明，本报告数据来源于中国证券业协会，含未经审计数据和经审计数据，未做逐一区分，但不影响分析效果。

多层次资本市场持续完善，证券行业服务实体经济和居民财富管理能力持续增强，2021年证券行业投行业务收入达到699.52亿元，实现股票主承销佣金收入320.11亿元，债券主承销佣金收入233.85亿元，行业服务实体经济直接融资能力进一步提升。而且证券行业持续发力财富管理业务转型，实现经纪业务收入1529.62亿元，同比增长19.6%。同时，实现代理销售金融产品收入190.75亿元，同比增长51.7%；实现投资咨询业务收入53.75亿元，同比增长14.9%。客户资产规模达72.54万亿元，同比增长18.6%。

本报告主要通过对我国证券公司各项业务单项指标进行排名，反映各证券公司的业务发展情况和竞争力。排名涉及经纪业务、承销与保荐业务、资产管理业务等主要业务指标及营业收入、净利润、总资产、净资产和净资本等主要财务指标，证券公司一些主要指标的排名可参考本报告的附表部分。经纪业务是多数证券公司涉及的业务范畴，主要通过证券公司交易量、经纪业务收入、营业部部均交易量以及营业部部均经纪收入来反映；承销与保荐业务情况主要用股票与债券主承销家数、主承销金额、主承销收入来反映；资产管理业务主要通过集合理财产品数量、资产数量来反映。

一　业务指标

2021年证券公司业务结构持续均衡优化。投资及经纪业务仍为证券公司最主要的收入来源，主要原因在于2021年市场成交活跃，可为经纪业务贡献手续费收入，而且上证综指、创业板指、中债指数上行，为投资业务带来更多机会。此外，部分券商利用"投行+投资"模式助力，紧抓经济转型机遇，充分利用投行项目资源优势，通过业务协同效应，增厚投资收益。在投行业务方面，2021年证券行业投行业务收入达到699.52亿元，同比增长4.3%，占营业收入比例达14.1%。2021年证券公司实现股票主承销佣金收入320.11亿元，债券主承销佣金收入233.85亿元。在资产管理方面，证券公司主动管理能力进一步增强，资产管理业务收入企稳回升。2021年实现资产管理业务收入283.93亿元，同比增长9.0%。

（一）经纪业务

1.经纪业务市场概况

从经纪业务的构成来看，经纪业务收入来源主要包括代理买卖证券业务、交易单元席位租赁和代销金融产品业务，其中以代理买卖证券业务为主，决定代理买卖证券业务收入的核心因素是股票和基金交易额和佣金率。股基交易额与证券市场指数走势显著正相关，因此经纪业务收入受到股市走势的影响比较大，具有周期性特征。传统经纪业务同质化严重，竞争激烈，致使佣金率整体呈现下降的趋势，2021年经纪业务平均佣金率下降至0.024%，约为2015年的一半（见图1）。

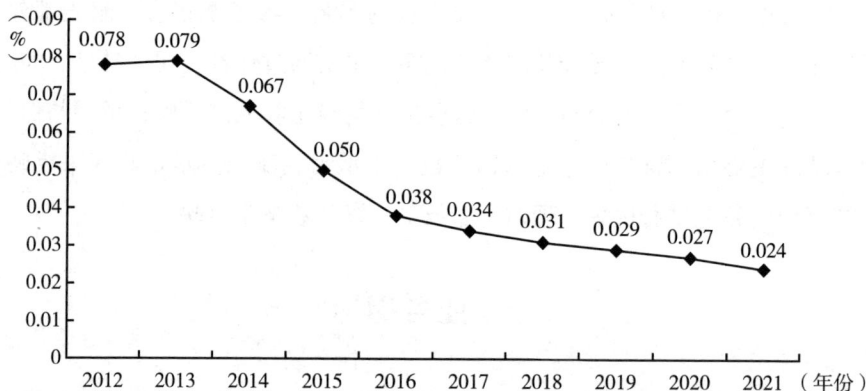

图1 2012~2021年经纪业务佣金率

资料来源：中国证券业协会、山东省亚太资本市场研究院。

在流动性合理充裕、股市机构化趋势以及居民财富搬家效应的共同作用下，2021年沪深两市股票和基金市场交易活跃度进一步提升，全年股基成交额累计达276.30万亿元，同比增长25.3%。尽管佣金率水平持续缓慢下降，但2021年股基交易额规模有较大提升，证券公司经纪业务收入为1529.62亿元，同比增长19.6%。

佣金率持续下滑与获客成本高企，持续压降通道类利润空间，这种传统经纪业务的现状倒逼证券公司进行财富管理的转型升级，表现之一就是代销金融产品收入及其占比逐渐提升。2021 年行业代销金融产品收入 190.75 亿元，同比增长 51.7%，占经纪业务手续费净收入比重达 12.5%，同比提高 2.64 个百分点。证券公司代销金融产品收入占比不断提高，体现出券商经纪业务向财富管理转型持续深化。

　　根据中国证券业协会发布的证券公司经营业绩排名数据，2021 年有 104 家证券公司参与经纪业务排名，比 2020 年增加 4 家，分别是上海证券、华融证券、大和证券和星展证券。① 从证券公司经纪业务收入排名来看，中信证券（600030.SH）、国泰君安（601211.SH）和广发证券（000776.SZ）位列前三，其中，中信证券（600030.SH）经纪业务以 109.57 亿元的收入排名第一，以高于第二名 26.06 亿元的收入保持经纪业务收入领先优势。广发证券（000776.SZ）经纪业务收入同比增长 21.15%，超过招商证券（600999.SH）排名第三，上升 2 个名次。需要注意的是，近几年证券公司愈加重视通过线上化引流、平台化合作来突破获客，在大型证券公司中，华泰证券（601688.SH）和招商证券（600999.SH）做得比较出色。华泰证券（601688.SH）是第一家敢于大胆尝试的头部券商，并在 2012~2016 年新开户红利中独占鳌头。2021 年以来，华泰新开户策略由"他流量"转向"自流量"，推进"涨乐财富通"平台产品及服务创新，全新推出以短视频和直播等为载体的内容运营模式，积极构建面向客户"千人千面"的"涨乐财富通"全新平台，提升基础交易服务能力，致力于提供全球资产一站式投资管理服务。招商证券（600999.SH）是新一轮新开户红利的受益者，率先与"腾讯理财通"合作，深耕微信社交服务生态圈以创新获客，打通"招商证券财富+"小程序、企业微信、"招商证券"App，持续加强数字化发展特色，助力公司财富管理转型。2021 年，华泰证券通过微信生态圈累计服务用户超 290 万户。App 月度活跃用户数（MAU）同比增长 15.45%，MAU 排名进入大型券商前五。2021 年证券公司具体经纪业务收入情况见附表1。

　　从 2021 年证券公司经纪业务收入排名变动来看，证券公司经纪业务收

---

　　① 新增原因如下：上海证券由于控股股东由国泰君安变更为百联集团，业务不再纳入国泰君安合并报表；华融证券按期披露 2021 年度财务报表；大和证券和星展证券分别于 2020 年 12 月和 2021 年 1 月成立，具有证券经纪业务资质，纳入 2021 年经纪业务排名。

入排名提升最大的是摩根大通，提高了 17 个名次，主要是因为摩根大通证券经纪业务团队成立已逾两年，前期基数较小，而且摩根大通在 2021 年证券经纪业务开展和运作取得较大进展，新客户开发稳步推进，国内公募基金的数量迅速增加。排名增幅第二的是开源证券，提高了 15 个名次，主要原因在于开源证券在经纪业务方面做了较多的工作，不断增加证券营业部和财富管理中心，2021 年公司经纪业务新增客户 16.93 万户，新增客户资产 322.80 亿元，同比分别增长 16.28% 和 133.15%；股基交易量 8090 亿元，同比增长 32%；各类金融产品累计销售金额突破 127 亿元（含收益凭证），实现销售收入同比增长 68.03%。此外，瑞银证券和华创证券经纪业务收入排名都有较大的提升，分别提升 10 个和 7 个名次。而在经纪业务收入排名下降的证券公司中，国开证券降幅最大，下降了 12 个名次，是因为国开证券 9 家证券营业部于 2020 年底转让，仅保留北京 1 家证券营业部，主要为机构客户提供股票减持、投资咨询等一揽子服务，经纪业务收入大幅减少。其次，排名降幅第二的是东兴证券（601198.SH），下降了 9 个名次。除此之外，南京证券（601990.SH）、民生证券、东海证券（832970.OC）、新时代证券和长城国瑞分别下滑了 6 个名次（见图 2）。

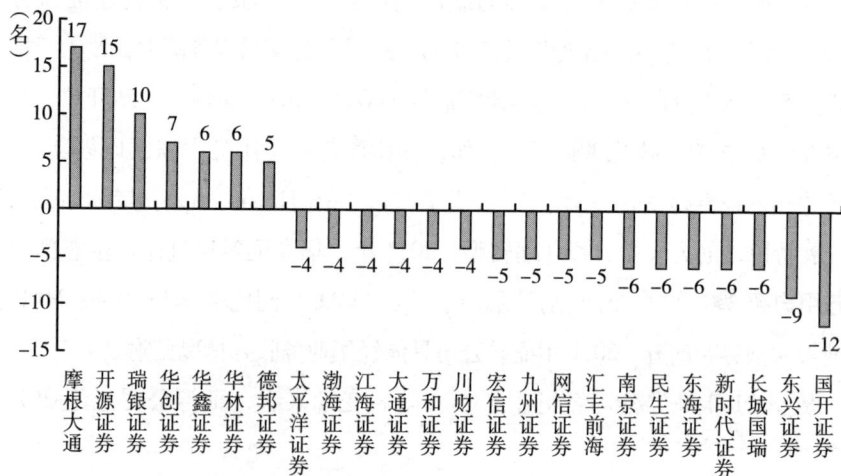

图 2　2021 年证券公司经纪业务收入排名变动情况

资料来源：中国证券业协会、山东省亚太资本市场研究院。

从图 3 证券公司经纪业务收入 TOP20 来看，证券公司名单没有变化，只是公司排名出现小幅变动，其中东方财富（300059.SZ）名次提升最多，由第 15 名提升到第 12 名，上升 3 个名次，主要是因为东方财富经纪业务市占率提升。中信证券（600030.SH）、国泰君安（601211.SH）、广发证券（000776.SZ）等 TOP20 经纪业务收入总计为 1088.80 亿元，同比增长16.20%。从经纪业务收入占营业收入比重来看，证券公司 TOP20 的平均经纪业务收入占比为 35.25%，比上年增加 1.90 个百分点，主要得益于 2021 年股票和基金市场交易活跃，证券公司经纪业务收入增长较多。其中经纪业务占比最高的是东方财富（300059.SZ），达到 61.82%，经纪业务是公司收入的主要来源，凭借强大的流量优势和转化能力，2021 年东方财富（300059.SZ）经纪业务收入为 45.13 亿元，同比增长 52.07%，远超全年市场日均股基交易额的同比增速。其次是方正证券（601901.SH），经纪业务收入占比为 56.20%，同比增加 3.18 个百分点，原因在于公司新设立营业部 13 家，营业部数量和分支机构总数均居行业第 2 位；同时，公司线上金融产品销售规模 28.75 亿元，同比增长 135.24%，线上金融服务平台持续高速发展。

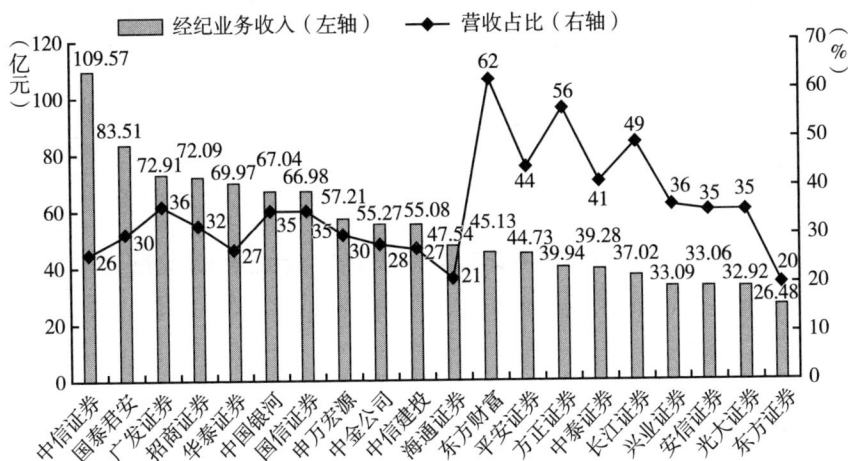

图 3　2021 年证券公司经纪业务收入及营收占比 TOP20

资料来源：中国证券业协会、山东省亚太资本市场研究院。

2. 融资融券业务

2021 年，融资融券余额整体上保持上升态势，市场资金活跃度提高。2021 年 7 月以来，市场两融余额持续站稳 1.8 万亿元以上，更是一度冲到 1.9 万亿元以上，这是 2015 年以来的首次。截至 2021 年末，两融余额为 18321.91 亿元，其中融资余额为 17120.51 亿元，较年初增长 13.17%；融券余额为 1201.4 亿元，较年初下滑 12.30%，两融余额占 A 股流通市值比重为 2.45%（见图 4）。目前融资规模扩大主要受两融标的扩容影响较大，两融余额仍在可控范围内。融券业务作为一种做空机制，具有价值发现、提升流动性、丰富投资策略等功能。随着机构投资者发展壮大，套期保值、风险对冲以及利用融券打新策略需求增长，融券业务有望快速发展。

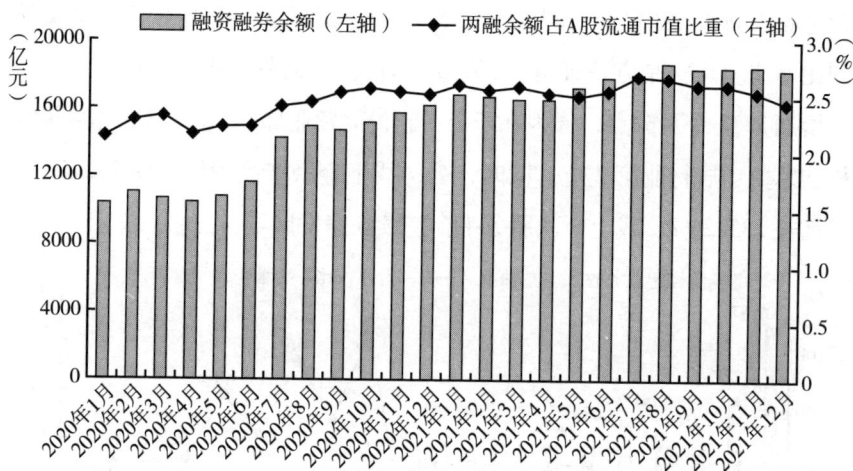

图 4　2020~2021 年融资融券余额及其占 A 股流通市值比重

资料来源：Wind、山东省亚太资本市场研究院。

从融资融券利息收入来看，前五名保持不变，分别为中信证券（600030.SH）、华泰证券（601688.SH）、国泰君安（601211.SH）、广发证券（000776.SZ）和中国银河（601881.SH），2021 年分别实现利息收入 99.16 亿元、88.02 亿元、66.56 亿元、61.35 亿元和 59.05 亿元（见图 5）。2021 年证券公司具体融资融券利息收入见附表 2。

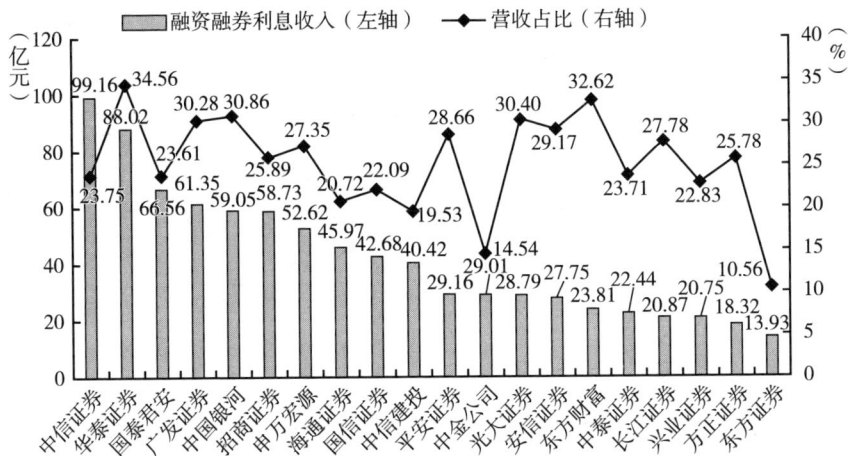

图 5　2021 年证券公司融资融券利息收入及营收占比 TOP20

资料来源：中国证券业协会、山东省亚太资本市场研究院。

（二）证券承销与保荐业务

我国自 2018 年 11 月宣布设立科创板并试点注册制以来，试点注册制作为全面深化资本市场改革的头号工程有序平稳推进，随着科创板、创业板、北京证券交易所试点注册制成功落地，支持科技创新的示范效应初步显现。科创板设立并试点注册制、创业板注册制改革为全市场募集资金规模及券商投行业务收入贡献显著增量。根据中国证券业协会公布的数据，2021 年证券行业服务 481 家企业完成境内首发上市，融资金额达到 5351.46 亿元，同比增长 13.87%。在科创板首发上市的"硬科技"企业有 162 家，融资 2029.04 亿元；在创业板首发上市的成长型创新创业企业有 199 家，融资 1475.11 亿元。两板首发上市企业数量占全年 IPO 企业数量的 75.05%，融资金额占全年 IPO 融资总额的 65.48%，引导资本有效支持科技创新。2021 年证券公司共完成北京证券交易所上市项目 41 家，共募集资金 75.22 亿元（含 2021 年挂牌的精选层平移至北京证券交易所项目）。

2021 年增发规模稳中回升。2020 年 2 月，证监会发布《关于修改〈上市公司证券发行管理办法〉的决定》《关于修改〈创业板上市公司证券发行管理暂行办法〉的决定》《关于修改〈上市公司非公开发行股票实施细则〉的决定》,新规进一步放宽再融资发行,直接拓宽了创业板再融资业务的覆盖面。再融资尤其是增发市场在经历了几年的疲软后,2020年受益于再融资新规的放松,发行规模有所回暖。在同比高基数下,2021年相比2020年同期继续回升。2021年,证券公司服务527家境内上市公司实现再融资,融资金额达到9575.93亿元,同比分别增加132家、增长8.10%。证券公司承销债券15.23万亿元,同比增长12.53%。

1. 投行业务概况

注册制对证券公司全面服务实体经济的综合金融能力提出了更高要求,促进证券公司从打价格战的通道中介转型为提供专业服务的金融机构。龙头券商综合实力强劲,在人才、渠道、研究等方面资源禀赋领先,经营风格更加稳健、规范,投行业务逐渐向头部大型券商集中,其品牌效应的优势也越发明显。2021年,证券公司投行业务收入达到699.52亿元,同比增长4.30%。其中证券公司TOP10投行业务收入为361.74亿元,占比为51.71%;证券公司TOP20投行业务收入为493.28亿元,占比为70.51%。投行业务收入排名前三的分别是中信证券(600030.SH)、中信建投(601066.SH)、中金公司(601995.SH)。中信证券(600030.SH)、中信建投(601066.SH)投行业务收入分别达到69.33亿元、55.26亿元,成为行业内收入超过50亿元的证券公司。紧随其后的是中金公司(601995.SH),收入为46.34亿元,距离50亿元的收入仅一步之遥(见图6)。2021年投行收入排名增幅最大的是第27名的中原证券(601375.SH),业务收入为6.31亿元,同比增长214.16%,提升35名,主要是因为中原证券这一年投行业务全面开花,股权承销与保荐总收入排名第18名,IPO主承销家数排名第12名,IPO主承销金额排名第19名,IPO项目主承销收入排名第16名,市场影响力进一步提升。排名增幅较大的还有北京高华提高29名,华林证券(002945.SZ)提高13名,瑞信证券提高12名。2021年证券公司IPO业务收入及排名情况见附表3。

从证券公司募资情况来看,根据Wind数据统计,2021年中信证券

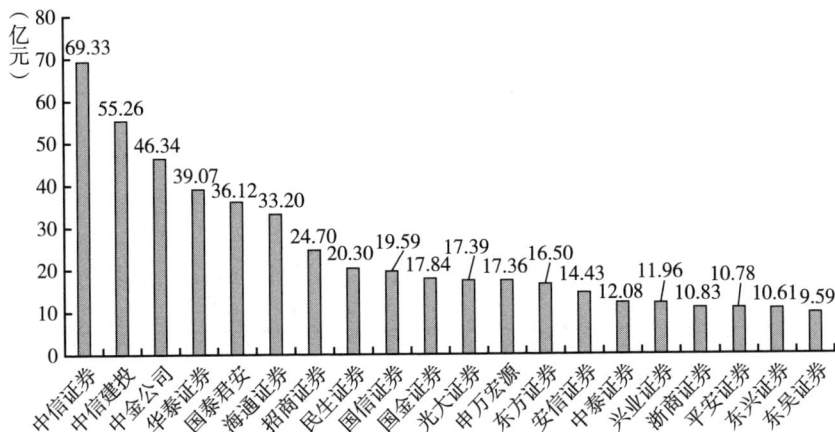

图6 2021年证券公司投行业务收入TOP20

资料来源：中国证券业协会、山东省亚太资本市场研究院。

（600030.SH）投行业务表现突出，由2020年IPO承销金额第4名升至第1名，IPO家数和募集资金均排名市场第一，全年完成IPO业务68家，合计募集资金849.61亿元。中金公司（601995.SH）募集资金排名第二，全年完成IPO业务25家，合计募集资金761.25亿元。证券公司IPO募集金额超过50亿元的有23家，合计募资金额为4841.60亿元，占IPO总额的89.22%。从图7可以看出，综合性龙头证券公司在投行业务方面更有竞争力，中信证券（600030.SH）、中金公司（601995.SH）、中信建投（601066.SH）、华泰联合和海通证券（600837.SH）TOP5的募资金额占据行业的半壁江山。

2. 再融资与债券承销业务概况①

再融资在2020年新规放松后，发行规模不断增长。据中国证券业协会统计，2021年有527家境内上市公司实现再融资，融资金额达到9575.93亿元，同比分别增加132家、增长8.10%。证券公司承销债券15.23万亿

---

① 此处股票再融资是指定向增发、配股、发售优先股等融资方式；债券承销业务包括可转债、可交换债、公司债、企业债、金融债、中期票据、定向工具、ABS等多种融资方式。

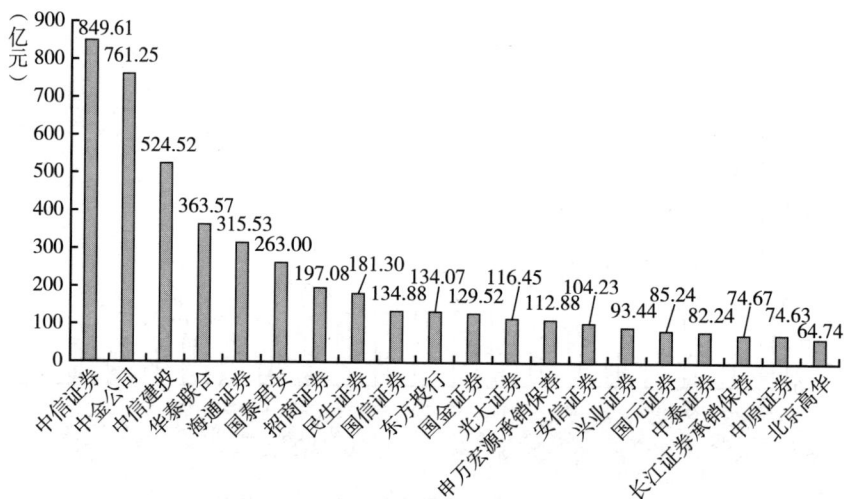

图7　2021年证券公司IPO募集资金TOP20

资料来源：Wind，山东省亚太资本市场研究院。

元，同比增长12.53%。上市公司通过增发方式募集资金方面，作为主承销商且募集超500亿元的证券公司有4家，分别为中信证券（600030.SH）、中金公司（601995.SH）、中信建投（601066.SH）和华泰联合。其中，中信证券（600030.SH）以1541.57亿元的募资金额高居榜首；中金公司（601995.SH）位居第二，募集资金818.98亿元；中信建投（601066.SH）位居第三，募集资金达754.70亿元（见图8）。

证券公司债券承销金额前三名分别为中信证券（600030.SH）、中信建投（601066.SH）和国泰君安（601211.SH），承销金额分别为15627.22亿元、14096.34亿元和8760.00亿元。2021年证券公司具体债券承销业务排名见附表4。

（三）资产管理业务

资管新规过渡期已经于2021年底结束，这意味着市场进入了资管产品净值化管理与打破刚性兑付的时代。对于投资者而言，财富管理将从原来的保本产品向多元化产品转变，各类产品的收益与风险挂钩，机构将更注重产

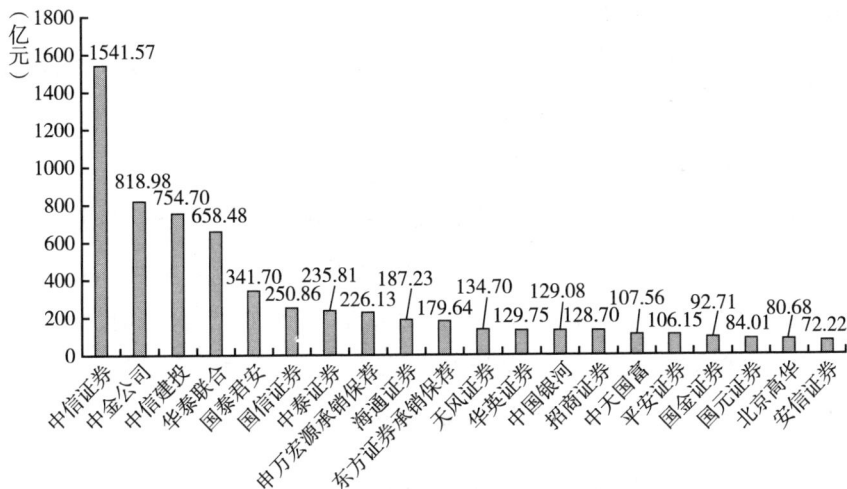

图8　2021年证券公司主承销商增发募集资金额TOP20

资料来源：Wind、山东省亚太资本市场研究院。

品的投后服务以及产品的口碑。2021年底，证券行业资产管理业务规模为10.88万亿元，同比增长3.53%，尤其是以主动管理为代表的集合资管规模大幅增长112.52%至3.28万亿元。全年实现资管业务净收入317.86亿元，同比增长6.10%。未来，在居民财富向权益类资产转移的趋势下，资管迈入高质量发展阶段，预计券商资管业务规模将企稳回升。

从证券公司资产管理业务收入来看，排名前三的是东方证券（600958.SH）、中信证券（600030.SH）、华泰证券（601688.SH），收入分别为34.92亿元、29.32亿元和18.53亿元，与上年排名一致。其中，东方证券（600958.SH）在资管业务上独占鳌头，资管业务净收入连续四年拔得头筹，通过东证资管以及参股汇添富基金布局大资产管理业务。2021年，东方证券受托资产管理总规模3659.29亿元，相较2020年末增长23%，其中公募基金管理规模2696.22亿元，相较上年末增长35%。东证资管坚持价值投资理念，专注于主动管理，近七年股票投资主动管理收益率294.35%，排名居行业首位。汇添富基金中长期投资业绩保持亮眼，综合实力稳居行业前列，2021年资产管理规模突破1.2万亿元，非货币理财公募基金规模超

6100 亿元，排名行业前列。

东方证券（600958. SH）资管业务占营业收入比重居首，达到 26. 46%。此外，财通证券（601108. SH）和天风证券（601162. SH）占比也超过 20%，分别达到 22. 26% 和 25. 23%。财通证券（601108. SH）通过全资子公司财通证券资管开展境内证券资产管理业务，截至 2021 年底，财通证券资管受托总资产管理规模达 2038 亿元，同比增长 33%，业绩表现优异。天风证券（601162. SH）以资管子公司设立为契机，加强投研能力和投研团队建设，持续引进市场优秀人才，提升主动管理能力，截至 2021 年底，公司资产管理业务受托客户资金规模为 1156. 57 亿元。

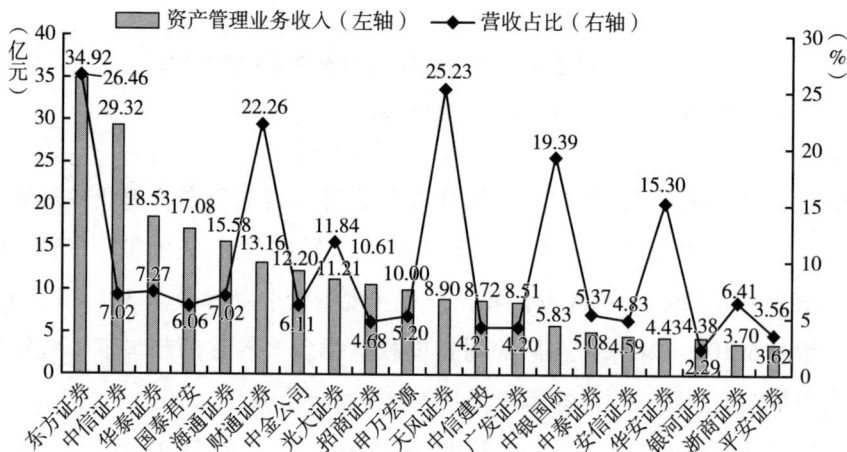

图 9 2021 年证券公司资产管理业务收入及营收占比 TOP20

资料来源：中国证券业协会、山东省亚太资本市场研究院。

二 财务指标

（一）主要财务指标分析

截至 2021 年末，证券行业总资产 10. 59 万亿元，净资产 2. 57 万亿元，较上年末分别增长 19.07% 和 11.34%；行业净资本 2.00 万亿元，较上年末增长 9.89%。2021 年证券行业业绩持续改善，全行业实现营业收入 5024.10 亿元，同比增长 12.03%；实现净利润 1911.19 亿元，同比增长 14.23%，净利润增速远超过收入增速，盈利能力增强。2021 年证券行业净资产收益率（ROE）为 7.44%，较上年提高了 0.61 个百分点，维持上升趋势。

（二）主要财务指标排名

从证券公司财务指标来看，大型证券公司经营比较稳健，表现为"强者恒强"，而中小型证券公司业绩弹性大。2021 年，证券行业中营业收入超过百亿元的证券公司总共 13 家，排名前三位的证券公司分别为中信证券（600030.SH）、国泰君安（601211.SH）和华泰证券（601688.SH）（见图 10），增速排名前三位的分别为甬兴证券、金圆统一和摩根大通。净利润超过百亿元的证券公司总共 10 家，排名前三位的与营业收入一致，而净利润排名中增幅前三名分别是北京高华、新时代证券和太平洋证券（601099.SH）。总资产超过千亿元的证券公司合计 23 家，排名前三位的证券公司分别为中信证券（600030.SH）、华泰证券（601688.SH）和国泰君安（601211.SH）；净资产超千亿元的证券公司仅有 6 家，排名前三位证券公司分别为中信证券（600030.SH）、海通证券（600837.SH）和华泰证券（601688.SH）。2021 年证券公司具体财务指标见附表 5。

1. 营业收入和净利润排名

2021 年，证券行业实现营业收入 5024.10 亿元，同比增长 12.03%。从证券公司收入排名上看，排名前三位的是中信证券（600030.SH）、国泰君安（601211.SH）和华泰证券（601688.SH），排名与上年一致。中信证券（600030.SH）营业收入多年来排名行业第一，2021 年营业收入为 417.47 亿元，同比增长 22.28%，公司增量收入主要得益于市场交易活跃带动的经纪业务和两融业务的增长。同时，作为行业龙头多项业务增速提升，其优秀的展业能力及强大品牌优势有望进一步提升公司的市占率。排名第二位的国泰君安（601211.SH）实现营业收入 281.94 亿元，同比增长 17.12%，在经纪业务收入稳定增长的基础上，投资净收益大幅提升，2021 年报表口径投资净收益 116.2 亿元，同比增长 32%，交易和代客衍生品业务带来的投资净收益是总体营收增长的重要驱动因素。排名第三位的华泰证券（601688.SH）实现营业收入 254.68 亿元，同比增长 19.86%，主要是因为财富管理业务营业收入同比增长 31%，实现大幅增长。华泰证券基于先进数字化财富管理平台的交易服务优势和以运营为核心的架构体系，驱动财富管理业务高质量发展，为各类客户提供多元化财富管理服务。从证券公司营业收入 TOP20 来看，TOP20 的营业收入占行业比重达 68.01%，占比较为稳定。2021 年营收 TOP 20 排名与 2020 年相比整体变化不大，变化较大的是东方财富（300059.SZ）超越财通证券（601108.SH）排名第 19 位。2021 年，东方财富（300059.SZ）营业收入为 73.00 亿元，同比增长 58.76%，主要是因为 2021 年基金销售收入大幅增长，代销规模进入行业前三，借助互联网平台线上触达便捷、深耕长尾客户的优势以及品牌优势，财富管理转型位居行业前列（见图 10）。

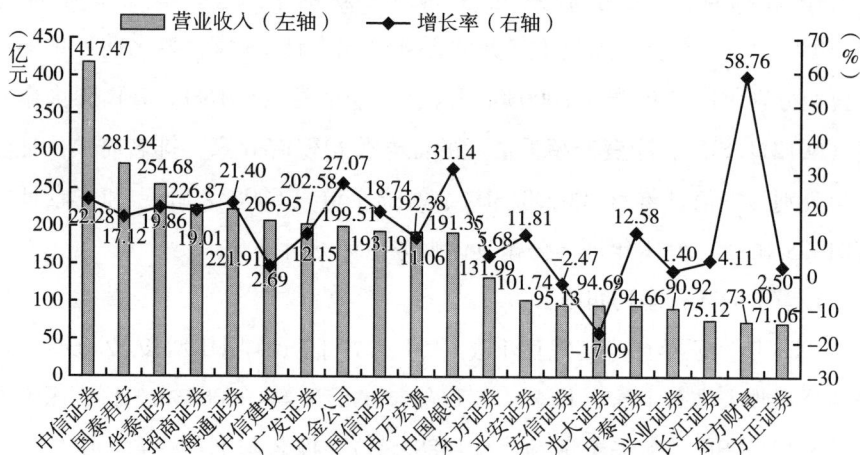

图 10　2021 年证券公司营业收入 TOP 20 及增长率

资料来源：中国证券业协会、山东省亚太资本市场研究院。

从证券公司营业收入增长率变动来看，大型证券公司增速趋向行业平均增速，而中小型证券公司弹性比较大。2021 年营业收入增幅前三名分别是甬兴证券、金圆统一和摩根大通，增长率分别为 391.80%、286.31% 和 197.48%。这些证券公司增幅比较大的主要原因是成立时间不长，上年基数较小，随着业务正常开展，营业收入变动较大。而 2021 年证券公司营业收入降幅前三名分别为银泰证券（-57.04%）、东海证券（832970.OC）（-48.99%）和中山证券（-48.58%）（见表1）。银泰证券营业收入大幅下滑，主要是因为 2021 年遭监管处罚、分类评级下滑，然后限制业务发展；此外公司投资业务出现亏损，经营不善。2021 年东海证券（832970.OC）营业收入大幅下滑主要是因为专项扶持资金减少和交易性金融资产公允价值减少。2020 年 8 月中山证券受到行政监管处罚，新增资本消耗型业务被暂停，导致 2021 年营业收入下降幅度较大。

表1　2021 年证券公司营业收入增长率变动 TOP10

单位：万元，%

增幅排名	证券公司	营业收入	增长率	降幅排名	证券公司	营业收入	增长率
1	甬兴证券	44311	391.80	1	银泰证券	15666	-57.04
2	金圆统一	6718	286.31	2	东海证券	107774	-48.99
3	摩根大通	63212	197.48	3	中山证券	64557	-48.58
4	华兴证券	35019	193.05	4	东亚前海	37834	-38.03
5	万和证券	98443	89.34	5	国开证券	108310	-36.59
6	瑞信证券	49697	75.57	6	江海证券	127413	-25.90
7	高盛高华	73225	71.74	7	大同证券	38608	-23.10
8	东方财富	729978	58.76	8	宏信证券	60276	-17.41
9	中原证券	259310	56.81	9	光大证券	946889	-17.09
10	国联证券	277287	48.25	10	中邮证券	66336	-16.46

资料来源：中国证券业协会、山东省亚太资本市场研究院。

2021 年证券行业实现净利润 1911.19 亿元，同比增长 14.23%，净利润的较快增长说明了证券行业盈利状况持续改善。从证券公司净利润 TOP20 来看，TOP20 的净利润合计 1724.77 亿元，同比增长 31.48%，高于行业平均增速，而且 TOP20 的净利润占行业比重达 90.25%，显示出大型证券公司盈利能力和综合实力较强，而且"强者恒强"的马太效应进一步凸显。净利润超过 100 亿元的有 10 家，比上年增加 5 家，其中中信证券（600030.SH）、国泰君安（601211.SH）和华泰证券（601688.SH）位居前三，净利润分别为 231.00 亿元、150.13 亿元和 133.46 亿元。2021 年中信证券（600030.SH）以超过第二名国泰君安（601211.SH）80.87 亿元的净利润进一步扩大领先优势，稳居龙头地位（见图 11）。2021 年证券公司净利润 TOP20 名单没有变化，只是名次有小幅变动，其中东方证券（600958.SH）提高了 2 个名次，由第 14 名提高到第 12 名；中金公司（601995.SH）提高了 3 个名次，由第 10 名提高到第 7 名。而中信建投（601066.SH）和申万宏源（000166.SZ）都下滑了 3 个名次。

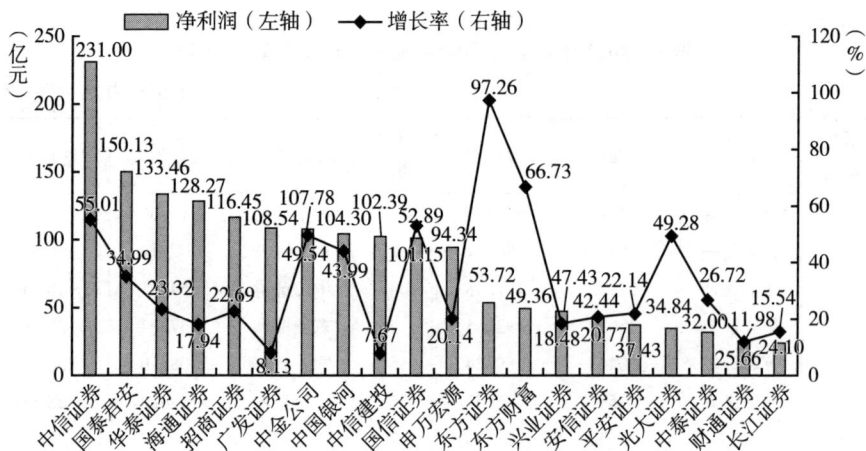

图 11　2021 年证券公司净利润 TOP20

资料来源：中国证券业协会、山东省亚太资本市场研究院。

　　净利润排名中增幅最大的前三名分别是北京高华、新时代证券和太平洋证券（601099.SH），这三家证券公司都是净利润扭亏为盈。北京高华增幅最大，由第 101 名提高到第 69 名，提高了 32 个名次，主要是因为 2020 年受投资损失 3.69 亿元影响，公司亏损 2.41 亿元，而 2021 年投资收益为 4.41 亿元使公司大幅赢利。新时代证券由第 98 名提高到第 68

名，提高了 30 个名次，主要原因也与自营业务相关。太平洋证券
（601099.SH）由第 102 名提高到第 82 名，提高了 20 个名次，主要是公
司证券投资业务取得较好收益和资产减值损失同比减少且未计提预计负
债。降幅最大的前三名分别是中山证券、大同证券和银泰证券，下降名
次分别为 35、34 和 31 名，而且这三家证券公司都是由盈利变为亏损。
中山证券和银泰证券都受监管处罚影响比较大，而大同证券的解释是为
确保在资管新规过渡期内如期完成资管产品规范改造工作，对短期内尚
难以解决的风险资产采取了回表处理的方式，对风险资产进行了市场化
处置和信用减值计提后，全年账面利润由盈利变为亏损，对净资产和净
资本造成较大的负向变动。

2. 总资产、净资产和净资本排名

2021 年末证券公司总资产合计 10.59 万亿元，同比增长 19.07%，行业
总资产首破 10 万亿元。从证券公司总资产排名来看，中信证券
（600030.SH）以 9758.99 亿元居首，同比增长 20.44%。华泰证券
（601688.SH）、国泰君安（601211.SH）和招商证券（600999.SH）紧随其
后，前四名总资产规模均超过 5000 亿元（见图 12）。有 23 家证券公司资产
规模超千亿，相比 2020 年的 19 家增加 4 家，新增证券公司分别是东方财富
（300059.SZ）、东吴证券（601555.SH）、财通证券（601108.SH）和国元证
券（000728.SZ）。总资产为 100 亿~1000 亿元的券商有 60 家，申港证券突
破百亿规模大关，2021 年总资产为 133.80 亿元。2021 年绝大多数证券公司
总资产同比上升，同比录得正增长的有 85 家，占比达 83.33%；仅有 17 家
总资产同比下滑。① 总资产规模增速超过 10% 的有 61 家，证券业整体规模
扩张明显。其中，摩根大通总资产飙升 238.66%，由 2020 年的 6.59 亿元上
升至 22.32 亿元，是唯一总资产增长超 2 倍的证券公司。另有甬兴证券、东
方财富（300059.SZ）、金圆统一、开源证券和中邮证券 5 家证券公司增幅
在 50% 以上。总资产下降的证券公司中，华林证券（002945.SZ）、华兴证

① 根据中国证券业协会公布的 2021 年 106 家证券公司数据，其中去除 2020 年无数据的 4 家公司。

券、瑞银证券、中山证券、世纪证券、爱建证券、太平洋证券
(601099. SH)、中天国富和九州证券下滑超10%。

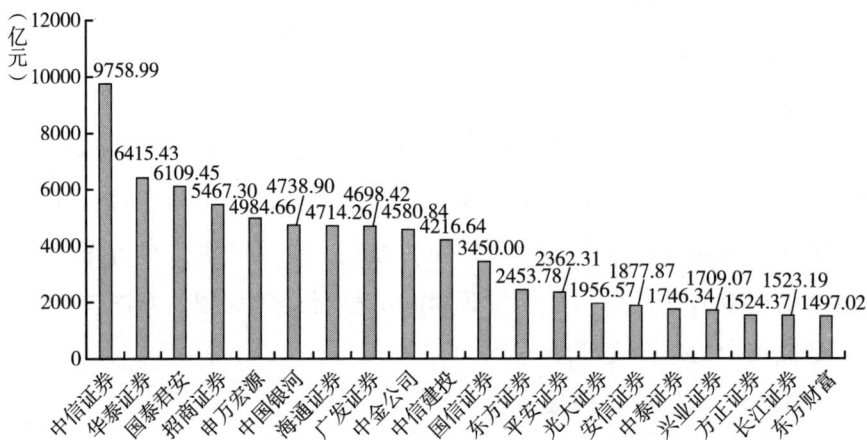

图12 2021年证券公司总资产TOP20

资料来源：中国证券业协会、山东省亚太资本市场研究院。

2021年末证券公司净资产合计2.57万亿元，同比增长11.34%。净资产超过千亿规模的证券公司有6家，比2020年增加1家，为申万宏源（000166. SZ），TOP5分别为中信证券（600030. SH）、海通证券（600837. SH）、华泰证券（601688. SH）、国泰君安（601211. SH）和招商证券（600999. SH），分别达到1800.75亿元、1473.62亿元、1372.60亿元、1363.10亿元和1072.39亿元。申万宏源（000166. SZ）、广发证券（000776. SZ）、中国银河（601881. SH）、国信证券（002736. SZ）、中信建投（601066. SH）、中金公司（601995. SH）、光大证券（601788. SH）和东方证券（600958. SH）以超过500亿元的净资产规模排在第6~13位（见图13）。2021年，证券公司净资产增长明显，有86家证券公司所有者权益同比提升，占比85.14%；同比下滑的仅有15家。其中，摩根大通净资产同比增长256.98%，红塔证券（601236. SH）和国联证券（601456. SH）2家同比增速均超过50%。净资产下滑的证券公司中，大同证券、北京高华和汇丰前海同比下滑超10%。

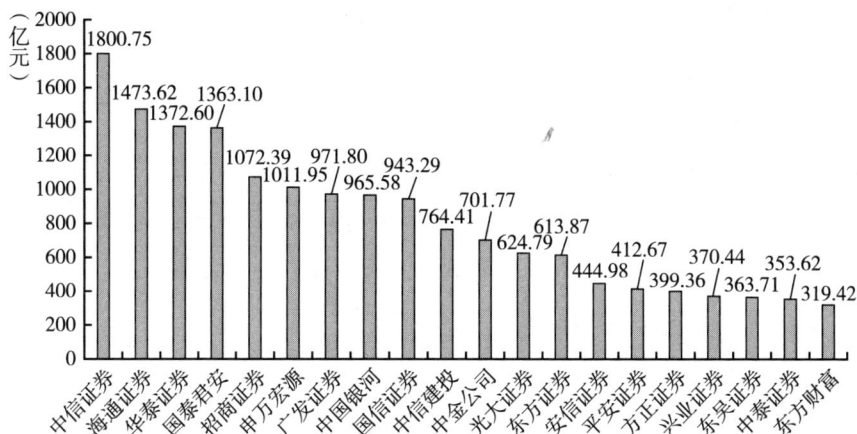

图 13　2021 年证券公司净资产 TOP20

资料来源：中国证券业协会、山东省亚太资本市场研究院。

　　截至 2021 年末，证券行业净资本 2.00 万亿元，其中核心净资本 1.72 万亿元。行业平均风险覆盖率 249.87%，平均资本杠杆率 20.90%，平均流动性风险覆盖率 233.95%，平均净稳定资金率 149.64%，行业整体风控指标优于监管标准，合规风控水平整体稳定。净资本超过千亿规模的证券公司有 3 家，比 2020 年增加 1 家华泰证券（601688.SH），分别为中信证券（600030.SH）、国泰君安（601211.SH）和华泰证券（601688.SH），净资本分别为 1212.00 亿元、1046.25 亿元和 1009.34 亿元。净资本为 500 亿~1000 亿元规模的证券公司有 8 家，其中，海通证券（600837.SH）和申万宏源（000166.SZ）以超过 900 亿元的规模位列第四、第五（见图 14）。2021年，有 63 家证券公司实现净资本增长，有 38 家证券公司下滑。其中，摩根大通、天风证券（601162.SH）和红塔证券（601236.SH）分别以 351.20%、57.74% 和 51.31% 的增长率成为 2021 年净资本扩张最快的 3 家证券公司。与此相对的是大同证券、中天国富和长城证券（002939.SZ）净资本有较大的收缩，分别下滑 32.12%、25.66% 和 21.03%。在净资本 TOP20 中，增幅超过 20% 的有东吴证券（601555.SH）、东方财富（300059.SZ）、平安证券、申万宏源（000166.SZ）、招商证券（600999.SH）和国信证券（002736.SZ），分别增长

36.47%、29.58%、27.95%、25.02%、22.04%和20.73%，只有三家证券公司净资本小幅下滑。这说明在市场环境好转时，资本消耗类业务增长显著，大型证券公司通常通过加杠杆等方式补充资本。然而从风险控制指标的角度看，仍有多家券商风控指标接近底线，可能需要通过增发、配股、可转债等再融资方式补充资本金，其中2021年兴业证券（601377.SH）、东方证券（600958.SH）公告配股计划，国海证券（000750.SZ）、长城证券（002939.SZ）等公告增发计划，浙商证券（601878.SH）获批发行可转债。

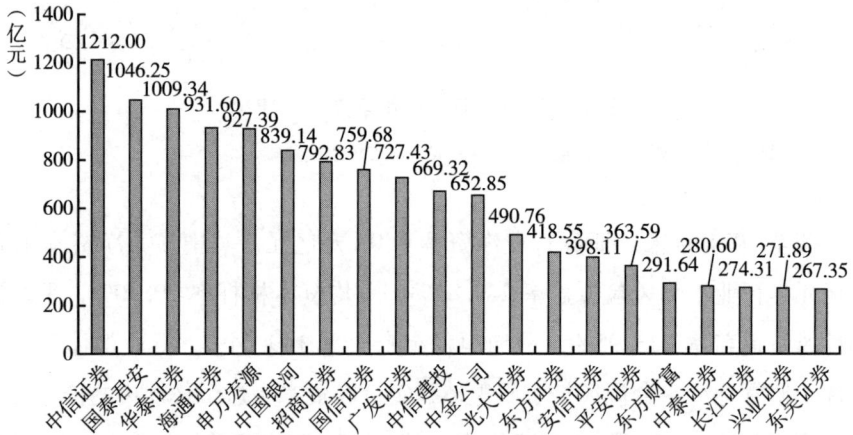

图 14　2021 年证券公司净资本 TOP20

资料来源：中国证券业协会、山东省亚太资本市场研究院。

附件：

附表 1　2021 年证券公司经纪业务收入情况

证券公司	经纪业务收入（万元）	排名	营业部数量（家）	排名	部均经纪收入（万元/家）	排名
中信证券	1095712	1	323	4	3392.30	7
国泰君安	835082	2	339	3	2463.37	15
广发证券	729075	3	283	9	2576.24	13
招商证券	720907	4	259	11	2783.42	10

续表

证券公司	经纪业务收入（万元）	排名	营业部数量（家）	排名	部均经纪收入（万元/家）	排名
华泰证券	699666	5	245	13	2855.78	9
中国银河	670358	6	501	1	1338.04	31
国信证券	669836	7	184	16	3640.41	6
申万宏源	572140	8	300	7	1907.13	20
中金公司	552690	9	221	15	2500.86	14
中信建投	550766	10	275	10	2002.79	18
海通证券	475384	11	301	6	1579.35	23
东方财富	451274	12	174	20	2593.53	12
平安证券	447320	13	95	36	4708.63	4
方正证券	399356	14	361	2	1106.25	40
中泰证券	392813	15	285	8	1378.29	28
长江证券	370174	16	247	12	1498.68	24
兴业证券	330883	17	158	21	2094.20	17
安信证券	330630	18	321	5	1030.00	45
光大证券	329164	19	244	14	1349.03	30
东方证券	264765	20	177	18	1495.85	25
华西证券	210574	21	115	28	1831.08	21
浙商证券	208799	22	109	30	1915.59	19
国金证券	181609	23	69	47	2632.01	11
东吴证券	180541	24	123	24	1467.81	27
财通证券	135224	25	129	22	1048.25	43
东莞证券	128220	26	59	54	2173.22	16
东北证券	122595	27	100	34	1225.95	33
西部证券	118277	28	101	33	1171.06	36
国盛证券	114762	29	182	17	630.56	70
华创证券	114500	30	77	43	1487.01	26
中银国际	106260	31	107	31	993.08	47
华福证券	101775	32	176	19	578.27	75
长城证券	99540	33	118	26	843.56	52
国元证券	98614	34	109	30	904.72	49

证券公司	经纪业务收入（万元）	排名	营业部数量（家）	排名	部均经纪收入（万元/家）	排名
华安证券	97964	35	128	23	765.34	61
恒泰证券	95741	36	122	25	784.76	59
天风证券	95424	37	95	36	1004.46	46
东兴证券	93691	38	76	44	1232.78	32
信达证券	91767	39	86	39	1067.06	42
华鑫证券	79057	40	69	47	1145.75	37
西南证券	76321	41	83	40	919.53	48
财达证券	72874	42	114	29	639.25	68
湘财证券	72224	43	65	50	1111.14	39
中原证券	71550	44	83	40	862.05	51
财信证券	70325	45	89	37	790.17	58
国海证券	68959	46	98	35	703.66	63
上海证券	62734	47	76	44	825.45	54
瑞银证券	61896	48	4	78	15474.00	1
国联证券	60914	49	88	38	692.20	64
华林证券	60074	50	101	33	594.79	74
开源证券	57570	51	47	60	1224.89	34
山西证券	57335	52	116	27	494.27	81
南京证券	55867	53	104	32	537.18	78
华龙证券	54488	54	80	41	681.10	65
民生证券	54319	55	48	59	1131.65	38
万联证券	53611	56	66	49	812.29	57
东海证券	53359	57	70	46	762.27	62
太平洋证券	51062	58	78	42	654.64	66
渤海证券	49183	59	45	62	1092.96	41
第一创业	46568	60	45	62	1034.84	44
国都证券	43017	61	56	55	768.16	60
中航证券	40843	62	68	48	600.63	73
粤开证券	38251	63	63	52	607.16	71
华宝证券	37523	64	23	72	1631.43	22

续表

证券公司	经纪业务收入（万元）	排名	营业部数量（家）	排名	部均经纪收入（万元/家）	排名
北京高华	36316	65	3	79	12105.33	3
江海证券	33308	66	51	57	653.10	67
新时代证券	32671	67	63	52	518.59	79
华融证券	32505	68	64	51	507.89	80
宏信证券	31266	69	38	65	822.79	55
大同证券	25430	70	46	61	552.83	76
中山证券	24624	71	66	49	373.09	88
红塔证券	23287	72	61	53	381.75	87
英大证券	22825	73	28	69	815.18	56
德邦证券	22714	74	27	70	841.26	53
世纪证券	22189	75	35	66	633.97	69
首创证券	21387	76	50	58	427.74	84
金元证券	20378	77	47	60	433.57	83
瑞信证券	19832	78	—	—	—	—
大通证券	18005	79	44	63	409.20	85
中天证券	16622	80	59	54	281.73	91
银泰证券	14183	81	52	56	272.75	92
摩根大通	13844	82	1	80	13844.00	2
爱建证券	12649	83	32	68	395.28	86
国融证券	12545	84	74	45	169.53	98
联储证券	12442	85	59	54	210.88	96
万和证券	11514	86	45	62	255.87	93
五矿证券	11181	87	35	66	319.46	90
中邮证券	10991	88	24	71	457.96	82
长城国瑞	10974	89	20	73	548.70	77
华金证券	10748	90	33	67	325.70	89
川财证券	8893	91	10	75	889.30	50
申港证券	6057	92	5	77	1211.40	35
野村东方	4082	93	1	80	4082.00	5
东亚前海	3925	94	—	—	—	—

证券公司	经纪业务收入（万元）	排名	营业部数量（家）	排名	部均经纪收入（万元/家）	排名
九州证券	3621	95	6	76	603.50	72
网信证券	3358	96	40	64	83.95	99
甬兴证券	3222	97	15	74	214.80	95
汇丰前海	2894	98	1	80	2894.00	8
华兴证券	1361	99	1	80	1361.00	29
中天国富	236	100	1	80	236.00	94
国开证券	180	101	1	80	180.00	97
金圆统一	121	102	—	—	—	—
大和证券	42	103	1	80	42.00	100
星展证券	9	104	—	—	—	—

注：瑞信证券、东亚前海、金圆统一和星展证券2021年未设立证券营业部。

资料来源：中国证券业协会、证券公司年报、山东省亚太资本市场研究院。

附表2　2021年证券公司融资融券利息收入统计

证券公司	融资融券业务利息收入（万元）	排名	营业部数量（家）	排名	部均利息收入（万元/家）	排名
中信证券	991632	1	323	4	3070.07	2
华泰证券	880212	2	245	13	3592.70	1
国泰君安	665555	3	339	3	1963.29	7
广发证券	613467	4	283	9	2167.73	6
中国银河	590494	5	501	1	1178.63	18
招商证券	587326	6	259	11	2267.67	5
申万宏源	526224	7	300	7	1754.08	8
海通证券	459732	8	301	6	1527.35	11
国信证券	426754	9	184	16	2319.32	4
中信建投	404249	10	275	10	1470.00	12
平安证券	291632	11	95	36	3069.81	3
中金公司	290121	12	221	15	1312.76	16
光大证券	287860	13	244	14	1179.75	17
安信证券	277491	14	321	5	864.46	30
东方财富	238121	15	174	20	1368.51	14

续表

证券公司	融资融券业务利息收入（万元）	排名	营业部数量（家）	排名	部均利息收入（万元/家）	排名
中泰证券	224447	16	285	8	787.53	34
长江证券	208657	17	247	12	844.77	31
兴业证券	207548	18	158	21	1313.59	15
方正证券	183203	19	361	2	507.49	55
东方证券	139324	20	177	18	787.14	35
长城证券	133243	21	118	26	1129.18	19
财通证券	127548	22	129	22	988.74	24
东吴证券	122042	23	123	24	992.21	23
东兴证券	121909	24	76	44	1604.07	10
浙商证券	112792	25	109	30	1034.79	21
国金证券	112045	26	69	47	1623.84	9
华西证券	111207	27	115	28	967.02	26
国元证券	111192	28	109	30	1020.11	22
华福证券	106127	29	176	19	602.99	47
东北证券	92552	30	100	34	925.52	27
东莞证券	86277	31	59	55	1462.32	13
西南证券	85965	32	83	40	1035.72	20
中银国际	76391	33	107	31	713.93	40
信达证券	66456	34	86	39	772.74	36
华安证券	62526	35	128	23	488.48	58
国联证券	60886	36	88	38	691.89	41
湘财证券	59252	37	65	51	911.57	29
国海证券	58238	38	98	35	594.27	48
上海证券	54395	39	76	44	715.72	39
南京证券	53672	40	104	32	516.08	53
中原证券	53169	41	83	40	640.59	45
西部证券	51371	42	101	33	508.62	54
东海证券	50475	43	70	46	721.07	38
山西证券	50299	44	116	27	433.61	63
渤海证券	43904	45	45	63	975.64	25
财信证券	43816	46	89	37	492.31	56
财达证券	42313	47	114	29	371.17	69
第一创业	41417	48	45	63	920.38	28

证券公司	融资融券业务利息收入（万元）	排名	营业部数量（家）	排名	部均利息收入（万元/家）	排名
万联证券	40119	49	66	50	607.86	46
国都证券	38696	50	56	56	691.00	42
民生证券	38676	51	48	60	805.75	33
恒泰证券	38611	52	122	25	316.48	75
华鑫证券	38546	53	69	47	558.64	50
国盛证券	37074	54	182	17	203.70	84
华创证券	35393	55	77	43	459.65	60
天风证券	30653	56	95	36	322.66	72
中航证券	30170	57	68	48	443.68	61
江海证券	29663	58	51	58	581.63	49
新时代证券	29585	59	63	53	469.60	59
五矿证券	28498	60	35	66	814.23	32
粤开证券	27611	61	63	53	438.27	62
华龙证券	26738	62	80	41	334.23	70
开源证券	25791	63	47	61	548.74	51
华融证券	25505	64	64	52	398.52	64
华林证券	24281	65	101	33	240.41	80
英大证券	19300	66	28	69	689.29	43
太平洋证券	18172	67	78	42	232.97	81
金元证券	17686	68	47	61	376.30	67
世纪证券	17126	69	35	66	489.31	57
华宝证券	16975	70	23	72	738.04	37
首创证券	16694	71	50	59	333.88	71
万和证券	14476	72	45	63	321.69	74
联储证券	14232	73	59	55	241.22	78
中天证券	14231	74	59	55	241.20	79
大通证券	14168	75	44	64	322.00	73
德邦证券	13970	76	27	70	517.41	52
中山证券	13249	77	66	49	200.74	85
华金证券	12281	78	33	67	372.15	68
宏信证券	11131	79	38	65	292.92	76
大同证券	10581	80	46	62	230.02	82
国融证券	10555	81	74	45	142.64	87

证券公司	融资融券业务利息收入（万元）	排名	营业部数量（家）	排名	部均利息收入（万元/家）	排名
银泰证券	9620	82	52	57	185.00	86
中邮证券	9034	83	24	71	376.42	66
红塔证券	8566	84	61	54	140.43	88
长城国瑞	7606	85	20	73	380.30	65
爱建证券	6750	86	32	68	210.94	83
九州证券	4020	87	6	75	670.00	44
川财证券	2450	88	10	74	245.00	77
瑞银证券	36	89	4	76	9.00	89

资料来源：中国证券业协会、证券公司年报、山东省亚太资本市场研究院。

附表 3　2021 年证券公司 IPO 业务收入及排名

单位：亿元，家

证券公司	承销金额	排名	承销家数	排名	承销收入	排名
中信证券	849.61	1	68	1	39.81	1
中金公司	761.25	2	25	6	22.91	2
中信建投	524.52	3	46	2	20.61	4
华泰联合	363.57	4	33	4	20.44	5
海通证券	315.53	5	36	3	22.45	3
国泰君安	263.00	6	23	7	16.04	7
招商证券	197.08	7	21	8	12.87	8
民生证券	181.30	8	31	5	16.70	6
国信证券	134.88	9	17	10	8.61	10
东方投行	134.07	10	10	14	5.22	17
国金证券	129.52	11	19	9	12.67	9
光大证券	116.45	12	14	11	5.95	13
申万宏源承销保荐	112.88	13	12	13	5.74	14
安信证券	104.23	14	21	8	7.83	11
兴业证券	93.44	15	10	14	5.32	15
国元证券	85.24	16	14	11	7.03	12
中泰证券	82.24	17	13	12	5.12	18
长江证券承销保荐	74.67	18	17	10	4.84	20
中原证券	74.63	19	13	12	5.28	16

续表

证券公司	承销金额	排名	承销家数	排名	承销收入	排名
北京高华	64.74	20	2	21	1.36	32
中银证券	62.79	21	2	21	0.86	42
财通证券	58.83	22	5	18	2.65	24
东兴证券	57.12	23	12	13	4.99	19
东吴证券	46.48	24	10	14	3.55	21
西部证券	45.95	25	7	16	2.79	23
东莞证券	35.89	26	4	19	1.94	25
浙商证券	30.59	27	8	15	3.16	22
平安证券	28.95	28	8	15	1.81	27
东北证券	28.23	29	5	18	1.54	30
长城证券	26.84	30	5	18	1.57	29
中天国富	25.96	31	4	19	1.91	26
华林证券	25.77	32	4	19	1.80	28
五矿证券	24.75	33	4	19	1.33	33
第一创业承销保荐	21.08	34	3	20	1.09	35
渤海证券	19.76	35	1	22	0.65	45
瑞信证券	15.04	36	1	22	1.04	39
申港证券	14.07	37	4	19	1.43	31
中航证券	13.33	38	2	21	0.54	49
南京证券	12.10	39	2	21	1.06	38
华安证券	12.04	40	3	20	1.01	40
华西证券	12.01	41	3	20	1.16	34
国海证券	11.77	42	3	20	1.08	37
国融证券	11.63	43	1	22	1.08	36
国新证券	10.52	44	1	22	0.57	47
恒泰长财	8.68	45	1	22	0.89	41
太平洋证券	8.60	46	2	21	0.75	43
天风证券	7.81	47	3	20	0.51	51
信达证券	7.78	48	1	22	0.52	50
中国银河	7.69	49	6	17	0.64	46

证券公司	承销金额	排名	承销家数	排名	承销收入	排名
国都证券	7.37	50	3	20	0.54	48
华创证券	7.18	51	3	20	0.67	44
华英证券	6.83	52	2	21	0.44	53
中德证券	6.27	53	2	21	0.48	52
摩根士丹利	4.99	54	2	21	0.15	62
中山证券	4.97	55	1	22	0.31	55
摩根大通	4.43	56	1	22	0.09	66
英大证券	4.00	57	1	22	0.30	56
甬兴证券	3.92	58	1	22	0.30	57
华兴证券	3.54	59	1	22	0.32	54
华金证券	3.26	60	2	21	0.19	60
华龙证券	3.09	61	1	22	0.28	58
开源证券	2.68	62	2	21	0.18	61
九州证券	2.11	63	1	22	0.14	64
爱建证券	1.95	64	1	22	0.24	59
西南证券	1.55	65	1	22	0.10	65
红塔证券	1.52	66	1	22	0.14	63
财信证券	0.98	67	1	22	0.07	67
财达证券	0.47	68	1	22	0.04	68
湘财证券	0.42	69	1	22	0.03	69

资料来源：Wind、山东省亚太资本市场研究院。

附表4　2021年证券公司债券承销业务排名

单位：亿元，家

证券公司	承销金额	排名	承销家数	排名
中信证券	15627.22	1	3319	1
中信建投	14096.34	2	2941	2
国泰君安	8760.00	3	1874	3
中金公司	8330.63	4	1849	4
华泰证券	5857.49	5	1661	5
海通证券	5214.07	6	1436	6
招商证券	4990.47	7	935	9

证券公司	承销金额	排名	承销家数	排名
平安证券	3999.32	8	1083	8
光大证券	3631.34	9	1131	7
华泰联合	3425.58	10	524	15
申万宏源	2845.70	11	545	14
国信证券	2810.45	12	599	11
中国银河	2294.63	13	583	13
中泰证券	2217.59	14	584	12
中银国际	2110.65	15	200	26
东方证券	2103.35	16	751	10
兴业证券	1511.57	17	370	16
信达证券	1479.34	18	174	28
浙商证券	1335.66	19	212	23
东方证券承销保荐	1242.61	20	214	22
天风证券	1205.44	21	368	17
东吴证券	1168.40	22	230	20
国开证券	1156.30	23	193	27
国金证券	941.01	24	227	21
安信证券	827.81	25	94	42
东兴证券	779.30	26	135	32
财信证券	705.80	27	133	33
财通证券	698.47	28	108	37
五矿证券	683.27	29	235	19
财达证券	593.54	30	210	24
中山证券	557.82	31	207	25
长城证券	551.36	32	243	18
开源证券	536.91	33	151	29
方正证券承销保荐	494.77	34	120	36
广发证券	482.37	35	141	30
华英证券	418.31	36	85	44
申港证券	417.34	37	103	40
长江证券	387.84	38	85	44

证券公司	承销金额	排名	承销家数	排名
中德证券	366.00	39	140	31
华创证券	350.79	40	126	35
华西证券	344.50	41	68	48
华福证券	322.66	42	101	41
首创证券	304.00	43	108	37
西南证券	285.48	44	48	56
中天国富	282.14	45	74	47
民生证券	279.63	46	54	51
中邮证券	269.11	47	106	38
国融证券	261.43	48	131	34
九州证券	240.87	49	45	59
中航证券	224.00	50	50	54
华金证券	221.36	51	86	43
万联证券	212.55	52	57	50
恒泰长财	208.31	53	51	53
国新证券	199.57	54	45	60
德邦证券	199.07	55	82	45
江海证券	194.73	56	41	62
华林证券	192.73	57	105	39
华安证券	190.47	58	34	65
东亚前海	189.08	59	48	56
东海证券	188.19	60	46	58
南京证券	182.81	61	36	64
国海证券	180.10	62	66	49
联储证券	168.61	63	94	42
万和证券	149.46	64	53	52
湘财证券	147.21	65	47	57
上海证券	141.80	66	25	68
国元证券	134.80	67	32	67
东莞证券	132.55	68	34	65
长城国瑞	129.85	69	20	71

证券公司	承销金额	排名	承销家数	排名
西部证券	129.05	70	24	69
太平洋证券	127.72	71	33	66
国都证券	125.15	72	19	72
红塔证券	123.41	73	16	75
川财证券	118.79	74	81	46
国联证券	115.59	75	43	61
第一创业承销保荐	110.51	76	32	67
华龙证券	92.25	77	40	63
中原证券	86.02	78	18	73
国盛证券	63.17	79	19	72
东北证券	63.07	80	20	71
世纪证券	62.67	81	17	74
摩根士丹利	56.19	82	11	79
宏信证券	54.35	83	21	70
爱建证券	49.80	84	12	78
华宝证券	48.57	85	8	80
华鑫证券	47.66	86	49	55
渤海证券	46.26	87	14	76
粤开证券	45.43	88	19	72
甬兴证券	44.00	89	7	81
大同证券	42.51	90	14	76
申万宏源承销保荐	40.74	91	3	84
长江证券承销保荐	32.02	92	3	84
英大证券	30.87	93	5	82
东方财富	30.00	94	1	86
诚通证券	26.63	95	7	81
银泰证券	24.00	96	4	83
第一创业	19.13	97	13	77
金元证券	16.50	98	4	83
瑞信证券	15.63	99	4	83
瑞银证券	15.47	100	5	82

证券公司	承销金额	排名	承销家数	排名
财通证券资管	15.00	101	3	84
方正证券	9.32	102	13	77
星展证券	8.79	103	4	83
中信证券华南	8.74	104	4	83
中天证券	6.00	105	2	85
金圆统一	3.38	106	2	85
兴证证券资管	1.78	107	2	85
摩根大通	0.88	108	1	86
中金财富	0.00	109	4	83

注：债券品种是指可转债、可交换债、地方政府债、金融债、企业债、公司债、短期融资债、中期票据、定向工具、国际机构债、政府支持机构债和 ABS 多种融资工具。

资料来源：Wind、山东省亚太资本市场研究院。

附表 5　2021 年证券公司具体财务指标汇总

单位：亿元

公司名称	总资产	排名	净资产	排名	营业收入	排名	净利润	排名	净资本	排名
中信证券	9758.99	1	1800.75	1	417.47	1	231.00	1	1212.00	1
华泰证券	6415.43	2	1372.60	3	254.68	3	133.46	3	1009.34	3
国泰君安	6109.45	3	1363.10	4	281.94	2	150.13	2	1046.25	2
招商证券	5467.30	4	1072.39	5	226.87	4	116.45	5	792.83	7
申万宏源	4984.66	5	1011.95	6	192.38	10	94.34	11	927.39	5
中国银河	4738.90	6	965.58	8	191.35	11	104.30	8	839.14	6
海通证券	4714.26	7	1473.62	2	221.91	5	128.27	4	931.60	4
广发证券	4698.42	8	971.80	7	202.58	7	108.54	6	727.43	9
中金公司	4580.84	9	701.77	11	199.51	8	107.78	7	652.85	11
中信建投	4216.64	10	764.41	10	206.95	6	102.39	9	669.32	10
国信证券	3450.00	11	943.29	9	193.19	9	101.15	10	759.68	8
东方证券	2453.78	12	613.87	13	131.99	12	53.72	12	418.55	13
平安证券	2362.31	13	412.67	15	101.74	13	37.43	16	363.59	15
光大证券	1956.57	14	624.79	12	94.69	15	34.84	17	490.76	12
安信证券	1877.87	15	444.98	14	95.13	14	42.44	15	398.11	14
中泰证券	1746.34	16	353.62	19	94.66	16	32.00	18	280.60	17

续表

公司名称	总资产	排名	净资产	排名	营业收入	排名	净利润	排名	净资本	排名
兴业证券	1709.07	17	370.44	17	90.92	17	47.43	14	271.89	19
方正证券	1524.37	18	399.36	16	71.06	20	18.22	26	257.07	21
长江证券	1523.19	19	304.43	21	75.12	18	24.10	20	274.31	18
东方财富	1497.02	20	319.42	20	73.00	19	49.36	13	291.64	16
东吴证券	1110.55	21	363.71	18	57.03	24	23.92	21	267.35	20
财通证券	1084.47	22	238.77	28	59.11	22	25.66	19	183.87	30
国元证券	1017.83	23	303.78	22	45.42	25	19.09	25	205.42	27
浙商证券	985.48	24	218.48	30	57.73	23	21.96	23	226.28	23
天风证券	923.82	25	249.93	25	35.28	32	5.86	55	190.46	28
华西证券	920.78	26	216.31	31	45.22	26	16.32	30	176.60	31
东兴证券	891.43	27	265.15	24	37.63	30	16.52	29	217.52	24
长城证券	841.32	28	192.52	33	42.08	27	17.66	28	172.86	32
国金证券	834.38	29	238.87	27	65.45	21	23.17	22	210.10	26
西部证券	802.40	30	271.87	23	37.86	29	14.10	34	233.56	22
西南证券	779.95	31	245.99	26	25.19	43	10.38	38	158.83	34
东北证券	753.41	32	171.12	37	39.68	28	16.24	31	145.66	38
山西证券	678.66	33	172.15	36	23.16	48	8.04	46	133.10	41
国海证券	664.57	34	175.37	35	27.06	40	7.65	49	140.57	39
国联证券	651.21	35	162.72	39	27.73	37	8.89	42	152.63	35
华安证券	638.25	36	186.34	34	28.95	36	14.24	33	124.39	44
渤海证券	625.44	37	214.12	32	27.71	38	18.00	27	186.96	29
上海证券	603.40	38	169.06	38	19.91	55	7.66	48	162.35	33
信达证券	573.12	39	120.02	50	25.77	42	11.72	37	93.36	52
华福证券	540.20	40	93.96	63	30.94	34	19.18	24	90.89	54
财信证券	538.53	41	141.31	46	24.95	44	8.26	45	128.61	43
中银国际	530.70	42	151.72	43	30.03	35	9.62	41	133.66	40
民生证券	516.57	43	143.45	45	35.78	31	12.23	35	81.70	61
中原证券	507.38	44	140.56	48	25.93	41	5.13	59	91.01	53
南京证券	501.88	45	161.49	41	24.16	46	9.77	40	146.09	37
东莞证券	494.83	46	78.59	65	27.29	39	9.97	39	78.71	62
财达证券	440.10	47	111.35	52	20.83	51	6.80	53	104.10	48
华创证券	436.69	48	122.32	49	32.75	33	11.76	36	103.17	50
东海证券	426.43	49	103.78	54	10.78	69	2.29	71	84.00	58
国开证券	423.21	50	162.66	40	10.83	68	2.42	70	150.56	36

公司名称	总资产	排名	净资产	排名	营业收入	排名	净利润	排名	净资本	排名
万联证券	418.93	51	115.76	51	20.13	53	6.78	54	98.04	51
红塔证券	414.10	52	226.54	29	23.37	47	15.76	32	211.29	25
第一创业	395.71	53	140.74	47	22.14	49	7.45	50	103.63	49
华融证券	395.32	54	99.63	56	5.77	88	1.81	74	108.09	47
开源证券	364.33	55	155.76	42	24.35	45	5.17	58	132.61	42
恒泰证券	329.16	56	87.57	64	21.40	50	2.79	66	72.84	65
国都证券	316.62	57	101.59	55	16.75	61	8.32	44	82.37	60
华鑫证券	310.03	58	66.81	68	20.29	52	5.27	57	48.46	74
首创证券	307.92	59	94.93	62	18.44	57	8.59	43	83.41	59
湘财证券	303.71	60	98.80	58	19.70	56	6.94	52	86.09	56
江海证券	299.49	61	99.26	57	12.74	64	1.95	73	84.27	57
五矿证券	292.85	62	109.31	53	18.37	58	5.27	56	115.57	45
华龙证券	282.10	63	151.07	44	17.35	60	7.24	51	109.80	46
中航证券	266.58	64	77.05	66	18.12	59	8.01	47	71.18	66
国盛证券	259.50	65	98.34	60	19.97	54	2.95	65	87.10	55
德邦证券	248.59	66	72.41	67	9.73	74	-4.58	104	55.90	69
华宝证券	203.30	67	47.19	80	10.23	71	1.60	78	45.48	76
华林证券	202.14	68	59.80	73	12.63	66	4.84	60	46.72	75
太平洋证券	201.13	69	98.57	59	16.65	62	1.21	82	76.34	63
粤开证券	194.58	70	50.10	78	10.93	67	1.06	83	52.85	70
英大证券	193.36	71	65.48	70	9.66	75	4.06	61	52.70	71
新时代证券	184.91	72	98.14	61	10.49	70	2.51	68	74.38	64
金元证券	182.29	73	65.99	69	7.61	81	2.72	67	59.49	68
中邮证券	174.86	74	61.48	71	6.63	83	1.70	77	59.76	67
联储证券	170.36	75	60.19	72	9.18	77	0.37	89	37.09	80
万和证券	162.28	76	56.96	74	9.84	73	3.43	62	50.59	72
中山证券	136.96	77	53.03	76	6.46	84	-0.53	98	36.51	82
申港证券	133.80	78	46.87	81	13.07	63	3.12	63	42.22	78
世纪证券	127.06	79	53.26	75	7.96	79	1.70	76	44.09	77
华金证券	117.88	80	41.68	85	7.72	80	0.14	93	38.70	79
长城国瑞	115.82	81	42.33	82	4.86	91	1.31	80	32.86	85
国融证券	114.53	82	42.05	83	12.68	65	3.06	64	36.75	81
中天证券	100.20	83	42.01	84	5.95	87	2.07	72	34.81	83
大通证券	92.20	84	50.83	77	5.10	89	1.79	75	49.54	73

续表

公司名称	总资产	排名	净资产	排名	营业收入	排名	净利润	排名	净资本	排名
大同证券	85.17	85	11.53	101	3.86	95	−7.32	106	11.81	101
宏信证券	84.39	86	23.88	90	6.03	86	0.94	84	24.56	89
银泰证券	59.63	87	29.69	88	1.57	102	−0.43	96	26.71	87
九州证券	54.23	88	35.08	86	4.66	92	1.26	81	29.02	86
中天国富	54.10	89	47.95	79	8.73	78	0.24	91	33.25	84
甬兴证券	47.88	90	19.93	93	4.43	93	0.89	85	18.74	91
爱建证券	42.48	91	16.87	96	3.44	98	0.61	87	13.85	97
高盛高华	41.64	92	31.95	87	7.32	82	−0.15	95	26.13	88
瑞银证券	38.54	93	21.17	92	10.03	72	1.47	79	15.07	95
华兴证券	37.08	94	26.46	89	3.50	97	0.18	92	24.31	90
野村东方	33.54	95	17.97	95	1.75	101	−0.85	101	16.87	93
川财证券	33.48	96	14.05	98	2.81	100	0.01	94	12.30	100
北京高华	32.59	97	23.00	91	9.54	76	2.43	69	15.97	94
东亚前海	29.88	98	13.96	99	3.78	96	−0.58	99	13.02	98
摩根大通	22.32	99	19.08	94	6.32	85	0.72	86	17.99	92
金圆统一	20.13	100	11.10	102	0.67	103	−0.70	100	10.51	102
星展证券	17.42	101	13.70	100	0.49	105	−1.30	102	12.56	99
瑞信证券	17.36	102	15.16	97	4.97	90	0.45	88	14.27	96
汇丰前海	13.20	103	10.28	103	3.25	99	−1.59	103	9.62	103
大和证券	9.16	104	8.83	104	0.57	104	−0.50	97	7.95	104
摩根士丹利	8.99	105	5.83	105	4.14	94	0.30	90	5.18	105
网信证券	8.68	106	—	—	0.46	106	−5.08	105	—	—

资料来源：中国证券业协会、山东省亚太资本市场研究院。

参考文献

孙国茂主编《中国证券公司竞争力研究报告（2021）》，社会科学文献出版社，2021。

中国证券业协会：《中国证券业发展报告（2022）》，中国财政经济出版社，2022。

B.4
中国证券公司系统重要性评价
报告（2022）

张辉　李猛*

摘　要： 党的十九大提出"双支柱调控框架"后，《关于完善系统重要性金
融机构监管的指导意见》提出加强宏观审慎监管，明确了系统重要
性金融机构的定义和范畴，并规定了评价流程和总体方法。本报告
结合文件监管要求，从证券机构规模、关联度、可替代性、复杂性
和资产变现等方面，建立了证券公司系统重要性评价体系和计算方
法，对证券公司系统重要性进行排名和分析。研究显示：2021 年证
券行业系统重要性排名 TOP20 的公司总资产合计占全行业的
71.96%，尚未达到该意见规定的 75%，说明我国证券业还远未达到
"大而不倒"的状态，未来监管部门可能会推动行业内的合并重组，
提高总资产，进一步扩大机构规模，以提高证券行业头部机构的系
统重要性程度。通过计算各项一级指标得分与系统重要性得分的相
关系数，发现目前机构规模仍是影响我国证券公司系统重要性排名
的关键指标。但除机构规模外，证券机构间的关联度和复杂性也至
关重要，应共同纳入我国宏观审慎监管体系，作为证券市场宏观审
慎监管框架的具体内容。最后，本报告梳理了我国系统重要性金融
机构的监管历程，最初从银行业开始，后来逐步过渡到证券行业，
并针对完善我国系统重要性证券机构监管提出若干建议，对"十四
五"时期加强我国金融监管、维护金融稳定具有重要意义。

---

* 张辉，中央财经大学经济学院博士研究生，研究领域为资本市场、劳动经济学；李猛，济南
大学应用经济学硕士，中国社会科学院工业经济研究所博士研究生，研究领域为产业经济。

关键词： 证券公司 系统重要性 宏观审慎监管

长期以来，维护金融系统稳定的方式和逻辑较为简单，无论是银行还是类银行机构，防范风险的原则就是控制单个机构不发生风险，尤其是大型金融机构，严格落实"大而不倒"。但 2008 年次贷危机爆发引发全球经济衰退，世界各国监管部门意识到传统监管模式的弊端，维护单个机构不发生破产倒闭风险的微观监管方式并不能确保金融系统稳定，必须加强宏观审慎监管，从宏观层面制定监管政策，着眼于金融系统的整体稳定水平，守住不发生系统性金融风险的底线。

近年来，党中央高度重视系统性风险的防范工作，党的十九大提出要打赢三大攻坚战，其中之一就是守住不发生系统性金融风险的底线。2019 年 2 月 22 日，习近平总书记在主持中共中央政治局第十三次集体学习时指出，防止发生系统性金融风险，是金融工作的根本性任务。① 此后全国金融工作会议中也多次强调加强宏观审慎监管，防范化解金融风险。2022 年 3 月 5 日，李克强总理在国务院《政府工作报告》中指出要加强风险预警、防控机制和能力建设，设立金融稳定保障基金，运用市场化、法治化方式化解风险隐患，牢牢守住不发生系统性金融风险的底线。可见我国对加强金融监管、防范系统性风险的重视程度。

次贷危机后，各国清醒地意识到加强宏观审慎监管是金融监管改革的关键，其中对系统重要性金融机构（Systemically Important Financial Institutions, SIFIs）的监管又是重中之重。2018 年底，中国人民银行、银保监会和证监会联合印发《关于完善系统重要性金融机构监管的意见》（以下简称《意见》），明确提出 SIFIs 的评估指标、评估范围和风险处置机制等，加强宏观审慎监管，防范系统性风险，尤其是系统重要性金融机构引发的风险。2019

---

① 《习近平主持中共中央政治局第十三次集体学习并讲话》，中国政府网，2019 年 2 月 23 日，http://www.gov.cn/xinwen/2019-02/23/content_ 5367953. htm。

年2月，中共中央办公厅、国务院办公厅联合发布《中国人民银行职能配置、内设机构和人员编制规定》，明确在中国人民银行设立宏观审慎管理局，负责系统重要性金融机构的评估和具体监管事项。SIFIs作为我国金融市场的重要组成部分，建立健全SIFIs的监督管理机制、确保SIFIs不发生破产倒闭，是加强宏观审慎监管、防范系统性风险的关键环节，也是维护我国金融安全的重要举措。随着金融市场的不断完善和金融混业经营步伐的加快，系统重要性金融风险来源广泛，除了银行类金融机构外，很多类银行机构，如证券机构、保险机构等在金融体系发挥的作用日益强大，系统性风险的防范绝不能忽略这类机构。

依据《意见》要求，本报告选取若干指标，建立证券公司系统重要性评价体系，并对证券公司系统重要性进行评价和排名，分析头部证券公司的资产情况、风险情况等，为监管部门制定证券市场宏观审慎监管政策提供依据。这对确保金融系统稳定、增强金融服务实体经济能力、防范系统性风险具有重要意义。

一　证券公司系统重要性评价研究进展

（一）系统重要性金融机构的识别及相关理论研究

对系统重要性金融机构的研究最早可以追溯到2001年，国际货币基金组织、国际清算银行以及经济合作与发展组织联合发布的《金融部门重组报告》认为系统重要性金融机构是指"大而不倒"的金融机构，这部分机构规模庞大，一旦破产倒闭会给金融体系带来巨大冲击，必须对SIFIs进行严格的监管。传统理论认为，SIFIs规模庞大，无论是在资产还是在风控体系方面，与其他普通机构相比都有明显优势，因而SIFIs具有良好的抵御风险的能力，在自身经营过程中便可以做到"大而不倒"。但实际情况并不是这样。SIFIs也是以追逐自身利益最大化为目的的，为追逐利润，SIFIs也会冒险，也可能会突破风控底线，降低对资产流动性的要求，推出结构复杂的产品，进行风险交易。因规模庞大，SIFIs在金融体系占据重要地位，政府对这部分机构的监管政策较松，即便 SIFIs 出现风险暴露，为维护金融系统稳定，政府也会采取救助措施，确保"大而不倒"，这种"宽容放纵"的监管理念成为 2008 年次贷危机的助推器。《美国金融危机调查报告》[①] 明确指出，很多 SIFIs 缺乏有效的风险控制体系也是引发次贷危机的重要原因之一，对 SIFIs 的监管不到位成为危机放大的助推器，不仅引发大规模风险、冲击全球金融市场，还严重破坏了金融信用体系。危机发生前，花旗集团对 400 亿美元的高评级抵押贷款证券的重视程度不够，没有及时评估风险、防范化解风险，最终引发一场金融海啸，"大而不倒"变为"大而难管"，给全球经济造成巨大损失。

另外，SIFIs 因其地位特殊，在金融市场的影响较大，对其监管更为复杂，在这个过程中由于信息不对称，政府还有可能被"行为绑架"，出现委托代理问题、道德风险问题，进而引发挤兑风险和传导效应，系统性风险一触即发。同时政府对 SIFIs 的救助会影响金融机构间的竞争秩序，导致不公平竞争。方意[②]分析了 2008 年次贷危机中的委托代理问题，在绩效和薪酬考核制度下，经理人追逐短期利益，实现自身利益最大化，甚至不惜牺牲委托人权益，低估风险交易、忽略市场风险，导致委托代理问题的负面效应更加突出。李爱君[③]研究金融危机时期政府的救助行为，认为政府救助是引发道德风险的重要原因之一，同时推动金融机构开展高风险业务、进行高风险交易，破坏市场公平竞争秩序，导致风险积聚。

2008 年次贷危机让各国监管部门清醒地意识到对 SIFIs 的监管不能只重视"大而不倒"，因为危机中最早出现破产倒闭并引发一系列连锁反应的机构并不是传统观点中规模最大的机构，而是在复杂金融网络中处于关键位置、与其他行业或组织关联性强的机构。因而对 SIFIs 的监管不应仅关注"大而不倒"，还应重视"太关联而不能倒"。梁琪等[④]以 SRISK 方法为基

---

① 美国金融危机调查委员会：《美国金融危机调查报告》，俞利军、丁志杰、刘宝成译，中信出版社，2012。

② 方意：《中国宏观审慎监管框架研究》，博士学位论文，南开大学，2013。

③ 李爱君：《系统重要性金融机构的特殊风险法律防范》，《中国政法大学学报》2015 年第 1 期。

④ 梁琪、李政、郝项超：《我国系统重要性金融机构的识别与监管——基于系统性风险指数 SRISK 方法的分析》，《金融研究》2013 年第 9 期。

础，评估我国 34 家上市金融机构的系统重要性程度并对其进行排名，发现 SIFIs 并非仅由规模决定，与规模相比，关联性和复杂性更重要。本·伯南克等[1]提出，次贷危机发生后，美国采取的措施和工具都是针对银行业的，然而次贷危机引发的风险并非仅聚集在银行业，因而很多大型类银行机构倒闭前，风控措施和救助工具束手无策，政府对系统重要性类银行机构的倒闭无能为力。加强对 SIFIs 的监管，防范系统性风险不能仅局限在银行业，必须将很多非银行机构包含在内，尤其是大型非银行机构，如证券公司、保险公司等。随着金融混业经营发展不断深化，各行各业关联性增强，大型金融机构通过资产负债表相连，使风险具有了跨市场扩散的可能。苗文龙和闫娟娟[2]认为关于系统重要性金融机构的监管问题，以往只重点关注规模较大的机构的安全问题，但金融危机后，各国理论界和实务界逐渐意识到机构间的关联性不断增强，目前已经出现了从"太大而不能倒"向"太关联而不能倒"的明显转变。周小川[3]也强调要重视 SIFIs 的关联性问题，一家机构倒闭会引发多米诺骨牌效应，会牵扯到很多机构，包括关联的境外机构，风险不仅会在国内快速传导，也会在全球扩散。

总的来看，SIFIs 具有规模较大、与其他机构关联性强、经营业务复杂等特点，一旦发生风险，会涉及很多其他机构，引发金融系统不稳定。目前学术界对 SIFIs 的研究主要集中在银行业，但《意见》中明确规定应包括系统重要性证券业机构，且参评数量不少于 10 家，参评证券机构表内外资产总额不低于上年末行业总资产的 75%。其中，证券业机构指依法设立的从事证券、期货、基金业务的法人机构。

---

[1] 〔美〕本·伯南克、蒂莫西·盖特纳、亨利·保尔森：《灭火——美国金融危机及其教训》，冯毅译，中信出版集团，2019。

[2] 苗文龙、闫娟娟：《系统性金融风险研究述评——基于宏观审慎监管视角》，《金融监管研究》2020 年第 2 期。

[3] 周小川：《金融政策对金融危机的响应——宏观审慎政策框架的形成背景、内在逻辑和主要内容》，《金融研究》2011 年第 1 期。

（二）证券公司系统重要性评价方法

目前学界对 SIFIs 的评价方法主要有两种：指标法和市场法。指标法是指各国根据自身金融体系发展状况和完善程度，综合 IMF、BIS 等国际组织对 SIFIs 的定义，依据 SIFIs 的核心特征构建指标评价体系，可分为一级指标、二级指标和三级指标等，并根据实际情况对各级指标赋权重（如专家打分法、加权平均法等），得到最终的指标值，按照分值高低进行排名确定金融机构的系统重要程度。指标法的优点是框架清晰、计算简单，在确定指标评价体系和权重确定方法后，即可得到指标值，进而确定系统重要性排名，可操作性强。但缺点是在确定权重方面主观性较强，依赖研究者或专家的经验和主观意识，不能客观反映金融机构的实际情况，因而确定的 SIFIs 排名主观性也较强。

市场法是在构建指标体系后，以市场数据为基础，通过测算机构对金融体系的风险贡献度评估其系统重要性。以客观数据为基础进行分析，可以避免指标法的主观性和随意性，根据不同的计算方法可衍生出多种模型，主要包括网络分析法、风险组合模型法、压力测试与情景分析法等。具体的，网络分析法以金融机构资产负债表为基础，基于机构间的关联程度评估系统重要性程度，或者通过模拟机构倒闭对市场造成的影响评估系统重要性程度。此方法依赖资产负债表，对市场数据要求较高，由于我国在获取机构实际资产负债数据方面有难度，此方法实用性不强。风险组合模型法要考察金融机构的产品、交易和业务范围等，并以此确定机构的风险程度，识别机构风险传导的路径，评估金融市场中关联机构的共同风险，测度单个机构对市场的风险贡献度，进而确定系统重要性排名。此方法对金融市场发达程度有一定要求，还要求满足有效市场假说，实际计算时可能会产生偏误。压力测试与情景分析法用于衡量市场变动对金融机构造成的影响，强调 SIFIs 的潜在状态条件特征，可操作性和实用性不强。

综合考虑以上方法，结合我国金融市场的实际情况和《意见》，本报告采用指标法评估系统重要性证券业机构，按照《意见》内容，从机构规模、关联度、复杂性、可替代性和资产变现等方面评估我国证券公司系统重要性程度。

二 基于宏观审慎的证券公司系统重要性评价体系构建

（一）指标构成

结合我国证券公司发展现状及《意见》关于系统重要性金融机构的评估指导，本报告选取机构规模、关联度、可替代性、复杂性和资产变现作为证券公司系统重要性评价的一级指标，同时确定了13项二级指标（见表1）。

机构规模。从宏观审慎管理的视角出发，规模较大的金融机构最有可能具有系统重要性。该指标由反映证券公司规模大小的营业收入、资产规模和净资产构成。规模大是证券公司系统重要性的主要特征之一，规模大的证券公司业务种类复杂，业务数量和客户数量非常多，如果发生危机将造成巨大损失。

关联度。金融机构通过资产负债表的左右双方（即使表外业务也是联系交易两方）关联不同利益群体，这种关联性越紧密，一旦机构出现风险暴露，对市场其他机构造成的负外部性就越强，引发多米诺骨牌效应，甚至可能诱发严重的系统性风险。该指标由反映证券公司与其他金融机构、非金融机构之间资产联系的金融机构间资产、金融机构间负债和杠杆率构成。其中，金融机构间资产包括交易性金融资产、衍生金融资产、买入返售金融资产、存出保证金和可供出售金融资产；金融机构间负债包括拆入资金、交易性金融负债、衍生金融负债、卖出回购金融资产款和应付债券；关于杠杆率，本报告参考巴曙松等①的定义，用合并报表净资产/总资产表示。证券

---

① 巴曙松、王璟怡、刘晓依、郑铭：《全球系统重要性银行：更高的损失吸收能力》，《中国银行业》2016年第6期。

公司的负债往往是另一家金融机构的资产,我国大部分证券公司在相当程度上存在这种关联性,建立于金融资产基础上的大大小小的机构间关联形成了金融风险传导的第一通道。

可替代性。客观来看,如果一个机构违约、破产或者职能丧失,机构的正常业务无法进行处理和转换,在短时间内其他机构无法替代该机构所提供的金融服务,那该机构就具有系统重要性。这类机构的系统重要性不在于规模大小,也不在于其与市场其他机构联系有多紧密,而在于它们提供的这类特定的金融服务是其他机构无法替代和模拟的。一旦机构发生大规模风险,这项金融服务只能被迫终止。核心业务收入越高,可替代性越低,如果一家具有无可替代的市场地位的证券公司发生风险,整个市场的核心业务将会受到严重打击。

复杂性。复杂性越高的金融机构,金融产品越多,金融业务越冗杂,与其他机构之间的关联性更大,多个机构之间的联系越紧密,在产生风险时,各个机构之间的传播范围越广,造成的影响越大。本报告将融资融券业务利息收入和股票质押业务利息收入作为证券公司复杂性的评价指标。

资产变现。由净资本、净资本/净资产构成,反映了证券公司能够快速利用自有资金抵抗风险的能力。

表1 证券公司系统重要性评价体系

单位:%

评价指标		权重(Q)	分项指标		权重(q)
机构规模	D_1	20	营业收入	$d_{1,1}$	100/3
			资产规模	$d_{1,2}$	100/3
			净资产	$d_{1,3}$	100/3
关联度	D_2	20	金融机构间资产	$d_{2,1}$	100/3
			金融机构间负债	$d_{2,2}$	100/3
			杠杆率	$d_{2,3}$	100/3
可替代性	D_3	20	经纪业务收入	$d_{3,1}$	100/3
			投资银行业务收入	$d_{3,2}$	100/3
			资产管理业务收入	$d_{3,3}$	100/3

评价指标		权重（Q）	分项指标		权重（q）
复杂性	D_4	20	融资融券业务利息收入	$d_{4,1}$	50
			股票质押业务利息收入	$d_{4,2}$	50
资产变现	D_5	20	净资本	$d_{5,1}$	50
			净资本/净资产	$d_{5,2}$	50

资料来源：山东省亚太资本市场研究院。

（二）评价方法

本文采用国际通用的等权重法[①]对我国证券公司系统重要性进行计算，根据表 1 列示的证券公司系统重要性评价指标体系，具体计算方法如下。

证券公司系统重要性与定量因素 D_i（$i = 1$，2，3，4，5）存在函数关系，即：

$$F = f(D_1, D_2, D_3, D_4, D_5) \tag{1}$$

式（1）中，F 为证券公司系统重要性得分；D_i 为机构规模、关联度、可替代性、复杂性、资产变现。证券公司系统重要性单项指标和综合得分的计算公式分别为：

$$F = \sum_{i=1}^{5} D_i Q_i \tag{2}$$

$$D_i = \sum_{j=1}^{n} d_{i,j} q_{i,j} \tag{3}$$

式（2）中，Q_i 为各指标权重；式（3）中，$d_{i,j}$ 和 $q_{i,j}$ 为决定前述各项指标的因素与权重。

[①] 指标的指数采用等权重编制方法，赋予每个指数成分股相同的权重，并通过定期调整，确保单个成分股保持权重的相等。

三 证券公司系统重要性评价结果分析

2021 年，是全面建设社会主义现代化国家新征程的开启之年，也是"十四五"开局之年。截至 2021 年末，证券行业净资本 2.00 万亿元，其中核心净资本 1.72 万亿元。行业平均风险覆盖率 249.87%（监管标准 ≥ 100%），平均资本杠杆率 20.90%（监管标准≥8%），平均流动性风险覆盖率 233.95%（监管标准 ≥ 100%），平均净稳定资金率 149.64%（监管标准≥100%），行业整体风控指标优于监管标准，合规风控水平整体稳定。①

（一）证券公司系统重要性排名总体分析

与上年相比，2021 年证券公司数量有所增加。全国 140 家证券公司系统重要性平均得分为 10.19 分，较 2021 年下降 6.98 分，下降幅度较大。系统重要性平均得分已连续两年下降的原因，除了证券公司数量增多外，更重要的是全行业系统重要性正在向少数头部证券公司聚集，即少数头部证券公司在行业内的系统重要性地位日益稳固。

将 140 家证券公司系统重要性得分以 10 分为一个区间，划分成若干个区间，从图 1 可以看出，系统重要性得分处于（0，10］的证券公司最多，有 110 家；其次是（10，20］，有 12 家；其余区间的数量分布较少。从整体上看，50 分及以下的证券公司数量达到 132 家，占比达 94%，说明我国证券公司系统重要性具有头部集中特征。

2021 年，证券公司系统重要性得分排名前三的分别是中信证券（600030. SH，得分为 100 分）、国泰君安（601211. SH，得分为 92.98 分）和华泰证券（600837. SH，得分为 88.27 分），得分明显高于其他证券公司。在系统重要性得分分布线上，证券公司数量分布出现了明显的峰值左移，根据系统重要性排名算法可以得知，头部证券公司系统重要性与中部和尾部证券公司系统重要性的差距正在加速扩大。

---

① 数据来源于中国证券业协会。

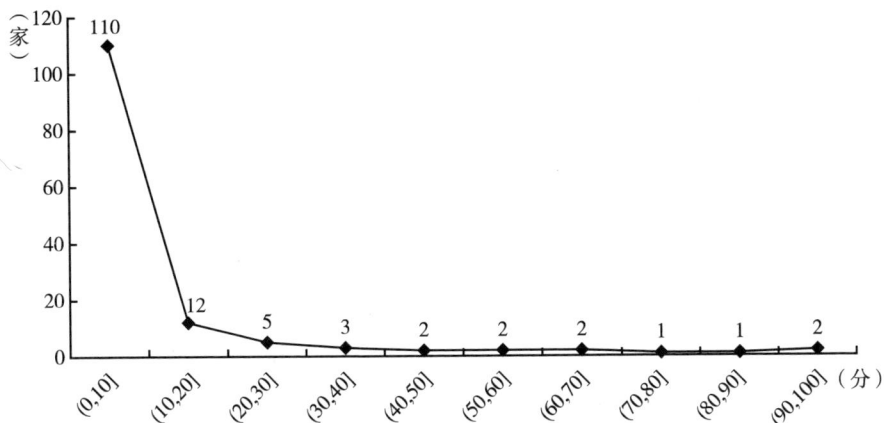

图1　2021 证券公司系统重要性得分区间与家数分布

资料来源：山东省亚太资本市场研究院。

（二）系统重要性得分 TOP20 分项指标排名分析

由表 2 可以看出，中信证券（600030.SH）一直处于证券行业"领头羊"的地位，机构规模、关联度、可替代性、复杂性和资产变现排名均位居第一；国泰君安（601211.SH）关联度排名全行业第二，机构规模、资产变现和复杂性排名位居第三，可替代性排名位居第四；华泰证券（601688.SH）机构规模、复杂性排名位居第二；海通证券（600837.SH）资产变现排名第二、关联度排名第三；华泰证券（601688.SH）机构规模排名第二，可替代性排名第三，关联度排名第六。

表2　2021 年证券公司系统重要性分项指标排名 TOP20

机构规模		关联度		可替代性		复杂性		资产变现	
排名	公司简称	排名	公司简称	排名	公司简称	排名	公司简称	排名	公司简称
1	中信证券	1	中信证券	1	中信证券	1	中信证券	1	中信证券
2	华泰证券	2	国泰君安	2	广发证券	2	华泰证券	2	海通证券
3	国泰君安	3	海通证券	3	华泰证券	3	国泰君安	3	国泰君安

续表

机构规模		关联度		可替代性		复杂性		资产变现	
排名	公司简称	排名	公司简称	排名	公司简称	排名	公司简称	排名	公司简称
4	海通证券	4	招商证券	4	国泰君安	4	中国银河	4	华泰证券
5	中金公司	5	申万宏源	5	海通证券	5	招商证券	5	申万宏源
6	招商证券	6	华泰证券	6	中金公司	6	广发证券	6	招商证券
7	中国银河	7	金通证券	7	中信建投	7	海通证券	7	中国银河
8	申万宏源	8	中国银河	8	招商证券	8	申万宏源	8	广发证券
9	广发证券	9	广发证券	9	申万宏源	9	国信证券	9	国信证券
10	中信建投	10	大和证券	10	国信证券	10	中信建投	10	中信建投
11	国信证券	11	中金公司	11	中国银河	11	长江证券	11	中金公司
12	东方证券	12	德邦证券资管	12	东方证券	12	安信证券	12	光大证券
13	光大证券	13	上海甬兴资管	13	光大证券	13	平安证券	13	东方证券
14	平安证券	14	国盛证券资管	14	平安证券	14	光大证券	14	长江证券
15	安信证券	15	长江证券资管	15	中泰证券	15	中泰证券	15	安信证券
16	兴业证券	16	招商证券资管	16	安信证券	16	东方财富	16	平安证券
17	中泰证券	17	中天国富	17	方正证券	17	长江证券	17	东亚前海
18	方正证券	18	中信建投	18	东方财富	18	兴业证券	18	兴业证券
19	长江证券	19	瑞信证券	19	兴业证券	19	方正证券	19	方正证券
20	东方财富	20	渤海汇金资管	20	中金财富	20	东方证券	20	中泰证券

资料来源：证券公司年报、山东省亚太资本市场研究院。

（三）证券公司系统重要性综合排名 TOP20分析

从系统重要性排名变动上来看，2021 年证券公司系统重要性排名前 20 位整体变化不大（见表 3）。行业系统重要性排名前四依然是中信证券（600030. SH）、国泰君安（601211. SH）、华泰证券（601688. SH）和海通证券（600837. SH）。

与 2020 年相比，中金公司从第 15 名上升至第 11 名，广发证券（000776. SZ）从第 7 名上升至第 5 名，华泰证券（601688. SH）从第 4 名上升至第 3 名，申万宏源（000166. SZ）从第 9 名上升至第 7 名，中国银河

（601881.SH）从第 10 名上升至第 8 名，兴业证券（601377.SH）从第 18 名上升至第 17 名，方正证券（601901.SH）从第 20 名上升至第 19 名，东方财富（300059.SZ）从第 23 名上升至第 20 名。此外，海通证券（600837.SH）从第 3 名下降至第 4 名，招商证券（600999.SH）从第 5 名下降到第 6 名，中信建投（601066.SH）从第 6 名下降至第 9 名，国信证券（002736.SZ）从第 8 名下降至第 10 名，东方证券（600958.SH）从第 11 名下降至第 13 名，安信证券从第 13 名下降至第 15 名，长江证券（000783.SZ）从第 17 名下降至第 18 名。

从证券公司系统重要性特征来看，行业远未出现"大而不倒"的风险。截至 2021 年底，证券行业总资产为 12.91 万亿元，[①] 系统重要性排名 TOP20 的证券公司总资产合计 9.29 万亿元，占全行业的 71.96%，2020 年这一占比是 72.25%。可见，我国系统重要性排名 TOP20 证券公司的总资产合计占比还未达到上述要求，这说明证券业还远未达到"大而不倒"的状态，未来监管部门可能会推动行业内的合并重组，提高总资产，进一步扩大机构规模，以提高证券行业头部机构的系统重要性程度。

表3　2019~2021 年证券公司系统重要性排名 TOP20

公司简称	2019 年	2020 年	2021 年	公司简称	2019 年	2020 年	2021 年
中信证券	1	1	1	中金公司	10	15	11
国泰君安	2	2	2	光大证券	13	12	12
华泰证券	4	4	3	东方证券	12	11	13
海通证券	3	3	4	平安证券	15	14	14
广发证券	5	7	5	安信证券	14	13	15
招商证券	7	5	6	中泰证券	17	16	16
申万宏源	6	9	7	兴业证券	18	18	17
中国银河	8	10	8	长江证券	21	17	18
中信建投	11	6	9	方正证券	16	20	19
国信证券	9	8	10	东方财富	58	23	20

资料来源：证券公司年报、山东省亚太资本市场研究院。

---

① 券商年报数据。

（四）证券公司系统重要性结构分析

根据评价结果，对分项指标和系统重要性进行相关性检验分析（见表4）后发现，从目前我国证券业发展的实际情况来看，虽然系统重要性排名TOP20证券公司的总资产尚未达到《意见》规定的75%，还需要行业兼并重组来进一步扩大头部证券公司规模，但通过分析机构规模、关联度、可替代性、复杂性和资产变现与系统重要性得分的相关关系发现，目前我国证券公司机构规模得分与系统重要性得分的相关系数最高，说明我国证券行业确实存在"大而不倒"的问题。因而在对我国系统重要性证券机构进行监管过程中，依旧要牢牢把握"太大而不能倒"，在进一步扩大TOP20资产规模的同时，做好系统性风险的防控。

2008年次贷危机爆发并在全球范围内蔓延，让监管者意识到，对系统重要性金融机构的监管不能仅关注规模、不能只重视"大而不倒"，与机构规模相比，关联度也不容小觑。通过对比相关系数可以发现，关联度与系统重要性的相关系数仅次于机构规模，具有高关联度的证券公司发生风险所引起的市场连锁反应很可能造成多家金融机构接连出现风险，使市场出现短期内无法自动修复的大崩溃，从而出现"太关联而不能倒"风险。

另外，可替代性和复杂性对系统重要性影响程度也较高。与机构规模和关联度相关的是业务类型、公司结构以及金融机构所持有的金融产品的复杂性。金融机构提供的金融服务和产品复杂性越强，其出现问题给金融体系和实体经济发展带来的损害越严重。

表4 分项指标与系统重要性得分相关系数

	机构规模	关联度	可替代性	复杂性	资产变现
系统重要性	0.9636	0.9597	0.9417	0.9387	0.5976

资料来源：证券公司年报、山东省亚太资本市场研究院。

四 系统重要性证券机构与宏观审慎监管

（一）我国系统重要性金融机构监管体系的构建

2008 年次贷危机后，世界各国开始反思控制单个机构不发生倒闭的微观审慎监管策略，更加重视系统重要性金融机构的监管问题，并在《巴塞尔协议Ⅲ》中提出加强宏观审慎监管，防范系统性风险。与西方发达国家相比，我国建立系统重要性金融机构监管体制较晚，但监管思路相似，都是加强宏观审慎监管，特别是对大型金融机构的监管。国外对系统重要性金融机构和宏观审慎监管的研究主要集中在银行业，我国 SIFIs 监管体系构建也是从银行业开始的，目前正逐渐过渡到证券行业。从监管制度的确立、监管主体责任明晰到具体监管政策出台，我国 SIFIs 监管体系的构建大致可分为论证准备阶段、改革实施阶段和深化改革阶段。

1. 论证准备阶段（2011~2015 年）

2011 年，《中华人民共和国国民经济和社会发展第十二个五年规划纲要》中提出"构建逆周期的金融宏观审慎管理制度框架"，逆周期监管思路的提出是我国构建宏观审慎监管金融体系的基础。2013 年，中国银监会发布《中国银行业实施新监管标准的指导意见》，提出"增强系统重要性商业银行有效性"是我国系统重要性银行监管的基础，确定银行业系统重要性机构的监管思路，包括监管标准、监管主体等方面，突破微观审慎监管的束缚，从更宏观的视角为银行业系统重要性机构监管指明方向，也为我国系统重要性金融机构的监管奠定基础。2014 年，根据巴塞尔银行监管委员会对银行业系统重要性机构的监管要求，中国银监会发布《商业银行全球系统重要性评估指标披露指引》，要求系统重要性商业银行按照巴塞尔银行监管委员会提出的标准进行信息披露，提高银行的信息透明度。2015 年，《中共中央关于制定国民经济和社会发展第十三个五年规划的建议》强调加强宏观审慎监管，完善现代金融体系监管框架，实现风险监管全覆盖，防范系统性风险。这一时期，我国对系统重要性金融机构的宏观审慎监管策略从无到有，逐步出台政策法规，为系统重要性金融机构监管奠定基础。

2.改革实施阶段（2015～2018年）

2015年，中国人民银行制定政策，正式开展宏观审慎评估，根据银行信贷情况对银行准备金进行动态调整。2016年，针对保险业的宏观审慎监管政策出台《国内系统重要性保险机构监管暂行办法（征求意见稿）》，这是除银行业外的第一部关于系统重要性保险机构的监管政策，此后逐步公布国内16家系统重要性保险机构名单，对16家机构进行监管。2017年，第五次全国金融工作会议提出要守住不发生系统性金融风险的底线，加强宏观审慎监管，同时确定设立国务院金融稳定发展委员会（以下简称"金稳委"），负责系统重要性金融机构的监管工作，防范系统性风险。党的十九大提出健全货币政策和宏观审慎政策"双支柱调控框架"，防范化解风险、加强监管是金融业的主基调。2018年，中国银保监会成立，原中国银行业监督管理委员会和中国保险监督管理委员会不再保留，二者在拟订法律法规和审慎监管方面的职能被中国人民银行接管，进一步强化中国人民银行宏观审慎监管主体地位。我国金稳委、中国人民银行、中国银保监会、中国证监会"一委一行两会"的监管体系正式建立，进行审慎监管和行为监管，金融体系监管改革基本完成。

具体机构设置和部门职能方面，金稳委是最高协调机构，中国人民银行是宏观审慎监管主体，中国银保监会负责微观审慎监管，包括行为监管，这样的机构设置有利于促进宏观和微观审慎监管之间的协同与配合，降低了机构冗余和监管改革成本。在人员任职方面，为提高监管效率和各部门协调效率，金稳委主任由国务院副总理兼任，规格高于"一行两会"，其职责设定也高于"一行两会"，中国银保监会主席兼任中国人民银行党委书记、副行长。"一委一行两会"监管体系的建立标志着我国系统重要性金融机构的监管落到实处，类似于西方国家在金融危机之后建立的"双峰"监管模式，我国以目的监管为核心的"类双峰"监管体系初步建立。

3.深化改革阶段（2018年至今）

2018年，中国人民银行发布《中国金融稳定报告（2018）》，重点讨论了对我国系统重要性金融机构的监管问题，构建具体监管框架。同年底，中国人民银行、银保监会和证监会联合发布《关于完善系统重要性金融机构监管的指导意见》，提出坚持宏观与微观审慎监管相结合的理念，明确系统重要性金融机构监管的政策导向，防范系统性金融风险。

2019 年，《系统重要性银行评估办法（征求意见稿）》发布，起草系统重要性银行评估体系。2020 年，《系统重要性银行评估办法》（以下简称《评估办法》）正式出台，自 2021 年 1 月 1 日起施行。《评估办法》具体针对银行业建立系统重要性银行评估体系，包括四个一级指标（规模、关联度、可替代性和复杂性）以及若干二级指标，从评估方法、范围、流程和分工方面提出具体要求。2021 年，《系统重要性银行附加监管规定（试行）》从附加监管要求、恢复与处置计划、审慎监管等方面对系统重要性银行提出要求。同年，中国人民银行会同银保监会、财政部发布《全球系统重要性银行总损失吸收能力管理办法》，指出我国 G-SIBs 须自 2025 年 1 月 1 日起实施外部 TLAC 监管规则，要求我国在原有资本工具吸收损失的基础上，增加其他吸收损失的工具。

2022 年，国务院《政府工作报告》提出设立金融稳定保障基金，提高金融稳定性，防范化解风险。此后，《中华人民共和国金融稳定法（草案征求意见稿）》发布，提出了风险的具体防范、化解和处置政策，有助于我国建立高效的金融安全网，维护金融安全。总之，2011 年以来，我国对系统重要性金融机构的监管政策和法律法规从无到有，再到逐渐完善，建立"一委一行两会"的监管体系，对提高我国大型金融机构抵御风险的能力具有重要意义。

目前我国 SIFIs 监管已进入深化改革阶段，但目前的针对性政策大多集中在银行业，针对证券业系统重要性机构的监管机制尚未建立。《意见》明确规定：SIFIs 包括证券机构，且参评数量不少于 10 家，参评证券机构表内外资产总额不低于上年末行业总资产的 75%。根据这些规定，本报告以国内证券公司为样本，研究证券行业系统重要性机构评估体系并提出监管建议。

（二）完善我国系统重要性证券机构监管体系的政策措施

加强对系统重要性证券机构监管，要从微观和宏观层面共同入手。宏观层面，学习西方发达国家"双峰"监管经验，发挥中国人民银行宏观审慎监管主体作用，在"一委一行两会"组织下，加强宏观审慎监管；微观层面，做好行为监管，严格控制证券机构从事高风险业务，包括一些经过层层包装的复杂的、隐蔽的业务，同时要加强证券机构的风控体制建设，增强抵抗风险能力。

1. 加大金融开放力度，深化金融监管改革

随着我国金融开放程度不断提高，金融混业经营趋势增强，防范化解系统性风险必须进一步加强对系统重要性证券机构的监管。何剑等[①]认为金融开放程度会显著影响系统性风险积聚程度，与宏观经济风险显著负相关，即金融开放程度提高会有效降低金融体系的系统性风险，尤其是在经济下行期。当然二者关系也并不是绝对的，由于国内外政治经济环境的影响，金融开放程度也可能导致系统性风险积聚，对金融体系构成威胁。但并不能因为金融开放有可能导致系统性风险就拒绝金融开放，因噎废食，得不偿失。在加大金融开放力度的同时，不能生搬硬套发达国家的经验，要秉承积极的态度，深化金融监管改革，发挥政府在监管中的主体作用，结合我国市场实际情况，将监管政策落到实处，建立有效的系统重要性金融机构监管框架。郭树清[②]指出，深化金融监管体制，应始终具备宏观审慎视野，以微观审慎为基础，以行为监管为支撑，实现三者既独立又协同的有机统一。在加大金融开放力度、深化金融监管的同时，还要加强国际交流，推动多边和双边监管合作。

2. 规范系统重要性证券机构的复杂业务

要注重规范系统重要性证券机构开展的复杂业务、综合业务，这类业

---

① 何剑、王心怡、郑智勇：《存款保险制度、银行特征与系统性风险》，《金融发展研究》2021年第7期。

② 郭树清：《加快构建新发展格局，努力防止金融风险再次蔓延》，《中国保险》2021年第7期。

务往往交易比较复杂、层层加码，风险隐藏程度较深，尤其是证券机构和银行之间开展的业务，跨行业开展的业务一旦出现风险暴露，对市场造成的冲击较大。此前针对银行尤其是系统重要性银行开展证券及另类投资业务是市场的热点话题，有观点认为应该在银行业和证券业间设立防火墙，严格控制银行类资金进入资本市场从事高风险业务，以防发生风险并交叉传导，但从实际情况看来，这种观点并不可行。随着金融深化和混业经营趋势增强，银行业和类银行业的交叉业务逐渐增多，跨行业、跨部门经营越发频繁，单纯的限制性政策会阻碍金融市场发展，也违背宏观审慎监管逻辑。为解决上述问题，从系统重要性证券机构视角来看，相对有效的措施就是规范系统重要性证券机构开展复杂业务，降低业务复杂程度，提高信息透明度，开展合规业务，同时要严格限制复杂业务的规模，使市场风险能被及时识别和化解。

3. 制定合理有效的风险监测预警机制，提高抗风险能力

目前我国尚未出台关于系统重要性证券机构的具体监管政策和监管工具，本报告认为对系统重要性证券机构的监管，可借鉴银行业的监管经验，确立合理有效的风险监测预警机制，做好事前动态监管，合理有效进行逆周期调节。

一是严格监控金融机构的经营业务，建立评估体系，选取适当评估指标，更好地监测金融机构风险情况。二是建立风险预警机制，及时进行风险度量，最大限度降低证券机构决策失误或客观环境的变化等导致的风险，计算单个证券机构发生风险暴露对系统性风险的贡献值，考察大型金融机构经营出现问题会对金融市场乃至宏观经济造成的影响。若处于市场系统重要性地位的金融机构风险值超过预警指标，必须进行逆周期调节，坚持微观审慎监管和宏观审慎监管协调配合，共同发挥作用。三是对于引起市场风险的敏感性因素或指标，必须进行实时监测，以便及时掌控市场可能存在的风险。[1] 总之，构建合理有效的风险监测预警机制，有利于加强事前监管，提

---

[1] 孙国茂：《中国证券市场宏观审慎监管研究》，中国金融出版社，2020。

高事前风险防控能力，增强金融稳定性，避免极端事件对金融体系的冲击。精准获得市场数据是做好风险监测的前提，系统重要性证券机构提高信息披露程度、加强数据共享可有效提升对系统重要性金融机构的监管效能。例如，可以由中国人民银行牵头完善 SIFIs 数据信息报送程序，在不影响证券机构正常经营情况下，建立风险监测系统，完善银保监会检查分析系统（Examination and Analysis System Technology，EAST），实现机构风险监测预警功能全覆盖，全力推动监管工作的信息化和智能化转型。还可以借助金融科技等工具加强监管科技的运用，加快金融业综合统计和信息标准化立法等。

除了建立动态风险监测制度外，提高系统重要性证券机构抗风险能力也是防范风险的重要环节。具体方法可以参考银行的标准，一是参照系统重要性排名提高证券机构的资本充足率，并设定附加资本金制度，降低证券机构杠杆风险，低杠杆率有助于帮助证券机构抵御风险冲击。同时要提高证券机构的资本使用效率，降低资本损耗。二是提高证券机构流动性，危机发生时，机构的流动性往往最先受到冲击，流动性骤降会直接导致机构破产倒闭，系统重要性证券机构间的关联度越高，流动性风险传播速度越快，引发市场多米诺骨牌效应，形成系统性风险的概率越大。本报告的核心观点是对系统重要性证券机构的监管要关注"太关联而不能倒"，因而提高大型证券机构流动性，对降低机构因流动性骤降引发的市场风险、防范化解系统性风险具有重要意义。

4. 根据新形势修正系统重要性金融机构的监管手段

系统重要性证券机构在进行业务创新、增加营业收入的同时，也要注重监管创新，深化区块链、大数据、人工智能等监管科技应用实践，全力推动监管工作的信息化和智能化转型。另外，要培养新型金融监管人才，传统监管人员缺少对科技知识的把握，难以借助科技手段实施监管并提高监管效率，而科技人员则缺乏相应的监管专业知识和经验，对把握系统性金融风险缺乏认识。

"十四五"时期我国金融监管改革任务更加艰巨，维护金融稳定已经成为国家在战略层面重点关注的问题。随着实体经济进入高质量发展阶段，与金融市场波动、落后产能出清有关的金融风险事件还会出现，维护金融稳定和确保金融体系关键功能正常运行的任务十分繁重、高度敏感且涉及多部门协作，因此必须以习近平新时代中国特色社会主义思想为指导，坚守以人民为中心根本立场，强化底线思维，提高金融监管透明度和法治化水平。要加强监管立法，明确责任分工、风险处置机制和具体责任追究，持续完善权责一致、统筹协调的现代金融监管体系。鉴于多个金融监管部门涉及金融稳定工作，且在各自部门规章中早有规定，从工作协调机制的角度来看，需要有上位法对各部门规章进行统合，以便形成完整统一的金融稳定法律法规体系。

结　语

2021 年是中国共产党成立 100 周年，也是"十四五"规划的开局之年。面对外部环境日趋复杂、全球疫情反复的状况，中国经济发展仍然保持较高的增长水平，资本市场改革稳步推进，服务实体经济的能力进一步增强。深交所主板与中小板合并落地，北京证券交易所成立，多层次资本市场体系更加完善。我国出台一系列监管政策，进一步加强平台经济监管，有效处置金融风险隐患，国家经济金融安全得到有效保障。本报告阐述了系统重要性金融机构的识别及相关理论，介绍了国内外关于系统重要性金融机构的评价方法，结合《意见》的监管要求，从机构规模、关联度、可替代性、复杂性和资产变现等方面，建立了证券公司系统重要性评价体系，对证券公司系统重要性进行排名和分析。中国证券公司系统重要性具体排名情况见附表。

截至 2021 年底，证券行业总资产为 12.91 万亿元，系统重要性排名 TOP20 的证券公司总资产合计 9.29 万亿元，占全行业的 71.96%，上年是 72.25%，尚未达到《意见》规定的 75%，这说明我国证券业还远未达到"大而不倒"的状态，未来监管部门可能会推动行业内的合并重组，提高总资产，进一步扩大机构规模，以提高证券行业头部机构的系统重要性程度。

评价结果显示，证券公司系统重要性评价得分较高的证券公司仅有中信证券（600030.SH）、国泰君安（601211.SH）、华泰证券（601688.SH）、海通证券（600837.SH）、广发证券（000776.SH）等少数几家。在结构分析中，通过计算各项一级指标得分与系统重要性得分的相关系数，发现目前机构规模仍是影响我国系统重要性排名的关键指标。但除机构规模外，证券机构间的关联度和复杂性也至关重要，应将其共同纳入我国宏观审慎监管体系，作为证券市场宏观审慎监管框架的具体内容。

本报告从论证准备阶段、改革实施阶段到深化改革阶段梳理了我国系统重要性金融机构的监管历程，最初从银行业开始，后来逐步过渡到证券行业。最后针对完善我国系统重要性证券机构监管体制提出若干建议，为"十四五"时期我国加强金融监管、维护金融稳定提供参考。

附表　2021 年中国证券公司系统重要性及各分项指标排名

名称	系统重要性	机构规模	关联度	可替代性	复杂性	资产变现
中信证券	1	1	1	1	1	1
国泰君安	2	3	2	4	3	3
华泰证券	3	2	6	3	2	4
海通证券	4	4	3	5	7	2
广发证券	5	9	9	2	6	8
招商证券	6	6	4	8	5	6
申万宏源	7	8	5	9	8	5
中国银河	8	7	8	11	4	7
中信建投	9	10	18	7	10	10
国信证券	10	11	39	10	9	9
中金公司	11	5	11	6	135	11
光大证券	12	13	54	13	14	12
东方证券	13	12	44	12	20	13
平安证券	14	14	43	14	13	16
安信证券	15	15	64	16	12	15

名称	系统重要性	机构规模	关联度	可替代性	复杂性	资产变现
中泰证券	16	17	50	15	15	20
兴业证券	17	16	58	19	18	18
长江证券	18	19	120	26	11	14
方正证券	19	18	75	17	19	19
东方财富	20	20	105	18	16	21
中金财富	21	23	89	20	17	22
浙商证券	22	23	70	23	24	26
国金证券	23	30	65	21	28	25
国元证券	24	24	68	31	26	23
财通证券	25	25	103	25	22	29
华西证券	26	28	76	29	25	32
长城证券	27	29	110	34	23	33
东吴证券	28	52	118	27	21	34
西部证券	29	31	80	39	44	24
天风证券	30	27	85	28	57	28
东亚前海	31	22	124	108	102	17
西南证券	32	32	79	57	31	30
红塔证券	33	45	45	88	59	27
东北证券	34	33	106	38	30	40
东兴证券	35	48	116	32	27	38
华安证券	36	37	104	35	34	39
国海证券	37	34	92	46	37	36
中银国际	38	42	113	33	33	47
华福证券	39	36	129	45	29	49
招商证券资管	40	100	16	53	132	83
民生证券	41	44	102	30	50	44
渤海证券	42	39	77	77	48	31
华泰证券	43	81	25	37	111	79
国联证券	44	40	108	51	35	43
山西证券	45	35	98	55	43	45
南京证券	46	47	84	59	39	41
开源证券	47	57	66	43	60	46

名称	系统重要性	机构规模	关联度	可替代性	复杂性	资产变现
华龙证券	48	59	56	75	62	42
上海证券	49	38	111	63	42	35
上海东方证券资管	50	96	40	22	120	110
华创证券	51	50	94	40	38	51
中天国富	52	97	17	79	137	87
华泰联合	53	88	46	24	110	90
长江证券资管	54	107	15	97	95	99
上海海通证券资管	55	95	35	44	123	77
第一创业	56	51	83	41	52	53
金通证券	57	139	7	129	115	138
信达证券	58	43	133	42	36	52
上海国泰君安资管	59	91	24	137	122	69
大和证券	60	133	10	126	98	128
上海光大证券资管	61	105	29	54	121	96
财信证券	62	41	117	49	49	48
德邦证券资管	63	131	12	135	99	125
中原证券	64	46	122	48	40	55
瑞信证券	65	121	19	92	119	117
上海甬兴资管	66	138	13	138	124	137
国开证券	67	53	62	103	87	37
国盛证券资管	68	137	14	124	107	136
广发证券资管	69	93	33	64	106	101
东莞证券	70	117	63	36	32	119
摩根大通	71	119	21	114	117	108
渤海汇金资管	72	128	20	133	93	109
申万宏源承销保荐	73	118	31	62	126	113
五矿证券	74	62	71	58	64	56
中德证券	75	125	23	102	134	122
新时代证券	76	71	53	96	65	65
兴证证券资管	77	126	22	139	130	121
国盛证券	78	67	86	50	53	60
安信证券资管	79	122	28	86	91	130

名称	系统重要性	机构规模	关联度	可替代性	复杂性	资产变现
高盛高华	80	106	32	118	105	102
东方证券承销保荐	81	115	38	52	101	115
太平洋证券	82	73	61	69	73	67
财达证券	83	55	126	61	46	57
国都证券	84	60	88	82	47	59
诚通证券	85	72	55	73	97	66
第一创业承销保荐	86	136	26	117	100	134
星展证券	87	124	27	127	129	120
湘财证券	88	63	109	68	41	64
万联证券	89	56	121	72	51	54
恒泰证券	90	58	127	47	54	62
汇丰前海	91	127	30	121	114	126
东海证券	92	49	134	56	45	58
东证融汇资管	93	26	130	111	103	50
江海证券	94	66	91	81	55	63
华兴证券	95	109	37	122	112	103
天风证券资管	96	120	34	130	127	111
恒泰长财	97	135	36	101	108	132
大通证券	98	94	48	112	79	88
首创证券	99	61	107	74	67	61
中航证券	100	69	112	65	58	71
九州证券	101	99	47	99	86	97
申万宏源西部	102	75	69	70	125	68
华英证券	103	134	41	85	113	135
摩根士丹利	104	132	42	107	118	131
金元证券	105	74	97	105	63	74
中信证券	106	82	67	91	139	76
华鑫证券	107	65	135	60	56	81
世纪证券	108	87	72	98	74	86
银泰证券	109	104	59	119	85	100
中邮证券	110	79	87	106	70	78
长江证券承销保荐	111	130	51	84	96	133

续表

名称	系统重要性	机构规模	关联度	可替代性	复杂性	资产变现
中山证券	112	84	100	66	81	84
华林证券	113	76	115	67	68	85
联储证券	114	80	95	104	69	80
德邦证券	115	68	125	80	76	72
国新证券	116	54	137	83	61	70
英大证券	117	70	114	95	72	75
中泰证券资管	118	129	49	131	136	127
金圆统一	119	123	52	125	116	124
申港证券	120	86	90	71	89	92
财通证券资管	121	113	57	134	94	114
中天证券	122	92	81	109	75	94
万和证券	123	83	99	113	77	82
华金证券	124	89	96	93	80	95
野村东方	125	114	60	128	131	112
粤开证券	126	78	131	87	66	89
长城国瑞	127	90	93	110	78	98
国融证券	128	85	123	78	82	93
华宝证券	129	77	132	90	71	91
甬兴证券	130	108	73	116	140	107
爱建证券	131	111	82	115	83	116
川财证券	132	116	74	120	88	118
北京高华	133	102	101	94	92	104
中信证券（山东）	134	64	136	132	138	73
浙江浙商资管	135	110	78	140	133	129
瑞银证券	136	101	119	76	90	106
宏信证券	137	98	128	89	109	105
大同证券	138	103	138	100	84	123
方正证券承销保荐	139	112	139	136	104	139
网信证券	140	140	140	123	128	140

资料来源：山东省亚太资本市场研究院。

参考文献

刘春航、朱元倩：《银行业系统性风险度量框架的研究》，《金融研究》2011 年第12 期。

苏明政、张庆君：《经济周期波动、溢出效应与系统性金融风险区域传染性——基于 VARX 模型的实证研究》，《上海金融学院学报》2015 年第 2 期。

巴塞尔银行监管委员会：《巴塞尔协议Ⅲ》（综合版），杨力、吴国华译，中国金融出版社，2014。

孙国茂、李猛：《宏观审慎监管下的证券公司系统重要性评价体系研究》，《山东大学学报》（哲学社会科学版）2020 年第 5 期。

肖子龙：《宏观审慎监管、货币政策与银行系统性风险》，博士学位论文，华中科技大学，2017。

郭威：《国际视阈下系统重要性金融机构监管改革：演进路径与完善措施》，《北京工商大学学报》（社会科学版）2022 年第 4 期。

马梅若、易纲：《继续完善我国系统重要性金融机构监管政策框架》，《金融时报》2021 年 10 月 22 日。

方意、王晏如、黄丽灵、何文佳：《宏观审慎与货币政策双支柱框架研究——基于系统性风险视角》，《金融研究》2019 年第 12 期。

中国人民银行支付结算司：《支付业务季报》（2019 年第 4 季度），中国金融出版社，2020。

B.5
中国证券公司数字化转型评价
报告（2022）

孙国茂　张　辉*

摘　要： 近年来，党中央高度重视数字经济的建设与发展，金融行业的数字化转型更是当今大数据时代的热点。尽管我国证券业早已经历信息化转型，但数字化程度远低于银行、保险等行业。目前证券行业正处在数字化变革的关键节点，随着新一轮科技革命的深入推进，以人工智能、区块链、云计算、大数据等为代表的数字技术在证券领域的应用场景持续拓宽，深刻地改变着行业的业务开展、风险控制、监管治理等方面。证券公司作为我国金融体系的重要组成部分，是宏观审慎监管下具有金融系统重要性的机构，证券业实现数字化转型关系着我国金融系统整体的先进性、稳定性和安全性。本报告着眼于证券公司数字化转型理论研究与评价体系的构建，建立系统化的证券公司数字化转型评价体系，从数字化战略、数字化业务、数字化能力、数字化治理四个方面分析了全行业的数字化程度，为金融监管部门、行业组织、金融机构和投资者提供了参考与依据，为证券公司应用数字技术重塑业务和治理体系提供了指引，对证券公司顺利实现数字化转型、提高核心竞争力、实现高质量发展具有重要意义。

关键词： 证券公司　数字化转型　金融科技

---

* 孙国茂，青岛大学经济学院特聘教授，博士研究生导师，山东省亚太资本市场研究院院长，研究领域为公司金融、资本市场、制度经济学；张辉，中央财经大学经济学院博士研究生，研究领域为资本市场、劳动经济学。

近年来，以习近平同志为核心的党中央高度重视数字经济的建设与发展，2017年3月，"数字经济"首次写入国务院《政府工作报告》，提出推动"互联网+"深入发展、促进数字经济加快成长，让企业广泛受益、群众普遍受惠。此后，党的十九大报告更是明确提出建设数字经济的战略构想。党的十九届五中全会提出"数字中国"建设，客观上要求证券行业加快数字化转型。2021年是"十四五"规划的开局之年，伴随中国金融改革的不断深化，资本市场处于快速发展和持续创新的过程中，中国证券行业已经进入大变革时代，证券公司为跟随技术发展步伐、满足新时代的用户需求、适应行业变革趋势，开展数字化转型势在必行。中国人民银行制定的《金融科技（FinTech）发展规划（2019—2021年）》，核心精神就是利用人工智能、大数据、云计算、物联网等数字技术实现金融产业的全面数字化升级，并达到国际领先水平，这为证券公司数字化转型指明了方向、提供了依据。

一　我国证券公司数字化转型发展现状

世界经济数字化转型是大势所趋，要发展数字经济，应利用数字技术对传统产业进行全角度、全方位、全链条的改造，提高全要素生产率，释放数字化对经济发展的叠加、放大及倍增作用。在数字化之前，我国证券业就已经历了一轮信息化转型。相较于银行、保险等金融业，以及农业、工业和其他服务业，我国证券业是最早开始探索信息化转型的行业。20世纪90年代，国内证券公司受到美国嘉信理财（Charles Schwab）[①] 等新型互联网投资银行的影响，开展网络化、信息化的研究与实践。中国证监会在2000年颁布了《网上证券委托暂行管理办法》，而"网上委托"指的是投资者通过互联网下达证券交易指令、获取成交结果的一种服务方式，这在当时是信息化的重大创新。在互联网刚刚兴起时，国内证券业就已经从上至下完成了基本的信息化转型，这是其他任何行业都无法比拟的。尽管如此，随着数字经济时代

[①]　嘉信理财目前已成为美国规模最大的网络券商。

的来临，证券业不仅没有引领其他行业完成数字化转型，甚至自身的数字化程度反被银行业、保险业以及其他许多行业超越。中国银行保险监督管理委员会主席郭树清在 2020 年国新办新闻发布会上提出，根据有关国际组织报告，中国普惠金融服务达到世界先进水平，电子支付、数字信贷、线上保险居于全球领先地位，银行机构和保险机构信息科技资金总投入分别为 2078 亿元和351 亿元，而证券业信息技术总投入仅为 262.37 亿元[①]，目前还没有国际领先的金融服务。相比之下，证券业无论是在资金投入规模方面，还是在数字金融服务与产品的领先程度方面，都明显落后于银行与保险业，在全球投资银行竞争中更处于弱势地位。在大数据时代，国内、国外互联网金融的发展，使得当今证券公司业务的获客能力受到严峻挑战。在与证券公司共同或类似的业务上，银行与保险公司正在逐步蚕食其市场份额，证券公司的比较优势在逐渐消失。

造成这些现象的本质原因在于，证券公司已完成的信息化转型并不等同于数字化转型。证券公司信息化改造基本完成，但数字化改革尚处于起步阶段。信息化与数字化的本质区别，首先在于能否正确地认知数据。数据是无形资产，证券公司对数据重要性的理解程度，决定了数字化转型的思想高度。作为智力密集型产业，证券公司在展业过程中会收集与产生海量数据，能否高效、合理、合规地挖掘并利用数据中的隐含信息，构建相关智能化系统平台，则决定了证券公司数字化转型的实现程度。因此，并不能简单地认为数字化是信息化，或是数据化、数据互联网化，需要证券公司从高度与广度这两个维度深入思考，根据公司规模、业务性质、技术优缺点等多方面统筹考虑。

证券行业正处在数字化变革的关键节点。数字经济时代，建设数字中国要求所有产业都要根据自身行业特点实现转型升级。随着新一轮科技革命的深入推进，以人工智能、区块链、云计算、大数据等为代表的数字技术在证券领域的应用场景持续拓宽，深刻地改变着行业的业务开展、风险控制、监管治理等方面。证券公司作为我国金融体系的重要组成部分，是宏观审慎监

---

① 数据来自证券公司 2020 年披露的年度报告，本报告进行了汇总和计算。

管下具有金融系统重要性的机构，证券业实现数字化转型关系着我国金融系统整体的先进性、稳定性和安全性。受互联网公司、互联网思维、互联网金融的广泛影响，相当数量的证券公司直接照搬互联网公司的发展模式而忽视了相关模式与公司的契合程度。对于大量 IT 从业人员的引进在某些场景与业务条线上存在资源浪费与人不尽其才的现象。证券公司在人工智能算法、模型、系统架构等方面所做出的优化与革新值得肯定，但还需要着重注意应用新技术、发展新业务所带来的法务风险、监管风险、系统性风险。金融科技应当如何以合理合规的方式参与证券公司的具体业务，应当如何避免技术滥用、技术违规使用，也是证券公司数字化转型中必须考虑的重要问题。

金融行业的数字化转型，需要相关金融公司数字化转型聚力。宏观上，金融行业统筹发展规划，主导顶层设计以实现价值定位。因此金融行业所强调的数字化赋能、试行的数字化转型、构建的数字化生态体系，是一个多层级、多方面、长时期的融合创新过程。微观上，金融公司作为基层力量，是实现顶层设计的重要组成部分，承担着技术研发与落地、业务设计与实现、服务提供与营销的具体责任。只有宏观行业与微观企业充分联动、发展互通，才能顺利实现金融行业的数字化转型。

证券公司的数字化转型也是一项系统性工程，转型的进度、成果、成效该如何评价是当前亟须解决的问题。随着数字化转型的深入，证券公司需要及时评估转型效果并根据效果做出相应调整。哪些指标需纳入转型效果评价标准，需要使用什么模型来评价转型效果，相关模型中数量指标该采取何种权重等，这些选择直接关系着评价结果是否科学合理、评价结论是否有效。金融科技驱动的证券公司数字化转型，宏观上不仅要把握审慎原则与顶层设计，微观上更要关注具体可行的技术应用方案，合理设计转型效果的评价指标和流程，从而更好地服务金融科技与公司发展相互促进的转型目标。本报告着眼于证券公司数字化转型理论研究与评价体系的构建，建立系统化的证券公司数字化转型评价体系，从数字化战略、数字化业务、数字化能力、数字化治理等方面分析了全行业的数字化程度，为金融监管部门、行业组织、金融机构和投资者提供了参考与依据，为证券公司应用数字技术重塑业务和治理体系提供了指引，对证券公司顺利实现数字化转型、提高核心竞争力、实现高质量发展具有重要意义。

二 证券公司数字化转型研究进展

大数据、人工智能、区块链、云计算等数字技术的快速发展，正在引领社会走向数字经济时代。数字化转型正成为金融机构增强核心竞争力的重要突破口，为证券公司创新发展带来重大发展机遇。证券公司在激烈的市场竞争格局下，应该积极运用金融科技的技术优势，推动数字化转型，引领证券行业高质量发展，为实体经济发展提供优质、高效的金融服务。

（一）证券公司业务数字化转型研究

证券公司业务数字化转型，就是将科技、数字化信息和券商的各项业务相结合，以数据为基础、以用户为中心，推动金融业务与技术相融合，提高创新能力，精准定位客户需求，提高客户服务效率。孙国茂[①]提出中国证券行业数字化转型主要有四个目标：一是保护投资者利益，二是更好服务实体经济，三是进一步提高市场运行效率和监管效率，四是防范系统性风险。

新冠肺炎疫情客观上加速证券业务线上化，信息技术投入高的券商在线上服务中优势明显。线上平台的开发，使得线上会议、产品介绍、业务培训等活动增多，理财产品交易线上化改变了客户的习惯，也给证券公司的传统业务提出了新的要求。潘劲松[②]认为业务线上化、互联互通线上化和客户线上化是证券公司经纪业务数字化转型的基础，只有将线下需求转变为线上数据，真正实现去个人化，才能依托数字化、智能化和科技化为客户提供个性化服务，提高券商经纪业务绩效。证券公司营业部是财富管理业务数字化转型的重要部门，也是券商经纪业务转型的重要载体。自 2013 年放开证券公

---

① 孙国茂：《抓住数字经济本质 推进证券行业数字化转型》，《上海证券报》2021 年 6 月 22 日。

② 潘劲松：《券商经纪业务数字化转型方向与实践》，《金融纵横》2021 年第 5 期。

司营业部 A 类、B 类、C 类以来，券商各项业务转型已进行多次探索，营业部的功能、产品以及业务模式发生明显变化。受疫情影响，证券公司经纪业务线上化进程加快，传统线下交易、柜台办业务等更多转变为线上，以路演和洽谈为主，注重大类资产研究及配置，提供多元化金融服务，为投资者提供投教、投资理念辅导、资产配置、保值增值的一体化服务。罗军林[1]指出为满足客户的特定需求、定制个性化服务，投资顾问可以通过数字化平台更好地为客户提供公司产品解读服务，增加与客户的互动，还可以借助数字化新算法更好地为客户提供保值增值服务。郭丽雅[2]认为将数字化技术和券商的投资交易结合起来，可大大增强券商自营业务能力和投资银行业务能力，有效降低管理成本、提交交易效率。

孟庆江[3]研究疫情背景下证券公司等数字化转型发现，客户对券商提供多元化资产保值增值服务的要求增加，投资者特别是高净值客户对财富管理多元化需求增长，包括家庭资产增值、子女教育、境外资产配置等，都对券商的财富管理业务提出新的挑战。大数据时代，客户的投资习惯已发生变化，并非仅局限在去现场选购理财产品，更多的是通过在线平台的方式了解市场情况、产品信息和自己的账户情况。投资者对个性化服务需求增多，更倾向于在线客服"一对一"提供定制服务，实现财富管理保值增值，减少复杂烦琐的手续办理。毛宇星[4]具体研究海通证券的数字化转型策略，认为海通证券打造的基于金融文本智能处理平台的智能投行体系，在格式文档解析、文本再生、智能复核等方面实现创新，应用延伸到写、读、查、审等文档处理全周期，形成较好的示范效应。目前，该体系累计处理文档超 8000 篇，检测冲突 30 余万处，帮助确认正确数据计算及一致性关系 700 余万处，有效降低执业操作风险和合规风险，相关成果入选了中国企业联合会 2021

---

① 罗军林：《金融科技驱动下证券公司数字化转型研究》，《时代金融》2021 年第 21 期。
② 郭丽雅：《大数据背景下证券经纪业务模式创新研究》，硕士学位论文，东南大学，2020。
③ 孟庆江：《疫情下证券公司的数字化转型》，《中国金融》2020 年第 9 期。
④ 毛宇星：《全面深化数字化转型引领证券公司高质量发展》，《中国金融电脑》2022 年第 1 期。

年全国智慧企业建设创新案例，并荣获中国人民银行和中国证监会评选的
2020 年度金融科技发展二等奖。

（二）证券公司数字化转型发展模式研究

1. 自主研发驱动数字化转型

在信息化、数字化不断发展的背景下，证券公司高度重视数字化转
型，大型券商加大信息技术投入力度，金融科技赋能证券公司数字化转
型。券商实现数字化转型要依靠强大的自主研发能力和技术应用能力。券
商应转变信息化系统建设思路，减少对第三方供应商的依赖，鼓励自主研
发。提高自主研发能力、突破技术瓶颈，可以打破第三方服务供应商的限
制，提高金融业务交易各个环节的兼容性，简化交易处理流程，依靠自动
化大大提高办事效率，同时能避免人工存储档案导致数据、资料等丢失的
问题。提高自主研发能力能快速满足财富管理业务的多样化需求，公司加
大自主研发投入力度，自主开发系统可以让技术人员和业务人员直接接
触、有效沟通，更有利于证券公司各项业务数字化转型的推进。同时，技
术人员和业务人员的交流也是一个互利的过程，技术人员可以更多了解券
商的各项具体业务，更好地自主开发系统，业务人员也能够了解技术应用
的过程，更好地为客户服务。业务和技术的有机结合，能够更有效地推进
证券公司数字化转型。

潘劲松[1]从以用户为中心建立全生命周期的用户运营价值链路径、打造
场景化精准营销服务模式、采用自动化运营策略触达用户等方面提出证券公
司经纪业务数字化转型路径，并以建设智能化客服中心为例总结了数字化转
型的具体实践。冯利霞[2]分析华泰证券自主研发的数字化进程，该公司多年
来一直保持信息技术的高水平资源投入，围绕"成就客户、创新业务、优
化运营、赋能员工"的总体目标，自主研发，全面推进数字化转型，致力

---

[1] 潘劲松：《券商经纪业务数字化转型方向与实践》，《金融纵横》2021 年第 5 期。
[2] 冯利霞：《华泰证券数字化转型对绩效的影响研究》，硕士学位论文，广州大学，2022。

于用数字化思维彻底改造业务及管理模式，着力构建领先的自主掌控的信息技术研发体系，通过全方位科技赋能，实现科技与业务共创，打造数字化牵引下的商业模式创新与平台化支撑下的全业务链优势。同时，以股权投资为纽带，聚集优秀科技创新公司，加快构建金融科技生态，积极布局大数据、人工智能、区块链、云计算、RPA 安全、5G 等前沿领域。在财富管理领域，不断迭代升级移动金融战略，以移动化、数字化、智能化为目标，致力于打造"千人千面"的财富管理平台；依托"聊 TA"平台赋能一线员工，有效推动客户规模和客户活跃度增长。在机构服务领域，以自主研发的机构客户服务数字化平台"行知 2.0"为牵引，通过融券通、信用分析管理系统（CAMS 系统）、INCOS 赢客通云平台等串联起机构服务的各个环节，提升客户体验和服务效能，促进客户生态不断延展。

2. 与数字化平台合作促进转型

国内证券公司历来重视与互联网公司合作模式的开发，运用金融科技降低运营成本，引流开拓市场。由于现有国内数字化平台存在一定的行业壁垒，且已经掌握大部分流量和技术，研发金融科技的费用、时间成本较高，大部分证券公司会与互联网公司进行合作加速转型。互联网数字化平台所提供的数字化服务主要包括三个方面：一是大数据、云计算及互联网敏捷开发管理模式和工具全面输出；二是人工智能的技术支撑，应用于数字化服务，实现产品数字化；三是通过消费者到企业（Customer to Business，C2B）的方式连接生态，拓展金融业务。C2B 业务帮助券商在平台端口实现消费者个人用户（C 端）服务和企业用户商家（B 端）合作，节约营运成本，推动证券业数字化财富管理业务的转型。

以阿里云公司为例，一些传统证券公司会依托支付宝等平台搭建 C 端到 B 端的通道实现业务数字化，即客户群体可以直接在支付宝平台上购买券商的基金等产品，方便客户群体的简易操作，起到引流的效果。一些证券公司也会选择与互联网公司联合开发金融科技产品，如美国先锋领航集团与蚂蚁集团共同打造的一站式基金投资顾问平台，针对客户风险偏好提供全委托的资产管理服务，通过数字化平台与金融公司结合提升产品服务质量，提供新兴财富管理模式。还有一些证券企业倾向于与互联网企业共享核心技术，如兴业证券股份有限公司与阿里云公司成立金融科技联合创新实验室，共享前沿技术开发数字化服务驱动转型。

李方超等①认为数字化转型依托平台化发展，能更好地利用资源；数字化平台以用户为中心，重视用户体验感；券商数字化转型与平台合作可充分利用数字平台的优势规避系统和数据隔离的问题，有效降低数字化成本。王玲②认为未来券商的发展和转型要以互联网为载体，善于利用互联网平台的优势实现证券公司数字化转型。

虽然我国证券公司数字化转型已取得一定的进展，无论是通过自主研发驱动数字化转型，还是通过与平台合作的方式促进数字化转型，目前券商的各项业务如经纪业务、投资银行业务、资产管理业务等都在加速推进金融与科技的结合。但转型的过程中依然存在很多问题，新技术、新思想的应用在带来便利的同时，必然也会带来新的风险和挑战。大数据时代，客户信息泄露是常见问题，金融行业普遍存在数据监听、用户隐私泄露等问题，这也给技术推广和普及带来困难，证券公司在数字化转型过程中面临技术风险以及由此引发的系统性风险。在一定程度上，现有监管方式对证券公司数字化转型中技术应用程度的监管较弱，业务的数字化转型可能存在监管真空，虽然监管部门已经意识到数字化转型中的技术风险以及由此引发的金融风险问题，并采取了一系列加强监管的措施，但企业依旧存在应用新技术躲避监管的现象。

为了更好地促进证券行业数字化转型、规范金融科技发展及应用，必须构建科学、合理的证券公司数字化转型评价体系。目前来看，业界关于金融行业对数字化转型的研究大多集中在银行业、服务业，对证券业的研究仅仅局限在探讨证券公司某项具体业务的数字化转型，从全行业范围看，缺乏系统的数字化转型评价体系。

① 李方超、姜仁荣：《金融科技时代下证券公司的数字化转型研究》，《现代商业》2021年第22期。
② 王玲：《证券公司数据管理模式和路径研究》，《清华金融评论》2021年第3期。

三　证券公司数字化转型评价

（一）证券公司数字化转型评价意义

证券公司数字化转型的目的是更好地促进公司发展、占有市场份额，更高效地参与市场竞争。我国大部分证券公司存在一个普遍现象，第一大股东是国有成分。对于这种特殊的、国有控股的企业来说，在开展业务或进行改革时，即便发生危机，也有国家或地方政府的扶持，因而国有控股类企业的发展情况并不能作为判断证券公司数字化转型程度的绝对标准。相反，建立科学合理的数字化转型评价体系，客观评价券商的数字化转型程度，才能使国家、地方政府有针对性地扶持企业发展，同时能为监管部门提供监管依据。证券公司数字化转型实质上是金融科技和传统业务相融合的过程，企业通过加大科技投入力度、自主研发进行产品和业务升级。金融科技是不断发展变化的，新技术也是层出不穷的，证券公司的数字化转型仍在起步阶段，在应用新技术时难免会出现问题，建立完整的数字化转型评价体系，可以摸清券商在技术应用阶段存在的问题，让券商在转型过程中及时发现问题、修正问题，更好地促进业务转型升级，更好地为社会提供金融服务。

从全行业范围看，有效的排名机制可以促进券商间的市场竞争。建立评价体系，并按照综合得分进行排名，特别是对头部券商来说，可以提高他们转型的速度。对于中小券商来说，也可根据单项指标排名了解需要调整的方向。对国家和地方政府来说，可以根据排名和得分情况了解证券业数字化转型程度，有针对性地对某些发展好的企业给予更多的资源和政策倾斜。对监管者来说，综合排名也可为行业监管提供依据。

（二）证券公司数字化转型评价体系

本报告按照科学性、客观性、全面性的原则，选取 4 个一级指标、12 个二级指标，对证券公司数字化转型进行定量研究。具体指标及权重见表 1。

表 1　证券公司数字化转型评价体系

一级指标	权重	二级指标	权重(%)
数字化战略（S_1）	30	数字战略制定（S_{11}）	50
		研发投入强度（S_{12}）	25
		数字转型实施（S_{13}）	25
数字化业务（S_2）	30	平台用户数量（S_{21}）	40
		技术专利数量（S_{22}）	40
		数字系统数量（S_{23}）	20
数字化能力（S_3）	20	信息技术投入（S_{31}）	40
		数字人才数量（S_{32}）	30
		数字化影响力（S_{33}）	30
数字化治理（S_4）	20	数据标准控制（S_{41}）	40
		风险动态监控（S_{42}）	30
		内部治理质量（S_{43}）	30

在计算最终结果时，需要注意几点关键问题。首先，相关权重的大小需要根据经验与反馈不断调整。经过不断深化数字化转型，相关指标的变化幅度会趋于稳定，整个行业对于数字化人才的引进幅度也会趋于平缓。因此对于指标的权重调节，需要根据市场情况、转型进程不断调整。其次，效果评价体系中的指标都是量化指标，指标量化是为了避免人为主观因素的影响。但如果仅使用量化指标，则容易出现重量轻质的问题。所以在得到最终评价结果时需要引入第三方专家的评价，即需要引入综合评价体系。将量化数据与专家评价相结合，从而使得结果更具可信度与说服力。最后，数字化转型评价体系需要做好后续维护工作。对于行业接受度高的评价体系，可以通过公司自评申请、专家复核、行政机构终评的方式开展相关工作。证券公司数字化转型评估过程中出现的任何问题，需要由公司、专家、行政机构三方协商解决。对于适用评价体系过程中的异议，证券公司需要及时反馈。对于问题的处理需要公开、公正，以维护评价体系的权威性和影响力，并最终推动证券公司不断深化数字化转型。

1. **数字化战略（S_1）**

证券公司的数字化转型，首先看机构是否制定了数字化转型战略，以及将在多大程度上付出努力。该指标包含数字战略制定（S_{11}）、研发投入强度（S_{12}）、数字转型实施（S_{13}）等 3 个二级指标。数字化战略得分计算方法：

$$Score(S_1^i) = Score(S_{11}^i) \times 50\% + Score(S_{12}^i) \times 25\% + Score(S_{13}^i) \times 25\%$$

数字战略制定是主导证券公司数字化转型的基本依据，决定着转型的总体规划、方向、时间和目标，评价方法为查询证券公司公布的年度报告内容，如果有关于数字化发展相关的论述则赋值为 1，否则赋值为 0。数字战略制定得分计算方法：

$$Score(S_{11}^i) = \begin{cases} 1, \text{证券公司 } i \text{ 有数字战略规划} \\ 0, \text{证券公司 } i \text{ 无数字战略规划} \end{cases}$$

研发投入强度，即信息技术投入强度，是证券公司年度信息技术投入与营业收入之比，表现了证券公司在布局数字化发展方面的核心战略。研发投入强度得分计算方法：

$$Score(S_{12}^i) = \frac{S_{12}^i}{S_{12}^{max}}$$

数字转型实施采用是否上市作为评价指标，证券公司已上市则赋值为 1，否则赋值为 0。查阅证券公司 IPO 招股说明书可以发现，众多证券公司上市的目的之一就是通过募集资金打造更加智能、更加庞大的数字化系统，以支持集团在全国的各项业务更高质量开展。

$$Score(S_{13}^i) = \begin{cases} 1, \text{证券公司 } i \text{ 为上市公司} \\ 0, \text{证券公司 } i \text{ 为非上市公司} \end{cases}$$

2. 数字化业务（S_2）

包括平台用户数量（S_{21}）、技术专利数量（S_{22}）和数字系统数量（S_{23}）等 3 个二级指标。

$$Score(S_2^i) = Score(S_{21}^i) \times 40\% + Score(S_{22}^i) \times 40\% + Score(S_{23}^i) \times 20\%$$

平台用户数量，证券公司数字化平台注册用户数量，表现了数字化业务的用户规模及市场占有率，但由于数据无法直接观测，本报告选取证券公司

App 下载量作为替代，下载量越高说明用户数量越大。

$$Score(S_{21}^i) = \frac{S_{21}^i}{S_{21}^{max}}$$

技术专利数量，证券公司通过数字技术研发申请的发明专利数量，体现了技术创新成果，是数字化转型核心竞争力的重要组成部分。技术专利数量得分计算：

$$Score(S_{22}^i) = \frac{S_{22}^i}{S_{22}^{max}}$$

数字系统数量，网站、App、小程序等数字系统都作为证券公司数字化业务实际载体，起到了将传统的金融业务、机构管理、内部流程从线下转到线上的作用，本报告用证券公司所注册的软件著作权数量作为指标数据。数字系统数量得分计算：

$$Score(S_{23}^i) = \frac{S_{23}^i}{S_{23}^{max}}$$

3. 数字化能力（S_3）

包括信息技术投入（S_{31}）、数字人才数量（S_{32}）和数字化影响力（S_{33}）等 3 个二级指标。数字化能力得分计算：

$$Score(S_3^i) = Score(S_{31}^i) \times 40\% + Score(S_{32}^i) \times 30\% + Score(S_{33}^i) \times 30\%$$

信息技术投入，证券公司上一年度在数字化转型发展方面的总体投入水平，对数字化战略实施、转型进度、目标完成情况有直接影响。信息技术投入得分计算方法：

$$Score(S_{31}^i) = \frac{S_{31}^i}{S_{31}^{max}}$$

数字人才数量，是证券公司实现数字化转型的核心能力要素，数字技术创新、数字系统设计、数字平台开发、数字业务运营都需要数字技术人才的深度参与，数字技术人才团队的建立对数字化转型起着决定性作用。数字人才数量得分计算方法：

$$Score(S_{32}^i) = \frac{S_{32}^i}{S_{32}^{max}}$$

数字化影响力，选取证券公司是否获奖作为具体衡量指标。《证券时报》主办的"2021中国证券业App君鼎奖评选"中，有49家证券公司在数字化方面获奖，加之《证券时报》的报道宣传，提升了机构的影响力。数字化影响力得分计算方法：

$$Score(S_{33}^i) = \frac{S_{33}^i}{S_{33}^{max}}$$

4. 数字化治理（S_4）

包括数据标准控制（S_{41}）、风险动态监控（S_{42}）和内部治理质量（S_{43}）等3个二级指标。数字化治理得分计算：

$$Score(S_4^i) = Score(S_{41}^i) \times 40\% + Score(S_{42}^i) \times 30\% + Score(S_{43}^i) \times 30\%$$

数据标准控制，表示证券公司在数据治理、信息披露方面是否制定了完善的标准。因数据无法直接观测，选取年度报告页数作为代理变量。证券公司的年度报告是中国证监会严格要求必须披露的报告，包括企业介绍、人员情况、财务指标、经营情况、公司治理等内容，是证券公司综合性、重要性最强的报告。年度报告的页数，在一定程度上反映了证券公司数据标准建设情况。

$$Score(S_{41}^i) = \frac{S_{41}^i}{S_{41}^{max}}$$

风险动态监控，表示证券公司是否建立了动态信用风险、市场风险、操作风险、流动性风险、信息技术风险、声誉风险、合规风险以及系统性风险等识别、监控与预警系统。建立赋值为1，未建立赋值为0。

$$Score(S_{42}^i) = \begin{cases} 1,\text{证券公司 } i \text{ 建立了风险动态监控} \\ 0,\text{证券公司 } i \text{ 未建立风险动态监控} \end{cases}$$

内部治理质量，表示证券公司基于数字化技术的风险控制系统运行质量，如果证券公司本年度内没有出现违规、诉讼、处罚等问题，说明内部治理质量较高，赋值为1；如果证券公司本年度内出现了违规、诉讼、处罚等问题，说明内部治理质量较低，赋值为0。

$$Score(S_{43}^i) = \begin{cases} 1,\text{证券公司 } i \text{ 内部治理质量高} \\ 0,\text{证券公司 } i \text{ 内部治理质量低} \end{cases}$$

以上所构建的证券公司数字化转型评价体系中，除特殊说明外，各项指标数据均来自2021年各证券公司披露的年度报告。为了获得这些数据，本报告全面查询了140家证券公司年度报告披露的信息。

三 证券公司数字化转型评价结果

依据前文介绍的数字化转型评价体系，本报告以2021年我国140家证券公司为样本，对全行业证券公司数字化转型情况进行评价，排名情况见表2。

表2 2021年证券公司数字化转型评价结果排名

公司简称	数字化转型综合评价	数字化战略	数字化业务	数字化能力	数字化治理
国泰君安	1	26	1	2	18
广发证券	2	31	2	7	25
华泰证券	3	11	7	1	10
东方证券	4	24	5	10	19
海通证券	5	34	4	6	108
国信证券	6	19	12	8	26
安信证券	7	47	10	13	113
中信证券	8	36	8	3	44
方正证券	9	9	15	16	28

公司简称	数字化转型综合评价	数字化战略	数字化业务	数字化能力	数字化治理
兴业证券	10	27	6	18	32
东方财富	11	3	11	22	66
财通证券	12	4	53	20	23
东北证券	13	29	16	29	24
光大证券	14	25	20	19	21
招商证券	15	18	19	5	109
国金证券	16	7	33	17	39
中金公司	17	12	37	4	9
中国银河	18	32	17	9	15
申万宏源	19	28	34	12	57
中信建投	20	23	9	15	20
东吴证券	21	2	38	27	12
财达证券	22	17	69	75	7
湘财证券	23	44	3	24	40
平安证券	24	48	13	11	116
第一创业	25	8	54	43	30
国联证券	26	13	26	59	3
华林证券	27	1	41	30	4
国元证券	28	22	22	49	31
财通证券资管	29	39	87	26	16
华安证券	30	20	21	38	29
中泰证券	31	5	32	14	17
山西证券	32	16	52	23	8
华西证券	33	21	29	33	37
西南证券	34	6	39	34	42
德邦证券	35	40	23	61	58
西部证券	36	33	79	31	33
南京证券	37	15	49	48	6
长江证券	38	14	24	21	27
渤海汇金资管	39	53	100	114	91
长城证券	40	30	86	25	36
上海证券	41	50	18	52	60
国盛证券	42	45	55	55	38

公司简称	数字化转型综合评价	数字化战略	数字化业务	数字化能力	数字化治理
浙商证券	43	37	43	41	22
网信证券	44	38	131	105	124
中银国际	45	10	67	42	112
华福证券	46	52	64	28	114
恒泰证券	47	46	51	53	51
中原证券	48	35	27	69	34
东兴证券	49	57	42	36	46
开源证券	50	49	56	63	2
世纪证券	51	41	68	60	122
恒泰长财	52	54	116	130	11
首创证券	53	51	65	86	56
国海证券	54	60	40	40	35
华泰联合	55	55	81	131	78
东莞证券	56	63	28	47	14
长城国瑞	57	42	25	97	68
北京高华	58	73	99	65	82
爱建证券	59	75	70	101	126
粤开证券	60	43	80	56	45
天风证券	61	59	31	51	5
渤海证券	62	105	83	71	54
中金财富	63	56	30	138	138
红塔证券	64	61	77	54	1
安信证券资管	65	111	107	122	89
太平洋证券	66	58	91	66	43
川财证券	67	70	88	98	70
财信证券	68	107	60	73	120
诚通证券	69	92	95	70	117
大同证券	70	76	59	99	127
大通证券	71	78	101	93	133
星展证券	72	62	132	102	96
五矿证券	73	100	14	74	131
东海证券	74	82	76	68	128
大和证券	75	112	108	124	85

公司简称	数字化转型综合评价	数字化战略	数字化业务	数字化能力	数字化治理
国融证券	76	99	35	84	136
华宝证券	77	67	61	46	87
华鑫证券	78	68	63	35	61
国都证券	79	97	75	76	110
东亚前海	80	110	73	81	62
德邦证券资管	81	113	102	112	53
第一创业承销保荐	82	114	109	123	86
华创证券	83	98	46	39	63
国开证券	84	86	114	83	47
广发证券资管	85	132	45	128	104
万联证券	86	96	47	32	125
东方证券承销保荐	87	115	110	119	100
高盛高华	88	109	113	109	84
东证融汇资管	89	116	111	126	83
方正证券承销保荐	90	117	112	127	92
信达证券	91	106	57	37	130
汇丰前海	92	66	119	80	101
联储证券	93	83	48	57	76
国盛证券资管	94	118	115	129	105
华金证券	95	80	44	82	137
金圆统一	96	65	106	106	75
国新证券	97	119	105	113	49
申港证券	98	102	36	89	73
瑞银证券	99	74	122	64	80
民生证券	100	108	71	62	135
华龙证券	101	94	84	72	41
宏信证券	102	87	104	95	59
万和证券	103	91	96	58	115
华兴证券	104	71	94	94	74
九州证券	105	84	58	90	121
金元证券	106	88	66	78	129
江海证券	107	89	93	77	72
摩根大通	108	77	121	87	90

公司简称	数字化转型综合评价	数字化战略	数字化业务	数字化能力	数字化治理
瑞信证券	109	81	89	96	139
新时代证券	110	104	74	85	132
摩根士丹利	111	90	103	103	103
华泰证券（上海）资管	112	120	117	132	52
华英证券	113	121	118	133	140
国泰君安资管	114	122	125	104	67
金通证券	115	123	120	125	106
光大证券资管	116	124	124	108	13
海通证券资管	117	125	126	107	102
野村东方国际	118	64	98	88	71
天风证券资管	119	126	130	110	107
东方证券资管	120	127	123	134	55
甬兴证券资管	121	128	127	118	88
申万宏源西部	122	129	128	135	93
申万宏源承销保荐	123	130	129	136	97
银泰证券	124	69	72	50	134
兴证证券资管	125	131	133	115	50
中山证券	126	79	62	44	118
中航证券	127	103	92	45	111
英大证券	128	85	50	79	123
甬兴证券	129	72	85	92	94
中邮证券	130	95	78	67	119
中天国富	131	101	90	91	64
中天证券	132	93	97	100	65
长江证券承销保荐	133	139	135	120	81
长江证券资管	134	133	134	137	48
招商证券资管	135	134	136	111	95
浙商证券资管	136	135	137	121	98
中信证券（山东）	137	136	82	139	99
中德证券	138	137	138	117	79
中泰证券资管	139	138	139	116	77
中信证券华南	140	140	140	140	69

资料来源：Wind、证券公司年报、山东省亚太资本市场研究院。

（一）TOP20数字化转型评价结果分析

TOP20中，数字化转型综合评价得分均值为68.29分，而上年是77.72分。从具体分项指标来看，TOP20数字化战略得分平均值为93.18分，说明这些公司均十分重视数字化转型战略，TOP20公司中除了安信证券外，其余19家均已上市，上市公司在资产规模、资金实力以及金融资源等方面更具优势，发展数字化转型战略相对顺利。报告期内，安信证券高度重视数字化业务开展，重视金融科技与金融业务的融合，将人工智能、大数据与财富管理深度结合，打造"更懂你"的手机App，搭建独具特色的智能交易工具、增值策略服务产品矩阵、"保姆式"金融理财智能陪伴、精品投顾直播、行业领先的资产全景视图等功能，利用数字化场景服务客户，App用户突破763万人，人均单日启动次数14.63次，行业排名第一，日人均在线时长位居行业第三，用户活跃度达行业领先水平。"问问小安"在线服务平台全年服务超65.83万人次，智能服务占比63%。TOP20证券公司数字化业务得分均值为39.87分，数字化能力得分均值为49.37，数字化治理得分均值为82.67，说明这些公司普遍重视风控体系的建设，建立动态风控系统，加强对金融交易的监管和管理。

从TOP20数字化转型综合得分来看，国泰君安（601211.SH）位居行业第一。按照100分计算，得分为（80，90］的有3家，分别是广发证券（000776.SZ）、华泰证券（601688.SH）和东方证券（600958.SH）；得分在（70，80］的有2家，分别是海通证券（600837.SH）和国信证券（002736.SZ）；得分在（60，70］的有6家，分别是安信证券、中信证券（600030.SH）、方正证券（601901.SH）、兴业证券（601377.SH）、东方财富（300059.SZ）和财通证券（601108.SH）。

（二）全行业数字化转型评价结果分析

2021年，全国140家证券公司数字化转型综合得分平均值为28.47分，平均值较低，整体来看，我国证券行业数字化转型仍处在初级阶段，很多中小券商甚至还未提出数字化转型战略。以10分为一个区间划分数字化转型得分,从图1可以看出,大部分证券公司数字化转型综合得分较低,50分及以下的有113家,占比为80.71%。行业数字化转型两极分化情况较为严重,80%以上的公司仍在起步或者探索阶段,只有少部分头部券商如国泰君安(601211.SH)、广发证券(000776.SZ)等实现了"数字券商",正加速向全面数字化阶段迈进。

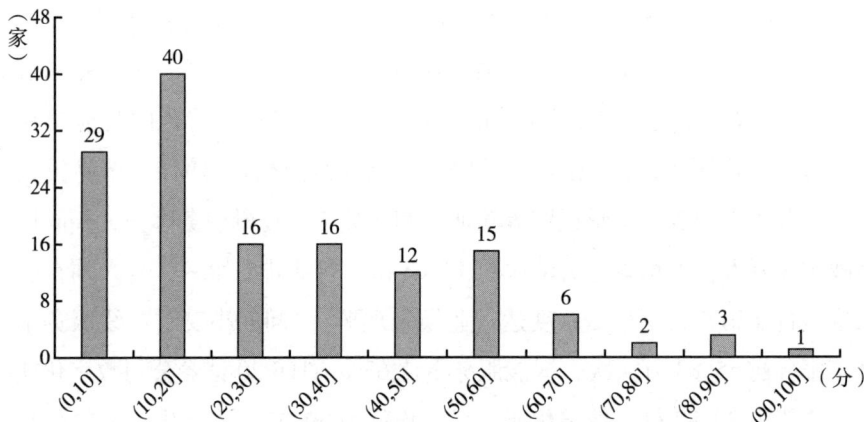

图1 2021年证券公司数字化转型得分区间与数量分布

资料来源:证券公司年报、山东省亚太资本市场研究院。

从分项指标来看,140家证券公司数字化战略平均得分为35.74分,其中有81家公司未制定数字化战略。数字化业务平均得分为7.88分,与其他一级指标相比得分最低,目前我国券商的数字化应用程度较低,部分券商虽然提出数字化战略,但受制于资金流动性或监管等要求,数字化业务开展仍在计划阶段,平台用户数量、专利数量、软件著作数量等偏低,数字化业务发展远低于战略规划、能力建设和数字治理程度。数字化能力平均得分为11.47分,券商信息技术投入有待进一步提高,金融科技赋能证券行业数字化转型,前期必须加大信息技术投入力度,引进优质科技人员,积极进行数字化业务探索。另外,"2021中国证券业App君鼎奖评选"中,有49家证券公司在数字化方面获奖,未来要继续鼓励证券公司参与数字化评奖工作,并以此激励券商进行数字化转型。数字化业务开展缓慢，数字化能力偏低，是行业数字化转型综合评价得分较低的主要原因。数字化治理平均得分为41.76 分，高于数字化战略、数字化业务和数字化能力平均得分。目前证券公司在风控信息化方面的投入较多，在中国证监会监管力度不断加大情况下，券商普遍重视动态风险调控体系建设，依法合规经营。

2021 年证券公司数字化转型综合得分排名前三的分别是国泰君安（601211. SH）、广发证券（000776. SZ）和华泰证券（601688. SH）。报告期内，国泰君安（601211. SH）高度重视对科技的战略性投入，持续推进自主金融科技创新，是金融科技在证券行业应用的先行者。国泰君安发布实施《全面数字化转型整体方案》，全面推进数字化转型，持续优化以"国泰君安君弘"App 为核心的数字化财富管理平台和以"国泰君安道合"App 为核心的机构客户服务平台，深入推进各业务线重要系统建设和管理数字化。期末"国泰君安君弘"手机终端用户 3790 万户，平均月活用户数排名行业第 2 位，道合平台机构用户累计超过 5.5 万户，覆盖机构和企业客户 9047家。2022 年，国泰君安以"综合化服务、数字化经营、国际化布局、集团化管控"施工图为抓手，加速推进全面数字化转型、升级打造协同 2.0 模式、加快数字化转型升级。华泰证券（601688. SH）从 2013 年就开始全力打造"涨乐财富通"，引领行业零售业务历史性变革，再到 2019 年率先启动全面数字化转型，创新业务与管理模式，推动科技赋能从局部突破向整体覆盖。截至报告期末，"涨乐财富通"累计下载量 6531.96 万次，月活数已达 1101.81 万户，居证券公司类 App 第 1 名。广发证券（000776. SZ）坚持以科技创新引领业务发展，不断加大金融科技投入力度，主动运用先进理念、技术和工具，持续提升公司金融科技与业务的深度融合及数字化水平。拥有行业领先的投研能力，连续多年获得"新财富本土最佳研究团队"第 1名、"金牛研究机构"等行业权威奖项，构建"研究+N"经营模式；拥有行业领先的财富管理能力，通过全国 309 家分公司及营业部、4000 余名证券投资顾问，为近 1500 万名客户提供财富管理服务。

自中国人民银行发布《金融科技（FinTech）发展规划（2019—2021

年）》以来，金融行业数字化稳步推进，对信息科技重视程度不断增强。数字化逐渐成为券商竞争的隐形主赛道。尽管证券行业经纪交易等标准化业务已经广泛进行数字化转型，但在营运决策、合规、投行等依靠人力和经验的业务领域尚未大规模应用。随着金融科技的不断发展，各类新型金融服务形式出现，既是证券公司经纪、财富管理、资产管理等业务领域的机遇，也是挑战。证券公司要顺应第四次工业革命发展趋势，把握数字化、网络化、智能化发展机遇，共同探索新技术、新业态、新模式，探寻新的增长动能和发展路径。证券公司已进入数字化转型的深水区，不进则退，必须目标坚定、加速前行，必须与时俱进，不断深耕科技金融领域并加速实现业务转型升级，以应对技术革新对证券行业造成的冲击，适应新的竞争格局。

参考文献

华泰证券课题组、朱有为：《证券公司数字化财富管理发展模式与路径研究》，《证券市场导报》2020 年第 4 期。

专题篇
Special Topic Reports

B.6
中国证券公司并购研究（2022）

吴奉刚　江　强*

摘　要： 证券行业在发展过程中先后经历了四次并购浪潮：分业经营、综合治理、"一参一控"、市场化并购。受环境影响，2021 年证券公司并购市场并不活跃，并呈现以下特点：一是在 15 起券商并购重组事件中，大多数是证券公司股东间的横向并购，仅 3 起是证券公司发起的纵向并购；二是国有金融控股平台是证券公司并购重组中的重要力量；三是处置问题标的、问题股东是触发并购的重要因素；四是破产重整、司法拍卖等司法路径成为实现证券公司并购的重要途径；五是差异化是促成证券公司纵向并购的重要动因；六是合资券商的外资股东寻求全资控股的进程加快；七是导致证券公司并购重组失败的原因各异，比如定价过高、诉求不和、同质化、少数股

---

* 吴奉刚，山东财经大学金融学院副教授，硕士生导师，研究领域为金融政策、资产定价、企业改制与 IPO、并购重组、资产证券化等；江强，山东工商学院自贸区研究院副院长，研究领域为出口贸易与经济增长、全球价值链、国际分工陷阱。

权等，但从价值角度来看，证券牌照资源竞争力下降也许是并购失败的根本原因。展望我国证券公司并购的发展趋势，本文认为打造我国的国际级券商还任重而道远，我国特有的股权结构在很大程度上阻碍了券商的并购重组、做大做强，国企改革、金控申设或将引发一波并购潮，差异化发展仍是中小券商的破局方向。

关键词： 证券行业　证券公司　并购　国企改革

自 1987 年新中国第一家证券公司成立以来，证券行业在发展过程中先后经历了四次并购浪潮：分业经营、综合治理、"一参一控"、市场化并购。整体来看，券商间通过并购重组实现了优胜劣汰、规模扩张、提升实力、做大做强，推动了行业规模的迅速增长。本文结合历史与现实，分析了 2021 年发生的 15 起证券公司并购重组事件的特点及原因，并对我国证券公司并购重组的趋势进行了展望。

一　我国证券公司的四次并购浪潮

自 1987 年新中国第一家证券公司——深圳经济特区证券公司成立以来，证券行业在发展过程中先后经历了四次并购浪潮：分业经营、综合治理、"一参一控"、市场化并购（见图 1）。整体来看，券商间通过并购重组实现了优胜劣汰、规模扩张、提升实力、做大做强，推动了行业规模的迅速增长。其中，中信证券（600030.SH）、华泰证券（601688.SH）等头部券商借助多次成功并购奠定了行业龙头的地位，而华创证券、天风证券（601162.SH）等几家中小券商也借同业并购整合走向全国布局，快速提升了资本实力。

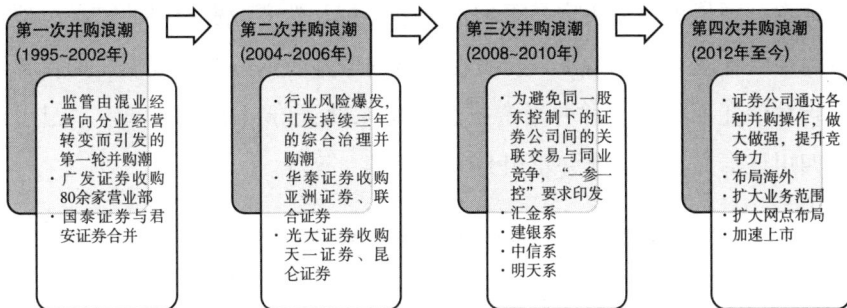

图 1　我国证券公司并购的四次浪潮

资料来源：中国证监会网站、山东省亚太资本市场研究院。

（一）第一次并购浪潮——混业经营向分业经营转变（1995～2002年）

混业经营向分业经营转变的过渡期引发第一次并购浪潮。我国证券业发展初期采用混业经营模式，彼时机构内部管控与行业监管方兴未艾造成金融秩序混乱，银行与其关联的证券经营机构私下互为融通款、券，信托公司挪用证券公司的客户保证金来归还融资款项等事件的发生加剧了金融风险。为此，国家出台一系列法律法规以确立分业经营体制：1995年出台《商业银行法》规定商业银行不得从事信托投资和股票业务；1996年出台《关于人民银行各级分行与其投资入股的证券公司脱钩问题的通知》，推动银行、证券、保险的分业经营；1999年出台《证券法》对证券公司实行分类管理，明确证券业务为专营业务；2001年出台《信托法》要求信托公司停止存款业务、放弃结算业务、剥离证券经纪与承销资产。至此，银信、银证、信证明确分离，证券业进入分业经营时代。

经过行业最初十余年的发展，许多券商产生增厚资本实力、扩充营业网点的需求，完成这一目标最迅速的手段便是并购。1999年《证券法》规定综合类券商最低资本为5亿元，2001年中国证监会颁布《关于证券公司增资扩股有关问题的通知》，规定证券公司增资扩股属于企业行为，凡依法设

立的证券公司均可自主决定是否增资扩股，打开券商增资扩股的需求。地方
性券商在当地政府的扶持下，纷纷在区域内兼并收购以扩大规模。如吉林证
券与吉林信托证券部合并并增资扩股组建东北证券（000686.SZ），四川证
券与四川证券交易中心合并重组为华西证券，等等。

（二）第二次并购浪潮——综合治理化解经营风险（2004~2006年）

2000~2006年，我国证券市场持续低迷，券商资本实力、风险管理能力
较弱，加剧了证券行业的经营风险。2002年，中国证监会发布《关于调整
证券交易佣金收取标准的通知》，规定最高上限（交易金额的3‰）向下浮
动的佣金收费标准，引发佣金价格战。佣金自由化导致券商经营问题不断暴
露，如华夏证券、亚洲证券等券商均暴露出严重的经营危机，为应对券商的
经营危机，证券业展开了为期三年的综合治理。

综合治理带动了行业内的第二次大规模整合，整合的方式主要包括优质
同业券商收购以及政府部门和国家政策性投资公司对证券公司股权的大规模
重组和注资，以挽救危机中的证券企业。中信证券（600030.SH）自2004年
开启一系列并购活动，先后联合长江证券（000783.SZ）券商及金融机构投资
重组华夏证券成立中信建投（601066.SH）。同时抓住行业洗牌期机遇收购万
通证券、金通证券，拓展山东、浙江市场，收购华夏基金增设买方业务条线。
整合完成后，2006年起中信证券（600030.SH）营收及净利润上升至行业第一，
奠定行业龙头地位。华泰证券（601688.SH）收购亚洲证券、联合证券完成全国
性布局；广发证券（000776.SZ）先后托管锦州证券、武汉证券等继续扩大规
模。汇金公司先后注资支持中国银河（601881.SH）、申银万国和国泰君安
（601211.SH），建银投资则采用市场化方式对中投证券、中金公司（601995.SH）
等六家证券公司进行重组。监管层持续鼓励券商做大规模，提高抵御风险能力。
国际投行也借此机会低成本扩张，如瑞银集团重组北京证券。

综合治理后，证券业开始规范化运营，行业集中度显著提升，资源配置
效率的提升带来行业营收规模的扩大和盈利水平的提高。根据106家券商在中
国证券业协会网站上公布的2007年经审计的年报数据，全年所有券商营业收

入合计 3298.54 亿元，较 2006 年增加 2587.39 亿元，同比增长幅度高达 363.8%；归属于母公司的合计净利润额 1376.50 亿元，较 2006 年增加 1098.59 亿元，同比增长 395.3%；券商的总资产合计 18972.94 亿元，较 2006 年增加 12001.51 亿元，同比增幅达 172.2%。行业利润总额 CR20 共实现利润 898.15 亿元，占 106 家券商总额的 65.3%；行业股债承销额 CR5 占比为 66.17%。

（三）第三次并购浪潮——"一参一控"解决同业竞争（2008～2010年）

综合治理期间，中央汇金投资有限责任公司（中央汇金）、中国建银投资有限责任公司（建银投资）等对部分运营困难的证券公司注资入股，造成了同一股东控股或参股多家证券公司的局面，可能导致同业竞争或者关联交易的情况。为解决这一问题，2008 年国务院颁布《证券公司监督管理条例》，规定一家机构或者受同一实际控制人控制的多家机构参股证券公司的数量不得超过两家，其中控股证券公司的数量不得超过一家。一些金控平台纷纷通过整合、转让股份的方式应对"一参一控"的制约，由此产生第三次行业并购潮，涉及 20 家左右的证券公司。

中央汇金、建银投资等大型金控平台控股多家证券公司，"一参一控"使其格局发生较大变化。但从表 1 的最终整合结果来看，中央汇金作为代表国家依法对国有重点金融企业出资人的行使权利和履行义务的国有独资企业，并没有完全遵循"一参一控"的规则约束，中央汇金通过直接持股控股了中金公司（601995.SH，40.11%）和中信建投（601066.SH，47.04%），与全资子公司建银投资合计持股 49.70% 控股了申万宏源（000166.SZ，直接持股 20.05%），还通过控股公司中国银河金融控股有限责任公司（银河金控）实际控制中国银河（601881.SH，间接持有 50.91% 的股权）。建银投资持有申万宏源（000166.SZ）26.34% 的股权，为第一大股东，但实际控制人为中央汇金；建银投资还参股西南证券（600369.SH），持股比例为 5.82%。申万宏源（000166.SZ）的并购重组成为我国证券史上规模最大的并购案。

拥有恒泰证券、新时代证券、长财证券、太平洋证券（601099.SH）和远东证券五张券商牌照的"明天系",是国内最大民营背景的券商方阵。在"一参一控"的政策下,"明天系"也进行了整合:由新时代证券吸收合并远东证券,将长财证券正式并入恒泰证券,同时将太平洋证券(601099.SH)转让予山东九羊。该阶段中小券商系规模较小、业务相对单一,通过并购,民营中小券商全部达到了"一参一控"的标准。

表1　第三次并购浪潮券商重要并购重组事件

	券商	年份	处置方式	直接持股比例(%)	控制关系
汇金系	中投证券	2009	获建银转让股份后被中金合并	—	—
	中金公司	2010	获建银转让股份后控股	40.11	直接控股
	中信建投	2010	获建银转让股份	47.04	直接控股
	国泰君安	2011	与上海国际所持申万宏源股份置换	—	—
	瑞银证券	2014	转让至广东交通集团	—	—
	申万宏源	2015	并购宏源证券后成实际控制人(与全资子公司建银投资合计持股49.70%)	20.05	合并控股
	中国银河		通过控股公司银河金控持有银河证券50.91%的股权	—	间接控股
建银系	西南证券	2008	转让股份至重庆渝富	5.82	参股
	中投证券	2009	转让股份至汇金	—	—
	中信建投	2010	转让股份至汇金	—	—
	中金公司	2010	转让股份至汇金	—	—
	瑞银证券	2011	转让股份至汇金	—	—
	齐鲁证券	2014	公开出售股权	—	—
	申万宏源	2015	与申银万国合并(与母公司中央汇金合并持股49.70%,中央汇金为实际控制人)	26.34	第一大股东
明天系	新时代证券	2009	收购远东证券	47.92	控股
	远东证券	2009	被新时代证券收购	—	—
	恒泰证券	2009	收购长财证券(由明天系参股)	14.03	参股
	长财证券	2009	由恒泰证券收购	—	—
	太平洋证券	2010	转让股份至山东九羊	—	—

	券商	年份	处置方式	直接持股比例(%)	控制关系
中信系	中信建投	2010	转让大部分股份至国资委	7.55	参股
	中信金通	2011	转为区域子公司	—	—
	中信万通	2014	转为区域子公司	—	—

资料来源：各证券公司年报、山东省亚太资本市场研究院。

（四）第四次并购浪潮——市场化并购（2012年至今）

面对经济转型机遇，在监管支持引导下，为打破当前同质化的红海竞争格局成为领先券商，证券行业掀起了第四波并购重组浪潮。与前三次的集中并购不同，这轮并购重组开始向市场驱动转变，并购的期限较长，并购范围较大，主要通过强强联手、业务互补、区域整合、海外并购等手段来提升市场竞争力。

1. 强强联手

通过"大券商+大券商"整合打造航母级券商。如中金公司（601995.SH）收购中投证券，实现在财富管理、投行等业务的协同效应。

2. 业务互补、推进转型

2010年开始，头部券商陆续进行财富管理转型，积极通过并购获取并购标的的零售资源，并完成对弱势业务的短板补齐。2016年中金公司（601995.SH）收购了其主要股东汇金公司手中的中投证券全部股权，交易价格为167亿元。在并购前，中金公司（601995.SH）与中投证券同属于中央汇金控股参股的证券公司，这次收购虽然仍具有政策背景，但又兼具市场化因素，双方的整合实现了业务结构上的互补，整合结束后的合并企业整体规模显著扩大，主要指标跃升至行业第一梯队，公司的综合竞争实力大幅提升。

3. 区域整合

区域整合的典型案例是中信证券（600030.SH）定增收购广州证券，中信证券（600030.SH）通过并购，大幅增加了在广东地区的营业部数量，进而覆盖了中国31个省（区、市）的营业网点。同样，广州证券借助中信证券区域上的优势，通过中信证券（600030.SH）的主要股东和华南地区的客户网络挖掘业务资源，广州证券进一步完善财富管理布局以提高自身实力。

4.海外并购

通过收购海外投行可加速本土券商的国际化进程，开展全球范围的综合金融服务，部分积极开展海外布局的券商可通过海外并购实现国际化，以此形成市场化激励机制，促进长期发展和效率提升。2012年中信证券（600030.SH）收购里昂证券开始布局海外业务，2013年、2014年海通先后收购恒信金融集团、葡萄牙圣灵银行、日本吉亚投资银行，2015年光大收购新鸿基金融集团，2016年华泰并购Assetmark。

二 2021年证券公司并购重组的特点分析

受环境影响，2021年证券公司并购市场并不活跃，共有15起券商并购重组事件，其中绝大多数（13起）是证券公司股东间的横向并购，仅3起①是证券公司发起的纵向并购。2021年券商并购重组呈现以下特点。

（一）国有金融控股平台是证券公司并购重组中的重要力量

从信披情况来看，公告称签署协议的并购事件有11起，其中有5家主体属于国有金融控股平台，中国诚通控股集团有限公司（中国诚通）、国新资本有限公司（国新资本）作为央企金融控股平台分别完成了对新时代证券股份有限公司（新时代证券）、华融证券股份有限公司（华融证券）的收购；青岛国信发展（集团）有限责任公司（青岛国信）、武汉金融控股（集团）有限公司（武汉金控）作为地方金融控股平台分别发起了对国融证券

---

① 其中1起（指南针）是为获取券商牌照而发起的。指南针不是挂牌机构，不是严格意义上的券商，为避免歧义，特此说明。

股份有限公司（国融证券）、民生证券股份有限公司（民生证券）股份控股权的收购，但由于种种原因终止；开源证券实施了增资，其第一大股东仍为陕西煤业化工集团有限责任公司（陕煤化，持有58.80%的股权），实际控制人为陕西省国资委（合并持有74.48%）（见表2）。

表 2　国有金融控股平台参与的并购事件

序号	标的公司	出让方		受让方		交易方式	交易进程
		名称	缘由	名称	缘由		
1	新时代证券	上海宜利等	问题股东	中国诚通	产业布局	挂牌转让	完成
2	华融证券	中国华融	问题股东回归主业	国新资本	产业布局	挂牌转让	完成
3	开源证券	开源证券	增强实力	陕西省国资委等原股东	提升竞争力	增资扩股	完成
4	国融证券	长安投资等	资金压力	青岛国信	产业布局	协议转让	失败(价格过高)
5	民生证券	泛海控股	资金压力	武汉金控	产业布局	协议转让	失败(股权冻结，诉求不和)

资料来源：各证券公司公告及年度报告、山东省亚太资本市场研究院。

以中国诚通收购新时代证券为例，2021年12月14日，北京产权交易所公告称，新时代证券股权转让方与中国诚通签署产权交易合同，中国诚通收购新时代证券98.24%（28.59亿股）的股权，转让价格为131.35亿元。东兴证券、西南证券等前期有意向并购的券商退出。2022年3月，中国证监会核准同意新时代证券主要股东变更及其控股的融通基金管理有限公司实际控制人变更。本次收购完成，新时代证券正式成为央企子公司。

中国诚通成立于1992年，旗下拥有多家上市公司，是国家管网、中国绿发等多家一级央企的主要股东。此外，先后参与中石化国勘公司多元化改造和重组，托管中国铁路物资集团有限公司，牵头组建国海海工装备资产处置平台、中化海外油气资产管理平台，分批接收党政机关培训疗养机构经营性资产。截至2021年12月31日，中国诚通总资产4934.54亿元、净资产2311.92亿元，实现营业收入1711.12亿元、净利润110.06亿元。

中国诚通收购新时代证券的主要动因有：①完成金融产业布局，实现对证券公司的"一参一控"。金融板块方面，中国诚通全资控股诚通基金管理有限公司、诚通通盈基金管理有限公司、诚通商业保理有限公司，控股诚通保险经纪（上海）有限公司，参股了中国国际金融、东兴证券（601198.SH，1.04%股权）。此次成功收购，中国诚通持有新时代证券98.24%股权，实现了对券商的"一参一控"。②中国诚通作为中央企业国有资本运营公司，将充分发挥"基金投资、股权运作、资产管理、金融服务"的主要功能，按照金融监管规定，进一步完善新时代证券的公司治理结构，严控金融业务风险，加强资源整合和业务协同，提升服务中央企业的金融能力，全力推动新时代证券持续健康发展。

（二）问题标的、问题股东是触发并购的重要原因

在2021年实施的券商并购事件中，有7起由问题股东或问题标的触发（见表3）。

表3　问题标的、问题股东涉及的并购事件

序号	标的公司		交易方式	出让方		受让方		交易结果
	名称	状况		名称	缘由	名称	缘由	
1	新时代证券	被接管	挂牌转让	上海宜利等	问题股东	中国诚通	产业布局	完成
2	华融证券	业绩下滑	挂牌转让	中国华融	问题股东回归主业	国新资本	产业布局	完成
3	方正证券	经营正常	重整投资	重整管理人	股东破产重整	平安人寿等新方正集团	完善产业链布局	待核准
4	太平洋证券	经营正常	司法拍卖	北京嘉裕	股东违约	华创证券	增强在西南地区影响力	待核准
5	网信证券	破产重整	重整投资	重整管理人	破产重整	指南针	券商牌照互联网券商	完成
6	国融证券	业绩波动	协议收购	长安投资等	资金压力	青岛国信	产业布局	失败（价格过高）
7	民生证券	经营正常	协议收购	泛海控股	资金压力	武汉金控	产业布局	失败（股权冻结、诉求不和）

资料来源：各证券公司年度报告、山东省亚太资本市场研究院。

1. 问题股东——中国华融

2021 年 12 月 3 日，中国华融资产管理股份有限公司（中国华融）发布公告，根据有关监管要求，公司于北京金融资产交易所发布华融证券股权转让信息及有关材料，转让标的为公司持有的华融证券 71.99% 股权。2022 年 1 月 27 日，中国华融公告称，公司已与意向受让方中国国新控股有限责任公司（国新控股）子公司国新资本签署国有产权交易合同，本次转让的对价为 109.33 亿元。本次转让完成后，中国华融将不再拥有华融证券任何权益，且华融证券不再为中国华融的附属公司。2022 年 6 月 23 日，中国华融公告称，中国证监会核准国新资本成为华融证券主要股东，核准国新控股成为华融证券实际控制人。

中国华融成立于 1999 年 11 月 1 日，是为应对亚洲金融危机、化解金融风险、促进国有银行改革和国有企业脱困而成立的四大国有金融资产管理公司之一。2015 年 10 月 30 日，中国华融在香港联交所主板上市（2799. HK）。截至 2021 年末，中国华融设有 33 家分公司，服务网络遍及国内 30 个省（区、市）和香港、澳门特别行政区，旗下拥有华融证券、华融金融租赁、华融湘江银行、华融信托、华融融德、华融实业、华融国际等平台子公司。中国华融转让华融证券控股权的原因有以下两个方面。

一是业绩连年下滑。从表 4 中可以看出，中国华融的收入、利润、净资产整体下滑，分别由 2017 年的 1280.71 亿元、265.88 亿元、1826.35 亿元，下降至 2020 年的 754.05 亿元、-1062.74 亿元、642.57 亿元；2020 年的巨亏及净资产大幅缩减主要是确认信用减值损失和其他资产减值损失合计 1077.55 亿元所致。2021 年收入增长至 930.67 亿元，利润扭亏为盈至 19.86 亿元，净资产增加至 1039.84 亿元，主要是大幅增资扩股的结果。中国华融在公告中明确，华融证券的转让所得款项将用于补充公司资本金和一般营运资金。

表4　2017~2021年中国华融财务指标变化情况

单位：亿元

年份	注册资本	总资产	净资产	收入	利润
2017	390.70	15684.22	1826.35	1280.71	265.88
2018	390.70	16414.67	1686.05	1072.53	15.09
2019	390.70	17050.12	1634.77	1126.57	22.69
2020	390.70	17100.87	642.57	754.05	-1062.74
2021	802.47	18702.60	1039.84	930.67	19.86

资料来源：中国华融年度报告、山东省亚太资本市场研究院。

二是根据监管机构对金融资产管理公司逐步退出非主业的持续性要求，中国华融正在按照市场化、法治化原则有序推进金融牌照子公司股权转让工作。本次转让有助于中国华融坚持回归本源、回归主业，确保可持续经营发展。除华融证券外，华融交易中心股权（79.6%，2021年9月29日转让给银行业信贷资产登记流转中心有限公司）转让工作已完成了工商变更登记；2022年7月26日，宁波银行公告称，华融消费金融股份有限公司收到《中国银保监会安徽监管局关于华融消费金融股份有限公司股权变更行政许可事项的批复》，截至本公告日，宁波银行持有华融消费金融股份有限公司69000万股股份，占华融消费金融股份有限公司总股本的76.7%，转让价格为11.95亿元；2022年6月9日，中国华融公告称，公司所持31.41亿股（40.53%）华融湘江银行的股权已以119.81亿元的价格转让给由湖南财信金融控股集团有限公司和中央汇金投资有限责任公司组成的联合体。华融信托、华融金融租赁、华融晋商资产管理股份有限公司等子公司股权重组或转让工作正稳妥有序推进。

2. 问题标的公司

（1）新时代证券

新时代证券控股权被中国诚通收购时存在的问题：

①被中国证监会接管。2020年7月16日，中国证监会公告称，鉴于新时代证券、国盛证券、国盛期货隐瞒实际控制人或持股比例，公司治理失衡，

根据相关规定，决定自 2020 年 7 月 17 日起对新时代证券实施接管。接管期限自 2020 年 7 月 17 日起至 2021 年 7 月 16 日，后延期至 2022 年 7 月 16 日。[1]

②证监部门处罚。2021 年 11 月 4 日，中国证监会重庆监管局决定"责令新时代证券改正未勤勉尽责、所出具的文件有虚假记载的行为，没收财务顾问业务收入 500 万元，并处以 1500 万元罚款"。2022 年 2 月 15 日，中国证监会发布了对新时代证券的警示函，原因是对发行人连云港海州工业投资集团有限公司 6.795 亿元募资使用及信披监督不到位，该行为不符合 2015 年《公司债券发行与交易管理办法》第七条的规定。

③业绩波动。2018~2021 年，新时代证券的营业收入分别为 19.68 亿元、19.54 亿元、16.04 亿元、18.03 亿元，其中，2019 年、2020 年营业收入同比增速分别为−0.71%、−17.91%，尽管 2021 年营业收入比上年增长 12.41%，但仍未恢复到 2018 年的水平。同期该公司的净利润分别为 2.64 亿元、4.39 亿元、0.37 亿元、3.39 亿元，2019 年和 2020 年净利润同比增速分别为 66.29% 和−91.57%，2021 年净利润在上年较低基数基础上增长 816.22%（见表 5）。

表 5 2018~2021 年新时代证券财务指标变化情况

单位：亿元

年份	注册资本	总资产	净资产	收入	利润
2018	29.10	270.88	106.65	19.68	2.64
2019	29.10	235.18	106.01	19.54	4.39
2020	29.10	166.87	94.43	16.04	0.37
2021	29.19	184.91	98.14	18.03	3.39

资料来源：新时代证券年度报告、山东省亚太资本市场研究院。

（2）华融证券

华融证券存在的问题：

①业绩大幅下滑。由表 6 可见，华融证券 2020 年末净资产由上年度的

---

[1] 2022 年 5 月 27 日，中国证监会发布公告，鉴于新时代证券接管目的已达成，决定结束对新时代证券的接管，同时批准新时代证券恢复正常经营。

120.82 亿元下降至 38.96 亿元,资产负债率高达 93.70%；收入由上年度的
32.64 亿元下降至 11.86 亿元；利润更是由赢利 0.47 亿元下降到亏损 82.35 亿
元。2020 年度、2021 年度,审计机构安永华明连续两年对公司财务报表发表
保留意见,其原因为:"如我们于 2021 年 8 月 28 日对华融证券截至 2020 年 12
月 31 日年度合并及公司财务报表签发的审计报告所述,我们无法就华融证券
于 2020 年度合并及公司利润表确认的公允价值变动损失、信用减值损失、其
他债权投资的公允价值变动损失、其他债权投资的信用减值准备以及其他业
务成本科目中是否有部分应计入以前年度合并及公司利润表进行合理判断。
该等事项对截至 2021 年 12 月 31 日期间的合并及公司利润表以及合并及公司
现金流量表的本年数据与对应数据的可比性存在潜在影响,因此我们对截至
2021 年 12 月 31 日年度合并及公司财务报表发表保留意见。"①

表 6 　2018~2021 年华融证券财务指标变化情况

单位:亿元

年份	注册资本	总资产	净资产	收入	利润
2018	58.41	796.18	118.85	16.04	-8.89
2019	58.41	657.74	120.82	32.64	0.47
2020	58.41	618.30	38.96	11.86	-82.35
2021	58.41	484.91	101.03	8.27	1.81

资料来源:华融证券年度报告、山东省亚太资本市场研究院。

②华融证券股权转让前的特别处理。标的公司资产、业绩在收购方案确
定前出现了大幅变化,疑似预先纾困。据华融证券 2021 年半年报披露,
2021 年 6 月底华融证券的净资产、收入、利润分别为 40.62 亿元、3.78 亿
元、0.61 亿元,而收购公告显示,华融证券截至 2021 年第三季度末的净资
产、收入、利润分别达 100.58 亿元、8.03 亿元、0.86 亿元,分别增长
147.61%、112.43%、40.98%；总负债较同年 6 月底的 481.97 亿元下降至

---

① 　安永华明〔2022 审字第 61239014A01 号〕。

393.61 亿元，资产负债率由 92.23% 下降至 79.58%。由此看来，在整体筹划出售华融证券前，中国华融大概率对华融证券的表内资产进行了优化和处理，以降低出售和估值的难度。

③母公司回归资产处置主业。

（三）司法路径成为证券公司并购的重要途径

2021 年有 3 家券商以司法方式实现了控股权的变更（见表 7），但又各有特点。

表 7　2021 年司法路径实施的证券公司并购

| 序号 | 标的公司 | 交易标的 | | 交易方式 | 出让方 | | 受让方 | | 交易结果 |
		数量（亿股）	比例（%）		名称	缘由	名称	缘由	
1	方正证券	23.63	28.71	标的股东破产重整	重整管理人	问题股东	平安人寿等新方正集团	完善产业链布局	待核准
2	太平洋证券	7.44	10.92	司法竞拍	北京嘉裕	违约	华创证券	增强在西南地区影响力	待核准
3	网信证券	5.00	100.00	重整投资	重整管理人	破产重整	指南针	券商牌照互联网券商	完成

资料来源：华融证券年度报告、山东省亚太资本市场研究院。

1. 标的股东破产重整——方正证券原股东方正集团

方正证券有限责任公司前身为浙江省证券公司，设立于 1998 年，注册资本 82.32 亿元。回顾方正证券 34 年发展历程，可分为两个阶段。1988～2014 年，为公司外延发展阶段。其间，方正集团收购浙江证券，公司吸收合并泰阳证券，2011 年通过 IPO 登陆 A 股市场，2014 年向政泉控股等五家法人发行股份收购民族证券 100% 股权。当期，公司净资产、营业收入、净利润分居行业第 8 名、第 16 名、第 14 名。自 2015 年开始，公司受股东纷争、信息披露违规、挪用信托资金、抽逃出资、股票质押业务风险爆发、控股股东债券违约等影响，公司发展受阻，特别是 2020 年 2 月控股股东方正集团破产重整，金融机构全面暂停了与公司的合作，严重冲击了公司业务的拓展。

（1）方正集团破产重整

方正集团的前身是 1986 年北京大学投资 40 万元注册成立的北京大学理科新技术公司。著名两院院士王选发明的"汉字信息处理与激光照排系统"，奠定了方正集团的起家之业。但从 2002 年开始，方正集团从一个 IT 技术公司开始向多元控股转型，逐步形成了 IT、医疗、产业金融、产城融合等业务协同发展的产业格局，旗下拥有 732 家企业的实际控制权，包括方正科技（600601.SH）、北大医药（000788.SZ）、中国高科（600730.SH）、方正证券（601901.SH）4 家 A 股上市公司和方正控股、北大资源 2 家港股上市公司。

然而，一家以技术为立身之本的公司，抛弃了自己的核心技术和竞争优势，走资本扩张的道路，也就此埋下了隐患。原管理团队长达十几年的"内部人控制"导致的重大公司治理失效更是加速了危机的到来。2019 年 12 月 2 日，方正集团超短期融资债券违约，正式引发其资金链危机；2020 年 2 月 14 日，债权人北京银行对方正集团提出破产重组申请。

（2）中国平安间接控制方正证券，方正证券实际控制人变更为无实际控制人

2021 年 7 月，方正证券（601901.SH）公告称，根据北京一中院的裁定及生效的重整计划，控股股东方正集团及其一致行动人方正产控持有的 28.71% 股份将全部转入拟设立的新方正控股发展有限责任公司（新方正集团），控股股东拟变更为新方正集团。

新方正集团已于 2021 年 10 月设立完成。2022 年 2 月中国平安发布《中国平安保险（集团）股份有限公司关于参与方正集团重整进展的公告》称，根据重整投资协议的约定以及重整主体的债权人对债权清偿方案的选择情况，平安人寿拟出资约 482 亿元受让新方正集团约 66.51% 的股权。新方正集团其余股权结构为珠海华发集团有限公司（代表珠海国资）设立的 SPV 持股约 28.5%，债权人组成的持股平台（合伙企业）持股约 5%。

中国平安（601318.SH）作为平安人寿的控股股东，间接控制方正证券（601901.SH）。因中国平安无控股股东、无实际控制人，方正证券（601901.SH）的实际控制人也将由北京大学变更为无实际控制人。

（3）方正证券与平安证券需解决同业竞争问题

2022年5月18日，方正证券（601901.SH）公告称，根据大连中院的裁定，政泉控股持有的方正证券（601901.SH）10.9亿股股份被予以追缴、没收，将过户至财政部指定的受让方全国社会保障基金理事会名下。至此，方正证券（601901.SH）的前三大股东将变更为新方正集团、社保基金理事会、中国信达（见图2）。

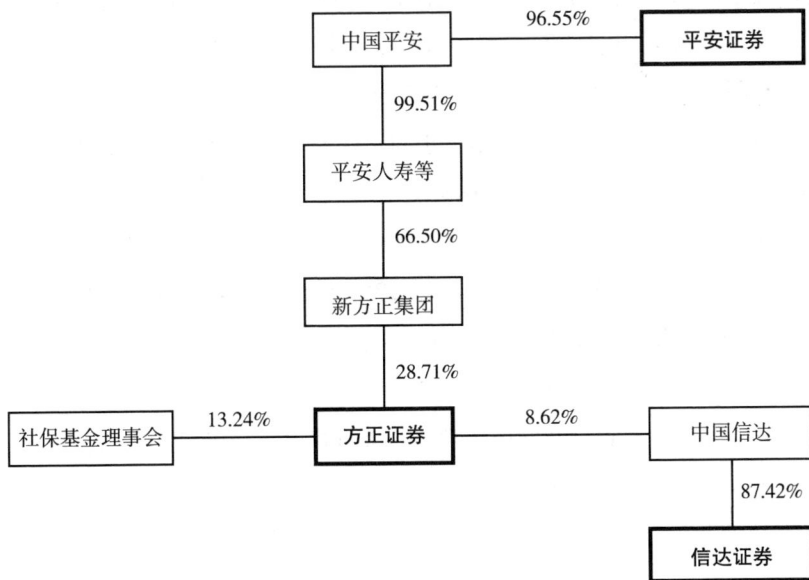

图2 方正证券相关公司控股结构

资料来源：山东省亚太资本市场研究院。

显然，中国平安实际上控制了平安证券、方正证券（601901.SH）。由于中国平安（601318.SH）对方正证券（601901.SH）的控制是投资方正集团的破产重整引发的，满足基于重组过渡安排的"一参一控"豁免条件。待整合重组完成，中国平安（601318.SH）必须本着保障全体股东利益的原则，通过合法合规的方式来解决方正证券（601901.SH）和平安证券的同业竞争问题。

2. 标的公司破产重整——网信证券

网信证券有限责任公司（网信证券），前身为沈阳市国库券流通服务公司，成立于1988年4月；2015年，大股东变更为联合创业集团有限公司，公司更名为网信证券有限责任公司，注册资本增加至5亿元。

（1）网信证券破产重整

2021年7月16日，辽宁省沈阳市中级人民法院裁定受理网信证券的重整申请，并指定国浩律师（北京）事务所、北京德恒律师事务所联合担任网信证券管理人。重整网信证券的目的在于通过市场化、法治化手段化解网信证券风险，恢复网信证券正常经营并推动其持续发展，为辽沈振兴提供金融支持和服务。分析网信证券提出重整申请的理由如下：

①网信证券连续四年亏损，累计达47.43亿元。从表8可以看出，网信证券巨额亏损的根源可以追溯到2018年。2017年，网信证券的各项业务指标虽在业内排名垫底，但净资本、净资产、收入、利润仍为正值，但2018年罕见地全部转负，分别为-30.55亿元、-22.23亿元、-32.47亿元、-28.83亿元；2019~2021年，审计机构连续三年基于"可持续经营能力存在重大不确定性"而出具"有保留意见"的审计报告。究其原因，是与先锋集团旗下联合创业集团有限公司入主大股东及网信证券违规大规模开展债券业务有关。

表8　2017~2021年网信证券财务指标变化情况

单位：亿元

年份	净资本	总资产	净资产	收入	利润
2017	5.80	17.15	6.65	2.90	0.09
2018	-30.55	215.45	-22.23	-32.47	-28.83
2019	-38.36	26.11	-35.16	1.55	-12.91
2020	5.00	7.05	-36.27	0.56	-0.61
2021	-41.84	8.68	-41.33	0.42	-5.08

资料来源：网信证券年度报告、山东省亚太资本市场研究院。

先锋集团以担保、小贷起家，后来揽获银行、证券、基金、期货、小贷、保险经纪、金交所、第三方支付、货币兑换等多个牌照，旗下有互联网金融科技、资产管理和财富管理三大板块，但由于产业投资收效不佳、互联网金融整治风暴、投资数字货币失利、存在严重自融问题、旗下证券团队失控等原因，自2018年下半年开始深陷债务危机，理财产品、私募基金、P2P产品先后陷入兑付危机，风险敞口巨大。

2018年，网信证券大规模开展违规债券业务，卖出回购金融资产款的期初余额从1.4亿元骤升至期末的228亿元。网信证券通过出借债券自营通道（行业惯例）给第三方团队，第三方团队利用网信证券名义进行同业拆借，且违规放大债券杠杆比例进行债券投资，因其持有债券的债权人违约造成网信证券代持债券发生风险，致使同业拆借资金无法偿还。

②业务开展严重受限。2019年5月，中国证监会辽宁监管局发布的风险监控通知指出，网信证券财务状况持续恶化，净资本和其他风险控制指标已不符合监管要求，存在重大风险隐患，要求网信证券除证券经纪业务仍正常开展外，其余各项业务均停止新增。

③在证监会行业分类评级结果中排名全垫底。在2019～2021年中国证监会的证券公司分类结果中，网信证券连续被评为D级，排名全行业垫底。

（2）指南针成为网信证券破产重整投资人

2021年8月，网信证券发布破产重整投资人招募公告，先后有好买财富、指南针（300803.SZ）、麟龙股份（430515.OC）、瑞达期货（002961.SZ）等参与遴选竞争。

指南针（300803.SZ）成立于1997年，总部设立在北京，专注于证券分析和证券信息服务，是中国最早的证券分析软件开发商和证券信息服务商之一。2019年11月，指南针（300803.SZ）在深圳证券交易所创业板成功上市。公司主营业务包括金融信息服务、广告服务和保险经纪三大板块。公司以证券工具型软件终端为载体，以互联网为工具，向投资者提供及时、专业的金融数据分析和证券投资咨询服务。基于在金融信息服务领域积累的客户资源、流量入口优势及营销优势，公司对现有用户资源深度挖掘，积极拓展广告服务业务和保险经纪业务，延伸布局，从而进一步丰富主营业务收入构成，提升收入规模，增强持续盈利能力。2017~2021 年，金融信息服务业务收入占公司主营业务收入的比例保持在 85% 以上，是公司最主要的收入来源。2021 年，指南针（300803.SZ）实现营收 9.3 亿元，同比增长 34.63%；实现净利润 1.76 亿元，同比增长 97.51%；总资产、净资产分别为 20.46 亿元、12.82 亿元。

指南针（300803.SZ）基于以下理由收购网信证券。一是如果与网信证券债权人就破产重整方案达成一致并经法院裁定批准、监管部门核准，指南针将成功拿到券商牌照。二是若指南针成功收购网信证券，结合原有的金融数据深度挖掘和技术分析服务，有望基于互联网平台和现有用户群发展互联网券商业务，充分发挥业务协同性，打造一站式综合金融服务，进一步完善业务布局，提升上市公司核心竞争力，转型为互联网券商，对标东方财富，为公司带来广阔的市值成长空间。

2022 年 3 月 17 日，指南针（300803.SZ）发布公告，披露《重大资产购买报告书（草案）》，拟投入 15 亿元用于网信证券有限责任公司破产重整投资。根据网信证券破产管理人制定的重整计划草案，重整计划执行完毕后，网信证券原股东联合创业集团、盛京金控及恒信租赁在网信证券中的出资人权益将调整为零，公司将持有网信证券 100% 股权。

2022 年 4 月 29 日，指南针（300803.SZ）公告称，中国证监会核准公司成为网信证券的主要股东。同日，沈阳中院根据网信证券管理人的申请，裁定批准重整计划并终止网信证券有限责任公司重整程序。

（3）指南针下一步需要解决的问题

①将增加 12.4 亿元商誉。据重组方案披露，指南针（300803.SZ）重整投资 15 亿元，以 2021 年 12 月 31 日为基准日，网信证券股东全部权益价值（净资产）账面值 2.61 亿元①，收购网信证券完成之后，指南针合并报表因本次交易形成的商誉经初步测算为 12.39 亿元，占公司 2021 年末总资

---

① 《网信证券有限责任公司审计报告》（天职业字〔2022〕7484 号）。

产和净资产的比重分别高达 60.56%、96.65%。

②进一步增强网信证券的资本实力。完成重整还只是网信证券重回正轨的第一步。由于网信证券发展停滞多年，各项业务亟待夯实基础，而重整后的网信证券资本实力依然薄弱，由资本实力直接决定的风险抵御能力仍需加强。2022 年 5 月 16 日，指南针披露定增方案，公司拟向不超过 35 名特定对象非公开发行股票，募集资金总额不超过 30 亿元，全部用于增资公司全资子公司网信证券。指南针（300803.SZ）表示，本次募集资金有助于网信证券彻底摆脱历史经营困境，有助于实现公司将网信证券打造成"以金融科技为驱动，以财富管理为特色的全国知名金融服务商"的美好愿景，有助于网信证券发展成为治理健全、管理规范、业务突出、合规专业、风控良好的证券公司，有助于网信证券更好地服务辽沈经济、服务国家东北振兴战略。2022 年 7 月21 日，指南针披露的投资者关系活动记录表显示，公司目前正在准备材料，近期可能会向交易所申报，公司期望在 2022 年下半年完成本次定增。

3. 司法拍卖——太平洋证券第一大股东股权

（1）华创证券拟取得太平洋证券有效控制权

华创证券有限责任公司（华创证券）、太平洋证券（601099.SH）是我国西南地区证券市场上的重要力量，业务地域优势明显。华创证券注册于贵阳市，其经纪业务在贵州省内市场占有率超过 50%，75 家营业部中贵州省内占 47 家；太平洋证券（601099.SH）作为云南本土的上市券商，证券经纪业务在云南市场占有率长年排名第一。2021 年华创证券和太平洋证券（601099.SH）主要指标见表 9。

表 9　2021 年华创证券和太平洋证券指标对比

单位：亿元

证券公司	注册地	注册资本	净资本	级别	总资产	净资产	收入	利润
华创证券	贵阳	92.26	103.17	A	453.80	130.95	37.48	11.83
太平洋证券	昆明	68.16	76.34	CCC	200.19	97.52	16.30	1.34

资料来源：各公司年度报告、山东省亚太资本市场研究院。

2019 年 11 月，华创证券母公司华创阳安股份有限公司（华创阳安）发布公告称，华创证券与北京嘉裕投资有限公司（北京嘉裕）签署了《关于太平洋证券股份有限公司之股份转让协议》及《关于太平洋证券股份有限公司之表决权委托协议》。如协议履行，华创证券将获得太平洋证券（601099．SH）5.87%的股权和 5.05%的委托表决权，成为其第一大股东。华创证券计划通过太平洋证券（601099．SH）董事会换届时获得其董事会多数席位等方式，并经证券监管机构批准，取得太平洋证券（601099．SH）有效控制权。对于此次交易，华创阳安认为，除了经纪业务、财富管理业务外，双方在投行项目储备、证券投资业务、资产管理等领域均有协同合作空间；华创证券能够成功取得太平洋证券（601099．SH）控制权，将有助于进一步提高华创证券在西南区域的影响力和资源整合能力，深化西南区域资本市场的互联互通，实现业务高效协同、资源与优势互补，提升华创证券的市场竞争力和盈利能力，有利于公司和投资者利益的最大化。

协议签署后，华创证券按协议约定向北京嘉裕支付了保证金 15 亿元，北京嘉裕将持有的 5.81 亿股太平洋证券（601099．SH）股份质押予华创证券。但是，上述交易并未顺利推进完成，2020 年 6 月 3 日，华创证券与北京嘉裕签署协议终止交易。

（2）北京嘉裕违约，华创证券司法拍卖竞得太平洋证券 10.92%股权

交易终止，但华创证券此前支付的 15 亿元保证金却无法追回。北京嘉裕共持有太平洋证券（601099．SH）约 7.44 亿股，其中 5.81 亿股股票已质押予华创证券为 15 亿元保证金提供担保；3.49 亿股股票被华创证券通过诉前财产保全实施了冻结。2020 年 12 月，华创证券就该次股权转让纠纷提起诉讼。

2021 年 10 月，北京市二中院判决北京嘉裕向华创证券偿还保证金 15 亿元及利息、违约金，并支付诉讼保全责任保险费等，华创证券对北京嘉裕持有的太平洋证券（601099．SH）5.81 亿股拍卖、变卖所得价款在债务范围内享有优先受偿权。

2022 年 5 月 27 日，华创证券在北京二中院于北京产权交易所司法拍卖平台开展的"太平洋证券股份有限公司 744039975 股股份"项目公开竞价

中，以最高应价胜出。

2022 年 6 月 17 日，华创阳安发布公告称，近日子公司华创证券收到北京市第二中级人民法院执行裁定书，根据裁定书及 5 月 27 日北京产权交易所司法拍卖结果，华创证券以最高价 17.26 亿元竞得约 7.44 亿股太平洋证券（601099.SH）股权。

（3）华创证券控股太平洋证券不受"一参一控"影响。

华创阳安已有全资子公司华创证券，再通过华创证券实际控制太平洋证券（601099.SH），并不违反证券行业"一参一控"的政策规定。依据 2021 年修订的《证券公司股权管理规定》，证券公司股东以及股东的控股股东、实际控制人参股证券公司的数量不得超过 2 家，其中控制证券公司的数量不得超过 1 家。但直接持有及间接控制证券公司股权比例低于 5%、通过所控制的证券公司入股其他证券公司、证券公司控股其他证券公司、为实施证券公司并购重组所做的过渡期安排等情形不计入参股、控制证券公司的数量范围。目前，太平洋证券（601099.SH）变更控股股东及实际控制人的申请，正在中国证监会的审核中。

（四）差异化是证券公司纵向并购的重要因素——华林证券并购文星在线

从产业链的角度分析，2021 年证券公司纵向并购涉及 3 起（见表 10），其中最为典型的是华林证券（002945.SZ）对文星在线的并购。

表 10　2021 年券商纵向并购重组情况统计

序号	标的公司		并购类型	出让方		受让方		交易结果
	名称	资本额（亿元）		名称	缘由	名称	缘由	
1	太平洋证券	68.16	纵向并购	北京嘉裕	违约	华创证券	增强在西南地区影响力	待核准
2	文星在线	0.20	纵向并购	今日头条	平台公司监管加强	华林证券	互联网券商	完成
3	网信证券	5.00	纵向并购	重整管理人	破产重整	指南针	券商牌照互联网券商	完成

资料来源：各券商年度报告、山东省亚太资本市场研究院。

1. 金融科技引领，华林证券开启全面互联网转型战略

华林证券股份有限公司（华林证券）前身为 1988 年设立的江门证券（有限）公司，经过多年来的不懈努力，公司从一家业务单一的区域型证券公司，发展成为业务较为均衡、具有差异化经营特色、品牌影响力不断提升、布局全国的综合性证券公司。

2021 年，华林证券（002945.SZ）正式确立了全新的战略目标，即打造以客户为中心、以科技为驱动、以交易为基础、以敏捷为特色的国内领先的科技金融公司，并启动了从用户触点到数据平台再到技术基础设施底座的全方位的"数字化转型"。为顺应互联网战略转型需要，进一步优化营业网点布局，提升运营效率，2021 年以来，华林证券（002945.SZ）撤销了 25 家分支机构（是 2021 年以来撤销分支机构数量最多的上市券商），同时加大了信息技术的投入力度。根据中国证券业协会公布的《证券公司 2021 年经营业绩指标排名》，华林证券（002945.SZ）的信息技术投入占营业收入比例排名第一（见表 11）。

表 11　2021 年证券公司信息技术投入占营业收入比例排名

单位：亿元，%

证券公司	信息技术投入		信息技术投入占营业收入比例	
	投入	排名	占比	排名
华林证券	3.47	24	25.17	1
华鑫证券	3.84	23	24.33	2
东方财富	6.56	17	14.26	3
华泰证券	23.38	1	11.01	6

资料来源：中国证券业协会《证券公司 2021 年经营业绩指标排名》、山东省亚太资本市场研究院。

2. 华林证券受让字节跳动证券业务"海豚股票"

2021 年 12 月 14 日，华林证券（002945.SZ）发布《关于公司股票交易异常波动公告的补充公告》：截至目前，公司不存在相关媒体报道中提到的"收购某互联网巨头的证券板块"事项，也不存在筹划该项收购的行为。

2022 年 2 月 21 日，华林证券（002945.SZ）发布《关于受让北京文星在线科技有限公司 100%股权暨申请设立信息技术专业子公司的公告》，宣布已与北京字节跳动网络技术有限公司（字节跳动）签署了"海豚股票"App 购买协议，并拟以 2000 万元的价格受让"海豚股票"App 运营主体北京文星在线科技有限公司（文星在线）100%股权。收购完成后拟将文星在线设立成为一家信息技术专业子公司并计划向监管部门履行相应的备案手续。

文星在线是字节跳动旗下的金融科技公司，成立于 2017 年 4 月，以"海豚股票"App 为平台，基于头条机器学习模型，量化股票大数据，为用户提供股票行情和海量数据分析，随时跟踪股票动向，采用遗传算法和自然语言投资逻辑，实时扫描股市热点，智能监测市场动态。截至 2021 年第三季度末，"海豚股票"App 平台用户数为 1246 万户，月活跃用户数（MAU）约为 32 万。这意味着，华林证券（002945.SZ）将收购头部互联网公司字节跳动旗下的互联网证券业务，并有望收编其旗下的逾 1200 万用户；而交易完成后字节跳动也将正式退出与证券相关的业务。

此次收购文星在线及"海豚股票"App，无疑是华林证券（002945.SZ）对金融科技业务的又一次加码投入。华林证券此次通过收购的方式设立信息技术专业子公司，一方面为进一步挖掘"海豚股票"App 的价值并发挥协同作用，提高软件开发及战略实施效率；另一方面，华林证券旨在顺应金融市场发展趋势，利用科技手段全面提升公司自主研发水平和客户服务能力，加速实现金融科技转型战略目标。

3. 平台型公司"慎染"重资产金融，为券商并购技术领先的金融科技公司提供了机会

此次华林证券（002945.SZ）受让字节跳动上述资产，或与大型互联网平台从事重资产类金融持牌业务的难度持续增大有关。互联网平台控股金融持牌机构，如果监管措施和监管政策不到位，很有可能带来新的监管盲区、积聚无先例的金融风险。例如，2013 年开启的余额宝，从 ToC 端看确实满足了更多个人投资者的现金管理需求，但是数千亿元的资金进出同一货币基金，实际上给同业市场带来了一定程度的不稳定性。为了防范互联网 T+0 类货基产品对资金市场造成的潜在冲击，监管层后来推出每日限额、货基持

有人集中度、久期管理等措施。

公募是轻资产牌照，就银行、券商、保险等重资产牌照而言，监管层对于互联网资本进入的把控非常审慎。事实上，诸多大型互联网平台企业试图"染指"持牌证券业务进展并不顺利，例如，与阿里巴巴存在明显关联关系的云峰基金拟设立的云峰证券止步于中国证监会机构部的券商设立审查名单中；有关京东收购国金证券（600109. SH）的市场传闻被国金证券（600109. SH）否认。

目前字节跳动还没有进军持牌机构的意思表达，"海豚股票"本质上是互联网证券业务，但如果没有证券牌照，其很多业务很难开展，在"持牌准入"不可预期的情况下，仍然保留证券业务的价值不大。

4. 华林证券拟打造用户全生命周期的运营平台，重构盈利模式

华林证券（002945. SZ）与字节跳动此次交易并非一次性买卖，此次收购背后可能还包含一揽子的合作方案。依托"海豚股票"App，该交易完成后，华林证券的用户数量有望短时间内从百万级跨越到千万级。随着用户量的提升，为了保持流量的持续性，获取更多的用户资源，后续华林证券（002945. SZ）将与字节跳动在多领域多维度开展合作，积极探索从线上交易的通道型模式向以用户为中心的全生命周期平台运营模式转变。这也意味着，未来华林证券（002945. SZ）将以新版"海豚股票"App为平台，提供包括交易、金融产品、智能投顾、社交互动等在内的一站式、全方位的服务，最终重塑其商业模式，从而实现由传统券商以证券交易为主的盈利模式，向以用户数乘以单用户平均收入（ARPU）为特征的互联网式的盈利模式转变。

根据梅特卡夫定律，随着用户数的增长，每个用户的价值也在增加。如果华林证券（002945. SZ）未来能保持持续低成本获客，并通过多样化的产品和服务，实现多元化的用户价值变现，那么无论是 MAU 增长，还是 ARPU 提升，都能支撑公司估值体系重构。

（五）合资券商的外资股东寻求全资控股的进程加快

根据中国证监会官网行政许可办理大厅进度跟踪信息统计，截至 2021

年底，有 21 家具有外资背景的证券公司正在等待审批；中国已有 12 家外资控股或全资证券基金期货公司相继获批，其中 9 家机构已经展业，分别是摩根士丹利、瑞信证券、星展证券、大和证券、高盛高华、瑞银证券、汇丰前海证券、野村东方国际证券、摩根大通。中国证监会明确自 2020 年 4 月 1 日起取消证券公司外资股比限制后，外资机构提升控股比例乃至谋求全资控股的进程显著加速。2022 年，摩根大通证券、高盛高华已完成相关备案及工商登记变更，成为外资全资证券公司。

1. 摩根大通证券

摩根大通证券（中国）有限公司（摩根大通）成立于 2019 年，总部设在上海，注册资本 8 亿元人民币，J. P. Morgan International Finance Limited（JPMIFL）持股比例为 51%。上海外高桥集团股份有限公司、珠海市迈兰德基金管理有限公司各持股 20% 和 14.3%，北京朗信投资有限公司、新疆中卫股权投资有限合伙企业、上海宾阖投资管理中心（有限合伙）3 家股东均持股 4.9%。

2021 年 8 月，中国证监会对公司控股股东 JPMIFL 受让其他 5 家内资股东所持股权、成为公司唯一股东的事项准予备案；经向上海证监局备案，公司注册资本从 8 亿元增至 19.99 亿元，新增的注册资本全部由公司控股股东 JPMIFL 认购，JPMIFL 为公司唯一登记股东，企业类型变更为有限责任公司（外国法人独资）。

摩根大通的业务范围涵盖证券经纪（港股通）、证券投资咨询、证券自营、证券承销与保荐等。根据摩根大通披露的 2021 年财务报告，公司总资产为 22.32 亿元，净资产为 19.08 亿元，实现收入 6.32 亿元，较 2020 年增长了 197.49%；利润由 2020 年的亏损 1781 万元转变为赢利 7196 万元。

2. 高盛高华证券

高盛高华证券有限责任公司（高盛高华）是通过受让中资股东全部业务及其期货、另类投资全资子公司的方式实现的独资控股。

2004 年，经中国证监会批准，高盛（亚洲）有限责任公司［GoldmanSachs (Asia) L. L. C.，高盛亚洲］与北京高华证券有限责任公司（北京高华）成立高盛高华，从事投资银行业务，注册资本 8 亿元人民币，高盛亚洲持股比例为 33%，北京高华持有 67%。2020 年 3 月，公司外方股东由高盛亚洲变更为高盛集团有限公司（The Goldman Sachs Group, Inc., 高盛集团），且高盛集团通过对高盛高华增资及向高盛亚洲收购高盛高华股权的方式，取得了高盛高华51%的股权，北京高华持有高盛高华的股权比例减少至49%，注册资本增加至27.86亿元。

2021年4月，高盛高华受让北京高华持有的乾坤期货有限公司（乾坤期货）100%股权；2021年7月，高盛高华受让北京高华持有的北京高华盛泽投资管理有限责任公司（高华盛泽）100%股权，从事另类投资业务（限于参与科创板、创业板跟投）。2021年11月，高盛高华完成股权变更的市场监督管理局（工商）登记，高盛集团成为高盛高华的唯一股东。2021年12月，高盛高华与北京高华签署业务转让协议，高盛高华同意受让北京高华现有的所有业务，北京高华业务迁移过程完成后，高盛高华更名为高盛（中国）证券公司。

高盛高华业务范围涵盖股票和债券的承销与保荐、外资股的经纪、债券的经纪和自营、证券经纪、证券投资咨询、证券自营、代销金融产品业务以及中国证监会批准的其他业务。根据高盛高华披露的2021年财务报告，公司总资产为41.64亿元，净资产为31.94亿元，实现收入7.32亿元，较2020年增长72%；净利润为8093万元，较2020年增长39%。

（六）证券公司并购失败的原因各异

从各当事方公告来看，2021年共涉及6起并购失败案例（见表12），失败的原因大致有三类。

表12　2021年券商并购重组失败案例

序号	标的公司		交易比例（%）	交易方式	出让方		受让方		交易结果
	名称	总股本（亿元）			名称	缘由	名称	缘由	
1	国融证券	17.83	51.57	协议收购	长安投资等	资金压力	青岛国信	产业布局	失败（价格过高）
2	民生证券	114.56	20.00	协议收购	泛海控股	资金压力	武汉金控	产业布局	失败（股权冻结、诉求不和）

序号	标的公司		交易比例（%）	交易方式	出让方		受让方		交易结果
	名称	总股本（亿元）			名称	缘由	名称	缘由	
3	金元证券	40.31	76.12	挂牌转让	首都机场	回归主业			无意向人
4	九州证券	33.70	10.98	挂牌转让	中石化	回归主业			无意向人
5	德邦证券	39.67	1.00	挂牌转让	辽宁人信				无意向人
6	大同证券	7.30	0.52	挂牌转让	国电电力	回归主业			无意向人

资料来源：各券商年度报告、山东省亚太资本市场研究院。

1. 定价过高——青岛国信收购国融证券

（1）交易过程

2021年4月，青岛国信发布公告，青岛国信拟通过受让国融证券现有股份及认购目标公司增资的方式收购目标公司。青岛国信以45.38亿元的价格受让长安投资等股东所持7.38亿股股份；青岛国信等关联股东合计投资23.03亿元认购国融证券新增股份3.75亿股。青岛国信及其关联股东合计投资68.41亿元，收购完成后，占国融证券的股权比例为51.57%，成为国融证券控股股东。

国融证券是经中国证监会核准的综合性证券公司，成立于2002年4月，注册于内蒙古呼和浩特市，注册资本为17.83亿元。截至2020年末，国融证券共有11家股东，前五大股东持股比例达到93.49%，其中北京长安投资集团（长安投资）为第一大股东，持股比例为70.61%。由表13可见，2018~2020年，国融证券营业收入偏低，盈利能力较差，2021年有所好转。大股东长安投资出让股份的原因是面临国融证券IPO对赌遗留压力大，资金链紧张。

表13 2018~2021年国融证券财务指标变化情况

单位：亿元

年份	总资产	净资产	收入	利润
2018	155.90	39.45	8.63	0.12
2019	140.86	39.80	12.31	0.26
2020	150.79	40.81	10.46	1.00
2021	158.88	44.01	14.44	3.11

资料来源：国融证券各年度报告、山东省亚太资本市场研究院。

青岛国信成立于 2008 年 2 月，注册资本为 30 亿元，是由青岛国资委履行出资人职责的国有独资公司。青岛国信主要通过旗下子公司青岛金控开展金融业务，该公司是青岛市首家国有金控公司。青岛金控目前投资了青岛银行、青岛农商行、陆家嘴信托、中路财险、泰信基金等多家金融机构，涉及融资担保、融资租赁、小额贷款等类金融业务，是青岛市金融牌照最齐全的地方国有金融控股平台。收购国融证券是进一步完善青岛国信的金融业务结构布局。

2022 年 1 月 12 日，青岛国信发布关于终止收购国融证券的公告称，鉴于本次交易的先决条件未能成就，本次收购终止。

（2）终止收购的主要原因

一是交易价格过高。根据协议，青岛国信的受让价格接近 6.15 元/股，市净率（PB）已达 2.68 倍，即便考虑了控制权转让背景，也远高于同行业水平。相比之下，鲜有非上市券商的股权转让价格超过 2 倍 PB（见表 14）；其中只有指南针重整投资网信证券的市净率达 5.75 倍，但其投资额/未考虑整合协同效应的全部股东权益估值为 2.21；投资额/考虑整合协同效应的全部股东权益估值为 0.83。二是天风证券收购恒泰证券后，国融证券是内蒙古最后一家全牌照综合类券商，迁址难度大。

表 14　2021 年证券公司股权并购市净率情况统计（未实施的依公告计算）

交易结构	PB 倍数	交易结果	交易结构	PB 倍数	交易结果
中国诚通收购新时代证券	1.40	完成	国新资本收购华融证券	1.51	完成
华创证券收购太平洋证券	0.80*	待核准	华林证券收购文星在线	1.41	完成
开源证券原股东增资	1.36	完成	指南针重整投资网信证券	5.75*	完成
中石化挂牌转让九州证券	1.14	无意向人	辽宁人信转让德邦证券	1.59	无意向人
国电电力转让大同证券	0.96	无意向人			

＊通过司法拍卖完成。

资料来源：各当事方公告、山东省亚太资本市场研究院。

2. 战略诉求不甚匹配——武汉金控收购民生证券

民生证券成立于 1986 年，注册资本为 114.56 亿元。作为中国成立最早的证券公司之一，民生证券有良好的盈利能力及经营质量，其注册资本、总资产、净资产、营收、净利润等多项指标在业内排名中等偏上。但民生证券的发展之路特别是上市之路却受到了控股股东的困扰。

（1）泛海控股为满足民生证券的上市条件而推进股权出让

2014 年，泛海控股股份有限公司（泛海控股，000046.SZ）斥资 32.74 亿元向大股东中国泛海及其关联方收购获得民生证券 72.99% 股权，成为民生证券的控股股东，并启动了上市战略；2016 年民生证券增资扩股，泛海控股（000046.SZ）的持股比例达到 87.65%。

2019 年，中国证监会颁布《上市公司分拆所属子公司境内上市试点若干规定》，规定"所属子公司主要从事金融业务的，上市公司不得分拆该子公司上市"。因此，泛海控股上市公司的地位成为民生证券上市路径中的一大障碍，民生证券只要在泛海控股（000046.SZ）合并财务报表的合并范围之内，就无法实现分拆上市。

为清除这一障碍，民生证券启动了增资引战计划，分次引入了有实力也有能力为其"赋权"或能与民生证券形成业务协同联动的战略投资者，逐步降低持股比例。2020 年 4 月，15 名投资者参与民生证券的增资扩股，泛海控股（000046.SZ）放弃优先出资权，本次增资后泛海控股（000046.SZ）持股比例从原本的 87.65% 降低至 73.59%；2020 年 10 月，泛海控股向上海张江（集团）有限公司等 22 家投资者转让民生证券 27.12% 的股权；2021 年 1 月，泛海控股（000046.SZ）将民生证券 13.49% 的股权转让给上海沣泉峪。至此，泛海控股（000046.SZ）的持股比例降低至 31.03%。同时，泛海控股（000046.SZ）还将其在民生证券董事会中的席位降至低于半数，不能继续控制董事会相关决策。据此，2021 年 12 月 9 日，泛海控股董事会审议通过了《泛海控股股份有限公司重大资产不再纳入合并范围报告书（草案）》等议案，公告表示，鉴于对民生证券持股比例下降且在其董事会中的席位已低于半数，不能继续控制其董事会相关决策，泛海控股（000046.SZ）不再将民生证券纳入公司合并财务报表的合并范围，民生证券成为上市公司参股子公司，不再为上市公司控股子公司。民生证券正式出表泛海控股（000046.SZ），为其上市目标逐步扫清障碍。

（2）武汉金控拟收购民生证券控股权

2021年7月19日，泛海控股（000046.SZ）公告称，与武汉金控签署了《民生证券股份有限公司股份转让意向协议》，拟向武汉金控出售民生证券不低于总股数20%的股份，如果交易完成，民生证券第一大股东将变为武汉金控。

武汉金控是湖北省首家挂牌的金融控股集团，注册资本100亿元。近五年，集团成功向金融控股公司转型，覆盖多行业的金融控股架构蔚然成型，目前集团金融牌照已达10个，类金融牌照10个，上市公司2家，基金公司2家。本次股权转让若完成，武汉金控将成为民生证券占比第一的主要股东，其"全牌照金控航母"版图更加完整，朝着成为全牌照综合金融服务商的战略目标又迈进一步。泛海控股通出此次交易有望获得35亿元资金（按2021年1月上海沣泉峪的受让价格1.53元/股推算），可明显改善资产负债结构，缓解资金高压；保留的部分股权也为泛海未来获利退出留下通道。

（3）武汉金控终止收购民生证券股权及其原因

2021年9月13日，泛海控股公告称，公司收到武汉金控发来的函件，武汉金控决定正式终止本次对民生证券的收购工作，双方签署的协议终止履行。

武汉控股终止收购的原因：①武汉金控的战略意图可能与泛海控股、民生证券的发展诉求不甚契合。武汉金控收购民生证券20%的股权，存在控股并实现并表，从而取得证券公司金融牌照的战略意图，而这一构想，可能与泛海控股、民生证券的诉求（比如无实际控制人）不甚匹配。泛海控股披露终止向武汉金控转让民生证券股权时，曾披露继续寻找"实力较为雄厚、与民生证券发展战略较为匹配、符合泛海控股相关需求"的新的战略投资者。②股权冻结。在武汉金控尽调入场后，民生证券股权的多次质押、冻结，可能影响了泛海控股和武汉金控等主体的股权转让行为。但武汉金控终止收购并不能仅归因于股权遭冻结，毕竟泛海控股持有的民生证券35亿股股份在 2021 年 7 月 27 日就被冻结，武汉金控是在完成接近一个半月的尽调后，决定终止本次收购的。

2022 年 6 月 13 日，民生证券发布公告称，公司法定代表人、董事长、总裁、执行委员会主席冯鹤年涉嫌违纪违法被调查且无法履行职责。民生证券重大人事变动，又给民生证券的股权转让及其上市计划增添了变数。

3. 无差异化券商股权及少数券商股权越来越缺乏吸引力

2021 年有 4 家证券公司股权被挂牌转让而没有征集到意向人。

（1）金元证券控股权挂牌无人问津

金元证券成立于 2002 年 8 月，是经中国证监会批准，由首都机场集团公司（首都机场）作为核心股东出资成立的综合类证券公司，注册资本 40.31 亿元，管理总部位于深圳，在全国 19 个省份设有 10 家分公司及 53 家证券营业部。

首都机场隶属于中国民用航空局，是一家以机场业为核心的跨地域的大型国有企业集团，按照金融监管和国企改革要求，公司现在定位为机场管理集团，须出清参股的金融、类金融企业股权等非主营业务。2019 年 12 月，北京证券交易所发布了金元证券股权转让的信息，首都机场转让金元证券 76.12% 的股权，作价 98.41 亿元，市净率为 1.44，但转让未能成功。2021 年 2 月，北京产权交易所、上海联合产权交易所、重庆联合产权交易所相继挂出金元证券股份转让的相关信息。此次挂牌，不仅三家交易所同时上线，而且价格方面也选择了"面议"，且未对受让方资质条件做相关要求，但这强烈出让意愿，并没有得到回应。

金元证券牌照资质较为齐全，并初具证券控股集团公司雏形（基金、期货、投资管理），但从中国证券业协会公布的各年度证券公司经营业绩指标排名来看，金元证券各项指标排名均位于行业中下游水平。另外，2019 年，金元证券曾因在山东雅百特科技股份有限公司（雅百特）借壳上市过程中，未勤勉尽责，被中国证监会出具行政处罚决定书，没收持续督导业务收入 1000 万元，处以 3000 万元罚款。根据上述处罚，2021 年 1 月，济南市中级人民法院在雅百特投资者索赔案中，判决金元证券在 20% 的范围内对

ST雅博的赔偿义务承担连带赔偿责任。

（2）少数股权转让缺乏吸引力

2021年10月，九州证券二股东中石化集团在北京产权交易所官网挂牌清盘转让其所持有的全部九州证券股份3.7亿股，占总股本比例为10.98%，转让底价为4.74亿元，转让PB为1.14倍，没有征集到意向人。除少数股权外，九州证券的控股股东是"问题股东"；2021年九州证券的评级从BBB降为BB。这些可能都是九州证券二股东萌生退意而接盘方又望而却步的原因。

2021年11~12月，德邦证券4000万股（1.00%）股权被其第二大股东辽宁人信金控管理有限公司在北京产权交易所挂牌转让，转让PB为1.59倍，但无人摘牌。

2021年8月和2022年1月，国电电力两次在北京产权交易所挂牌转让大同证券382.70万元（0.52%）股权，挂牌底价降低至910.92万元，转让PB仅为0.96倍，也同样无人受让。

4. 根本原因——证券牌照资源竞争力下降

分析上述挂牌无人问津的根本原因是近来牌照资源价值在下降。

首先，券商牌照自身的"特许价值"在下降。随着信托、银行、保险等金融机构业务领域的扩展，原来券商能做、其他牌照不能做的业务已经越来越少。在这种情况下，没有差异性竞争优势的券商股权显然没有太大吸引力。

其次，需求资源相对稀缺。2021年，中小券商的股权价值随着整个券商估值回落受到显著影响，特别是比较零散的中小券商的股权，没有决策影响力，盈利能力一般，在这种情况下，中小券商股权价值的市场需求相对疲软。

再次，供给相对过剩。一是在当下竞争激烈的情况下，净资产收益率低，回报率低，如果股东不能在业务及资源上给予支持，提升其竞争力，倒不如转让券商股权，以降低机会成本。二是由于受到股东适格性监管要求、国企回归主业、问题股东资金链紧张等因素影响，不得不出售。三是在

2021 年之前，监管部门对于批准新设证券公司相对谨慎，牌照相对稀缺；随着《证券公司股权管理规定》的修订，外资可以进入中国设独资证券机构或成为控股股东，本土券商也可以申请新设券商，在牌照管理放开的背景下，牌照的价值也会越来越低。

三 我国证券公司并购趋势展望

（一）打造国际级券商还任重而道远

1. 做大做强证券业，优化我国金融供给结构

长期以来，我国是以间接融资为主体的金融体系，尽管近年来直接融资占比有所提高，但未有大的改观，特别是近两年直接融资增速最快的是政府债券。这种结构不仅形成了银行业的庞大资产，更令人忧虑的是推高了我国的经济杠杆率及广义货币与国内生产总值比值（M2/GDP），并累积了大量金融风险。《中华人民共和国国民经济和社会发展第十四个五年规划和 2035 年远景目标纲要》明确指出，要深化金融供给侧结构性改革，健全多层次资本市场体系，提高直接融资特别是股权融资比重，增强金融服务实体经济能力，健全符合高质量发展要求的金融制度。证券业作为直接融资的主要媒介和实现手段，其担当的历史使命与其目前在金融市场结构中的地位极不相称（见表 15），理应大力发展。

表 15 我国金融业指标结构

单位：万亿元

	总资产	收入	利润
银行业 *	344.76	6.05	1.99
保险业	24.89	4.49	0.22
证券业	10.59	0.50	0.19
合计	380.24	11.04	2.40

* 收入、利润为 59 家上市银行合计数。

资料来源：中国人民银行网站、中国证券业协会网站、山东省亚太资本市场研究院。

2. 加速打造航母级券商，提升海内外市场的竞争实力

中国作为全球第二大经济体和资本市场，证券业资产规模小，头部券商与顶级投行的国际影响力也相去甚远（见表16）。

表16 2021年我国证券业与国际头部券商主要指标对比

单位：万亿元

	总资产	收入	利润
我国证券业	10.59	0.50	0.19
中信证券	0.98	0.04	0.02
高盛	9.30	0.38	0.14
摩根士丹利	7.60	0.38	0.10

资料来源：中国证券业协会网站、各券商年报、山东省亚太资本市场研究院。

中国证监会自2020年4月1日起取消证券公司外资股比限制，目前已有多家公司提交设立证券公司申请，或将参股的证券公司变更为控股或全资子公司。外资加速进场将引发"鲶鱼效应"，其成熟资本市场的丰富经验和国际影响力，给我国证券行业带来了新的机遇，也增大了竞争压力。资本市场改革开放加速，为了应对国际投行的竞争压力，本土券商需要扩大规模、提升专业能力，同时要"走出去"提高国际市场的话语权。与海外投行相比，国内券商在FICC、做市和金融科技等方面存在短板。在我国证券公司基础金融功能实质性拓展未能实现顶层设计有效突破的情况下，国内券商仍需在拓展资产运用方式和空间中探索新的路径，或者在未来的系统重要性机构和航母级机构中争取制度红利，或者基于平台进行有效业务创新，或者积极寻求并购机会，以提升资本实力和自身综合能力，打造我国的航母级券商。

（二）我国特有的股权结构仍是阻碍券商并购重组、做大做强的重要因素

与发达国家证券业早期以合伙制为主、后期以社会化的股份制为主不同，我国券商绝大多数由国有企业或地方政府发起成立，近期一些地方金融控股公司又谋求获取券商牌照，因此，我国证券公司以国有控股为主。截至 2021 年底，A 股市场上市的 48 家证券公司中，国资背景股东控股的有 35 家，有 6 家无实际控制人，仅有 7 家为民营控股。

我国券商大多是地方性的中小券商，这些券商又是并购和重组的主要对象，但大部分券商仍然受地方政府控制。地方政府往往基于以下原因对地方券商予以保护：一是证券公司是地区形象和经济实力的重要标志；二是拥有一家控股证券公司有利于本地的资源整合和资本运作；三是证券公司作为持牌机构，牌照仍是稀缺资源；四是在一般情况下券商是各地利税大户和高质量就业机会的重要提供者。因此，地方政府往往会将地方资源向本地券商倾斜。在本地券商出现困难时，地方政府一般会出面在人员、资金、政策上进行扶持，并干预外来力量的介入。

股权结构带来的地方保护，既损害了证券市场的公平竞争，妨碍了当地券商竞争力的提升，也给券商的跨区域并购重组带来了很大的障碍。一是当地资源向本地券商倾斜，使本地券商疏于创新进取也能维持生存，本地券商失去创新驱动力，这是我国中小券商普遍缺乏竞争力、业务同质化的一个重要原因。二是在地方保护情况下，产权管理难以到位，预算约束软化，流动性差，券商重组缺乏产权刚性约束下的利益驱动。三是由于证券行业的特殊性，券商所有者与经营者之间存在更大程度的信息不对称，从而在产权缺陷导致所有者缺位的情况下，对经营者的监控和约束更为困难，道德风险和逆向选择行为更加严重。由于重组可能在一定程度上损害自身利益，因此许多券商尤其是被并购的弱势券商的高管，往往从自身利益出发，对于并购重组持抵触态度。在已发生的券商重组中，要么是在一个区域范围内地方政府推动，要么是发生重大风险不得已而被接管，很少有大规模的跨地区的并购行为。

（三）国企改革、金控申设将引发一波并购潮

随着新一轮深化国资国企改革、完善国有资产管理体制重大举措的实施，由"管资产"向"管资本"转型成为大势所趋，整合金融资源不仅是

地方金融发展的需要，也是借力金融资本实现产融结合，推动金融服务实体经济的有效途径。同时，2020 年金控新规落地实施后，地方金控平台面临转型压力。券商牌照是申请金控的六类核心牌照之一，券商凭借其强大的融资与服务功能、卓越的投资研究能力以及较为出色的投资收益表现，成为地方金控平台重点关注对象。

目前，申设金融控股公司的制度红利还没有充分显现出来，但作为宏观审慎监管的一部分，随着我国经济形势的好转、金融服务实体经济约束的强化、防范金融风险措施的到位，金融控股公司必然会成为一种有吸引力的组织形式选择。预计国企改革、金控申设背景下的券商并购可能会沿着两条线展开。一是一些具备实力而缺乏券商牌照的金控平台并购证券公司，完善产业布局。二是一些在同一实际控制人或关联控制人控股下的券商间发生并购。以上市券商为例，华安证券（600909. SH）、国元证券（000728. SZ）的实际控制人同为安徽省国资委；国泰君安（601211. SH）由上海市国际集团有限公司控股，华鑫证券的实际控制人是上海市国资委；财通证券（601108. SH）的实际控制人是浙江省财政厅，浙商证券（601878. SH）由浙江省交通投资集团有限公司控股；国务院国资委是东方证券（600958. SH）、招商证券（600999. SH）、东兴证券（601198. SH）、光大证券（601788. SH）、长城证券（002939. SZ）5 家券商的实际控制人；中央汇金则控制了中信建投（601066. SH）、中金公司（601995. SH）、中国银河（601881. SH）、申万宏源（000166. SZ）4 家券商。

（四）差异化发展是中小券商的破局方向

在打造航母级券商、监管部门扶优限劣倾向显著的政策背景下，中小券商面临业务高度同质化、行业集中度上升、市场竞争趋于激烈等多重困境，经营压力和风险积累不容小觑。中小券商只有通过差异化发展、特色化经营才能突出重围，实现跨越式发展。

一是深度梳理自身资源禀赋，尽早确立差异化战略定位。当前，由于经营模式雷同以及专业能力的匮乏，大量中小券商集中于区域内通道类业务，在激烈竞争的冲击下市场份额被不断压缩，风险管理能力面临较大考验。在现有行业格局下，中小券商应详细梳理自身的资源禀赋，基于公司在特定行业、区域、业务、客户群体等方面的竞争优势，结合资本市场与证券行业的最新状况以及发展趋势，制定差异化战略转型方案。

二是聚焦细分业务领域，打造具备核心竞争力的专业品牌。中小券商既可以利用地域资源优势，加强与当地政企合作，提升本地化服务水平，补充大型券商的功能缺失，填补市场需求的空白区域，从而培育地域差异化优势；也可以从自身资源禀赋出发，在经纪、投行、研究、投资、财富管理、金融科技等业务领域扬长避短，建立核心竞争优势，形成自己细分业务的专业品牌。

三是积极挖掘具有协同效应的外延式并购机会，实现弯道超车。通过与收购对象优势互补，提升纵向业务深度及横向业务广度，实现规模扩张与行业地位的提升。比如可以收购数字化财富管理平台，扩大财富管理客户规模，实现财富管理业务的跨越式发展。

四是加大对优势专业领域人才、科技等基础资源投入力度，为公司实现跨越式发展提供强大的资源支撑。

参考文献

吴奉刚：《证券公司集团化——模式与治理》，中国金融出版社，2006。

范湘凌：《救助性并购：问题金融机构市场退出的路径选择》，《西南金融》2008年第2期。

赫凤杰：《美国投行FICC业务发展经验及启示》，《证券市场导报》2016年第10期。

胡智：《金融业并购重组理论评析》，《国际金融研究》2000年第6期。

马君潞、满新程：《国外金融机构跨国并购的效率研究的最新进展及对我国银行的启示》，《国际金融研究》2005年第1期。

屈超、高鹏：《金融开放、证券公司多元化经营与效率》，《金融与经济》2020年第8期。

苏婧、冯晓琦、李思瑞、李舜禹：《我国大型券商的海外并购动因、效益和风险》，《改革与战略》2015 年第 11 期。

闻岳春、程天笑：《买方投顾时代国内证券公司财富管理转型思考——美国投行的经验借鉴》，《上海立信会计金融学院学报》2020 年第 12 期。

谢洪明、李哲麟：《并购理论的演进及展望——基于文献计量的研究》，《浙江工业大学学报》（社会科学版）2017 年第 6 期。

熊良俊：《当前国际金融并购主要特征及启示》，《中国金融家》2010 年第 2 期。

许劲、王玮、韦宏丹：《内部化理论起源、特征与发展的研究述评》，《经济研究导刊》2020 年第 17 期。

徐晓云：《中小券商差异化发展研究》，《改革与开放》2021 年第 21 期。

左欣然：《追寻券商并购之路：历史的机遇与自我的机会》，《方正证券行业研究报告》2020 年 6 月 3 日。

海通证券课题组：《证券公司差异化发展与特色化经营研究》，《创新与发展：中国证券业》2018 年论文集。

王维逸：《中美证券公司并购回顾与展望——券商整合是巨头诞生、化解风险、扩展版图的有效途径》，《平安证券行业研究报告》2020 年 8 月 13 日。

B.7
中国证券公司治理研究（2022）

摘　要： 目前，我国证券公司治理水平与治理能力均与发达国家头部券商存在较大差距。我国证券公司内部治理股权结构相对集中，组织架构有待优化，独立董事形同虚设，监事会监管缺位，激励约束模式需要创新。这些特点导致证券公司表外监管难度大，股权国有特征明显、管理不灵活，券商要素配置的市场化机制缺失，证券业产品同质化导致低效内卷等问题。因此，证券公司应该优化股权结构，完善组织架构，厘清职能部门权责关系，探索更多激励约束机制，强化外部监管，构建证券业要素的统一配置市场，以进一步完善我国证券公司的治理体系。

关键词： 公司治理　证券公司　注册制改革

2022年4月30日，习近平总书记在主持中共中央政治局第三十八次集体学习时强调，要更好发挥资本市场功能，为各类资本发展释放出更大空间。① 资本市场的重要性对于今后我国的发展愈加凸显。然而在俄乌冲突持续、美联储加息缩表、新冠疫情散发、房地产行业预期转向的多重影

* 江强，山东工商学院自贸区研究院副院长，研究领域为出口贸易与经济增长、全球价值链、国际分工陷阱；吴奉刚，山东财经大学金融学院副教授，硕士生导师，研究领域为金融政策、资产定价、企业改制与IPO、并购重组、资产证券化等。

① 《更好发挥资本市场功能》，《经济日报》2022年5月16日。

响下，资本市场权益类资产的估值大幅杀跌，净值化管理的很多金融产品破净。大背景下，受供给冲击与通胀的自我螺旋强化，全球经济将进入"滞胀"阶段，各大机构均对未来的全球经济表示担忧。资本市场根本的盈利模式与生存逻辑依托实体经济的发展，投机产生的收益不仅会造成金融风险，也会形成与实体经济争利的不利局面。证券行业作为资本市场中重要的市场主体，依然离不开实体经济的繁荣。2022年，宏观经济下行压力增大给证券业的发展带来了一定的不利影响。然而辩证分析，证券业服务于实体经济的方式具有一定的特殊性，实体经济表现越差，宏观经济降杠杆、增加直接融资的需求就越多，证券业所承担的责任就越重。并且证券业作为上市公司的承销与保荐机构，承担了我国创新驱动战略的重要任务，是我国资本市场高质量发展的重要"守门员"。因此提高证券公司的治理水平，保障证券业在我国宏观经济发展中所承担的重要责任意义重大。

相比发达国家证券公司，我国证券公司具有一定的特殊性，具体体现在行业属性、公司规模、业务发展现状、股权结构、金融创新、未来战略等方面。但证券公司不论选择何种公司治理方式，均需回归证券业本质，在服务好股东权益的同时，对接好国家的顶层设计与战略需求。本文根据证券行业发展的国内外局势变化、各证券公司发展本身存在的治理问题展开研究，并提出优化证券公司治理结构的建议。

一　证券公司治理逻辑及意义

公司治理问题产生于公司所有权与经营权的分离。随着股东数量的增加，不同股东所持有的权益份额差异变大，究竟由哪位股东来实现对公司生产经营的管理？中小股东在持有股权的同时，如何参与公司生产经营，如何有效监督公司的正常运转？这些问题均涉及公司治理问题。总体上，在部分股东甚至全部股东对公司的控制权变小的同时，如何保证股东的利益？这涉及股东委托经理层的"委托—代理"问题的解决。即使解决了代理成本问题，若干股东如何一致行动保证全体股东利益？是否存在大股东或控股股东与经理层联合从公司经营过程中谋取私利？这些问题也属于公司治理的范畴。

证券公司经历了较长时间的发展实践，绝大多数券商的所有权与经营权已经分离，而且规模越大，分离得越彻底，因此需要对券商的治理问题展开研究。根据行业特征，证券公司治理过程中存在的问题还不同于工业制造业或一般服务业。证券公司的业务范畴主要有股权交易、资金配置、财富管理，业务开展中容易使公司的表外资金参与业务经营过程，业务隐蔽程度较高。而且表外资金会主动挑选溢价较高的业务环节，从而导致股东权益受损，降低了证券公司治理水平。除此之外，证券公司还存在与一般行业相同的治理问题。

以中国最大的券商——中信证券（600030.SH）为例分析，中信证券（600030.SH）是一家股份制上市券商，于2003年1月6日在上海证券交易所挂牌，中信证券由中国中信集团、中信兴业信托投资公司、中信上海信托投资公司、中信宁波信托投资公司共同出资成立，主要经营范围包括证券的经纪业务、证券承销、资产管理、证券的投资顾问等。在董事会与经理层的人事构成中，如何平衡四家出资方的话语权，是涉及中信证券的第一个治理问题。而中信证券（600030.SH）出资方主要是国有控股单位，国有控股与民营控股在公司治理中存在很大的差异，平衡双方目标约束是第二个治理问题。中信证券（600030.SH）的董监高等人事任免基本归于上级党委组织部，在市场化运作的中信证券政企体制下，组织部门遴选的董监高人员能否胜任证券公司的工作是第三个治理问题。中信证券（600030.SH）作为国有控股单位，除了要承担盈利的市场职能外，也要担负一定的社会责任与公益性目标，然而这种社会责任与公益性目标边界比较模糊，进一步淡化了作为市场主体的盈利目标，这可以看作第四个治理问题。除此之外，证券公司的业务主要是经营资金的投融资，信息是最重要的要素，在涉及资产管理、证券自营、投行等业务部门时，经理层可以轻易将拥有的信息优势嫁接到自有资金或外部金融机构，赚取超额收益，信息的隐蔽性加大了对经理层的监管难度，这是证券公司区别于其他行业的治理问题。因此，从微观视角分析，证券公司治理水平的提升是股东权益与中小投资者利益的重要保障。

作为上市公司 IPO 的辅导机构，券商对未来的经济转型以及资本市场的发展极具战略意义，不论是早先成立的沪市、深市、港交所，还是以"专精特新"中小企业为主体的北京证券交易所，多层次资本市场承载的优质上市公司均需要证券公司的严格把关与精准辅导，因此证券行业在可预期的将来对于宏观经济要发挥更大的作用。证券业只有不断提升治理水平，才能更好地承担其应有的责任。

二　中国证券业环境分析

公司治理是现代公司创造价值的基础与架构条件，通过构建有效的治理机制和内控制度，平衡好股东与管理层、大股东与中小股东、公司与其他利益相关者的关系，形成健全的激励约束机制，为企业创造价值提供保障。证券公司作为我国金融领域的重要中介与保荐机构，国有控股成为维护系统性金融安全的重要制度安排，但实践中，我国证券公司却不同程度存在治理漏洞，诸如出现的道德风险、代理问题，这在一定程度上反映了我国券商的公司治理水平不高。券商治理中存在的问题，不仅不利于券商及整个行业的治理与发展，同时在一定程度上破坏了我国整个金融系统以及直接融资机制，难以支撑我国创新驱动发展战略。

根据证券行业发展态势，金融科技与线上业务创新进一步加大了证券公司的治理难度。证券行业在网络金融与鼓励金融创新的背景下，不断开展相关展业经营与金融业务创新，并且业务开展大多通过线上运营，金融业务创新加上科技支撑，放大了我国证券公司的金融风险，增大了证券公司的治理难度。例如，网上开户、网上证券交易早已实现，但是网络安全问题、系统稳定性问题，增大了对券商的管理难度，这些问题给证券公司的内部控制提出了新的挑战。① 分析证券公司的治理问题首先要研究证券公司的发展现状与行业环境。

（一）证券业经营数据

根据中国证券业协会公布的 140 家证券公司未经审计的年度经营数据，2021 年，证券业全行业实现营业收入 5024.10 亿元，净利润 1911.19 亿元，相比 2020 年分别增长了 12.03% 和 14.23%。资产规模方面，截至 2021 年 12 月 31 日，140 家证券公司资产总额为 10.59 万亿元，同比增长 19.07%，净资产为 2.57 万亿元，同比增长 11.34%。

具体各业务板块，自营业务是证券公司第一大业务收入来源，全年实现收益 1641 亿元，占当年营业收入总额的 32.7%。传统经纪业务得益于 2020 年结构性牛市的延续，市场证券成交量依然维持高位，2021 年证券业经纪业务实现净收入 1529.62 亿元，同比增长 19.6%。随着注册制改革的不断深化，我国直接融资迎来了发展的高峰，企业债券融资也同样维持高位，2021 年证券投行业务实现净收入 699.83 亿元，同比增长 4.12%。随着资管新规过渡期收尾，资产管理行业进入了公募化转型与净值化新阶段，2021 年证券公司资管业务实现净收入 317.86 亿元，同比增长 6.10%。具体资管业务结构中，虽然单一资产管理规模持续收缩，但以主动管理为代表的集合资产管理规模大幅增长。整体而言，2021 年证券业获得了较快发展，业绩在 2020 年高基数的基础上进一步延续。

（二）中国证券行业特点分析

改革开放以来，我国逐渐利用市场机制发展经济，并建立了具有中国特色的社会主义市场经济体制。市场配置资源的信号是价格机制，包括资本这

---

① 证券公司的交易平台崩溃是网络交易安全的重大问题，2020 年 7 月，曾有用户反映招商证券系统出现问题。2021 年 10 月 28 日，"同花顺" App 出现了网络异常，中国证监会浙江省监管局根据《证券基金经营机构信息技术管理办法》对其出具了警示函，并记入证券期货市场诚信档案。

一生产要素在内，资本的价格引导了资本的配置。在市场机制条件下，价格由供求双方共同议价决定，任何人为的干预都会形成要素配置扭曲。证券行业作为资本配置的重要中介机构，在承担直接融资功能的同时，将进一步纠正我国银行业多年来形成的资本要素市场扭曲，为创新驱动发展战略保驾护航。因此，国家从多个方面对资本市场进行改革，并进一步试行注册制，资本市场可谓迎来了重要的历史机遇。随着我国房地产行业的预期转向以及银行理财新规的试行，我国居民储蓄将不断从银行存款转向权益类投资市场，证券业资管部门将迎来发展的春天。

证券行业在经历了 30 多年的发展以后，其合规水平与制度建设水平均大幅提升，已经逐渐规范化运行，但是仍然存在很多问题，制度监管漏洞客观存在。证券业承担着国家直接融资的重要责任，因此证券行业需加快制度建设，不断提升公司治理水平。研究券商治理问题，需明晰券商发展的行业特点，现阶段中国证券业发展存在以下特点。

1. 证券公司数量多，但服务水平低

中国的证券公司数量众多，证券市场仍处于角逐状态。根据中国证券业协会的数据，截至 2021 年，我国共有 140 家证券公司。按照证券行业发展规律，并比较我国与发达国家资本市场的市值总量、上市公司数量、投融资需求等多个指标，我国应该具备一两家头部券商。但从规模、业务创新、服务水平等多个方面来看，我国前几大券商均落后于全球几大头部券商与投行。中信证券（600030.SH）总经理邹迎光在 2020 年金融街论坛年会上阐述该问题：“我国前五大证券公司的净资产总和才刚刚跟上高盛一家，而净利润方面，高盛要比我国前五大券商总和还多 20%。”这充分说明了我国证券业的发展现状，辩证来看，也体现了证券业的发展潜力巨大。

究其原因，我国券商的市场化服务水平不高。由于很多券商具有地方国资背景，因此依靠地方政府对区域内企业的联动实现了对区域性市场的垄断，尤其是在地方国企 IPO 与再融资过程中，地方国资背景的券商具有一定的优先权。区域市场的垄断损失了竞争产生的效率，这也是我国券商服务水平不高的原因。

2. 证券公司竞业程度高，同质化竞争严重

当前我国证券公司存在严重的同质化竞争，收入主要来自经纪业务、投资银行及自营业务，盈利模式相对比较单一。多家券商争夺有限市场导致传统业务的竞争不断加剧，证券的牌照红利"护城河"渐趋消失，尤其是中小券商在同质化竞争中，未来发展面临重重约束。然而客户的需求日益多元化，这对证券公司的业务能力与业务创新水平提出了更高的要求，中小券商修炼内功，深耕避开规模效应的业务板块成为发展的战略选择。

随着证券行业的不断转型升级，各大券商积极推进发展模式创新，避免同质化竞争，结合公司禀赋打造自身比较优势成为发展的方向。例如，财通证券首创金融顾问制度，并通过金融顾问市场化与数字智能化试点，探索数字券商发展的特色道路；国泰君安通过设立数字型财富中心，以数字化转型引领行业变革新趋势，驱动公司数字化业务加快推进，具体业务从基于社交关系的全业务服务向基于平台的数智化财富管理服务转变。①

3. 资管业务市场化程度高，量化投资加剧风险

证券公司各业务板块中，资产管理业务市场化程度更高，从人才资源的配置到资产配置均通过市场竞争实现，并且随着银行业资管新规的施行，各金融机构资产管理业务竞争程度更高，客观上有利于证券公司资管业务的发展。在激烈的市场竞争下，证券公司的资产管理水平将大幅提高。券商资管业务中，借助金融工程开发量化投资，程序化交易短期内能获得收益，但是放大了整体系统性风险。② 程序化交易的设计语言往往在震荡市场或者波动率较大的市场中具有优势，然而整体估值居高位时，依然沿用固有的量化交易模

---

① 2021 年，国泰君安发布《集团全面数字化转型总体方案》，提出打造"SMART 投行"愿景，启动实施全面数字化转型战略。预期接下来几年，国泰君安数字型财富中心将建设落地，从数字网点、数智队伍、数字底座、数智平台四个方面出发，首先实践更高阶的证券业数字化转型。

② 量化交易的设计是利用信息特征进行买卖，并非价值投资，属于依靠投机赚取金融收益。短期内的市场交易特征促进了量化交易的成功，但是一旦出现系统性金融风险，依靠金融工程实现的量化交易便难逃市场的挫败。2021 年初，基金抱团形成部分股票估值大幅提升，但是后续的下跌却加速了量化交易基金的下跌。

型不仅难逃顶部大跌风险，甚至会成为空头力量，加剧风险释放。

4. 券业"马太效应"显现，头部券商市占率将进一步提升

相比过去，我国证券公司的规模与数量均创历史新高，但我国经济从高速增长转为中高速增长以后，证券业的全业务板块都受到不同程度影响，尤其是资管业务对资本收益率预期逐渐降低，这加速了行业洗牌与竞争。如投行业务在 IPO 定价机制逐渐市场化以后，二级市场股权溢价也大幅缩水，很多新股发行以后破净，券商投行业务盈利大幅降低。证券公司在数量扩张的同时竞争加剧，证券业"马太效应"凸显，头部券商市场占有率将进一步提升。具有地方国资背景的中小券商有地方政府的扶持，虽然有利于其发展，但随着全国统一大市场的构建，地方保护中小券商的现状将被逐渐打破。长期来看，头部券商的竞争力将进一步提升。

头部券商市占率提升的另一个逻辑体现在金融科技的加码，多家头部券商将金融科技视为"核心竞争力"之一。通过金融科技的助力，依托金融科技实现证券业务的"数字化转型"，头部券商的业务范畴逐渐突破原有的区域壁垒限制，市场份额进一步提升。因此，头部券商对金融科技的规模化投入拉开了其与中小券商的差距。

5. 证券业进一步对外开放，内外资同台竞技

中国资本市场坚定深化改革，推动高水平对外开放。其中证券市场不断加大开放力度，从外部竞争引入"鲶鱼效应"，客观上有利于推动证券公司治理水平提升。根据 2019 年 7 月 20 日国务院金融稳定发展委员会办公室公布的《关于进一步扩大金融业对外开放的有关举措》，我国已经在 2020 年全面放开对证券公司的外资股比限制，国内证券公司将面临更激烈的市场竞争。实际对比，即便是我国的头部券商，在与国际知名投行"同台竞技"时，仍然难以取得竞争优势。未来外资独立成立证券公司、投资银行、基金公司，在加剧国内证券行业竞争的同时，客观上也有助于我国券商治理水平的提升，更好地服务实体经济。

6. 证券业体制性约束亟待改革

根据中国金融业相关法律与制度规定，中国金融业选择分业经营、分业监管的组织架构，很多券商归属的集体公司同时拥有商业银行的经营牌照。在国外投行的发展历程中，欧美国家多允许混业经营，投行与商业银行并表经营，这为客户拓展和金融服务的纵向一体化提供了方便。中国分业经营难以整合彼此资源，同时商业银行的资金难以嵌入证券资管与投行部门，商业银行的客户体系也难以被证券部门挖掘，分业经营导致的体制性约束不仅需要从制度上打破，更需要券商与银行体系的协同联动，具体发展机制需要根据我国金融发展情况进一步探索。证券业体制性约束还体现在证券公司高管的任免，由于部分券商具有国资背景，组织对券商董监高的任免很难考虑其对职位的胜任程度。证券业是高度专业化的行业，需要集成化金融知识背景和长期从业经历锻炼，如果不依靠市场机制对券商高管进行筛选，可能难以保障证券公司的发展。

7. 全面注册制改革，券商责任进一步强化

随着我国资本市场全面注册制改革与实施，证券公司的中介责任进一步强化，特别是在信息披露与违规造假方面，证券行业要严把 IPO 的"入门关"。注册制的实施与推行将提升我国上市公司的整体质量与治理水平，理顺证券公司的责任与权益并进一步匹配。每一家券商在当下注册制改革的环境中都需要重构自身的管理体系与提升治理水平。特别是证券公司的具体业务要进一步落实责任主体，涉及券商的尽职调研、增值服务、研究分析、信息披露、后端监督等业务。证券公司上述业务流程的目的是深度绑定自身中介机构的责任，最终实现保护二级市场投资者利益的目的，构建中国资本市场的新生态。

8. 行业环境对证券公司治理模式提出更高要求

当下我国资本市场发展迅速，涉及资本市场的相关制度正加快完善，因此证券行业的发展环境整体上有利于证券公司的规范化运行。资本市场基础制度安排、竞争加剧、监管趋严均强化了证券公司的主体责任，种种行业环境变化对证券公司治理水平提出了更高要求。证券公司只有从内部提高其治理水平，提高业务发展的合规程度，才能应对当下的行业环境。也只有完善证券公司治理体系，从内部构筑公司健康发展的基础和制度，才能使当下行业环境有利于公司的长期可持续发展。

三 中国证券公司治理特点分析

证券行业具有区别于其他行业的治理特点，券商的业务需求导致证券行业具有特殊的组织架构，其内部治理除保留一般公司的治理结构外，还会根据业务发展垂直或水平设置新的事业部，推动公司的内部治理。通过比较其他国家证券公司的典型治理模式，中国证券公司的外部监管与约束均具有一定的独特性，但我国证券行业也存在与发达国家证券行业类似的治理问题。整体上，中国证券公司的治理具有以下特点。

（一）中国证券公司的内部治理机制

《公司法》对公司内部组织架构的一般规定为公司内部治理提供了一套行之有效的治理标准，尤其是针对所有权与控制权之间的制衡关系，在厘清公司内部各部门权利与责任的同时，力求实现各部门拥有权利与承担责任的量的统一。除组织架构的设计外，公司治理还受到股权结构、股权所有制形式、高管任免方式、公司业务需求等方面的影响。中国证券公司经过若干年的发展，已经具备较为完善的内部组织架构，并根据业务需要衍生新的事业部和子公司。但是从实际公司运营现状分析，不论是上市券商还是非上市券商，根据业绩判断其公司治理水平，依然不理想。[①] 具体内部治理机制及存在问题如下。

1. 相对集中的股权结构

改革开放以后，我国从计划经济转向市场经济，证券公司是我国根据市场经济发展需要开展的直接融资试验，早期的证券公司主要由国有商业银行发起成立，存在股权结构单一、法人治理结构不完善的问题。随着后续的证券公司改革，国家陆续推出《证券法》《证券公司管理办法》等相关法律法

---

① 证券公司的业绩在大部分年份表现平平，甚至在资本市场牛转熊的过程中，业绩会亏损。牛市中的业绩来自自营业务与经纪业务的贡献份额较大，不能代表行业历年平均业绩水平。

规，我国证券公司资本方逐渐分散，股权结构从单一走向多元，但是总体上中国证券公司的股权结构依然无法实现多方制衡，股权集中度较高。其中，股权集中度最高的是华林证券，第一大股东深圳市立业集团有限公司，连续多年持有华林证券 64.46%的股权，"一股独大"的局面难以形成多方共治机制。实践层面上，华林证券在 2020 年受到中国证监会重罚，中国证监会根据对华林证券的检查结果，总结了实际控制人股权过大存在的内控问题归结于华林证券的家族控股事实。根据股权集中度的大小，本文将上市券商分为三类：绝对控股，第一大股东股权占比超过 50%；相对控股，第一大股东持股比例为 20%~50%；股权分散模式，第一大股东持股比例低于 20%。目前绝大多数上市券商依然属于相对控股模式，离股权分散差距较大（见图 1）。这种事实客观上与我国证券行业发展时间较短有关，但是从公司内部治理角度分析，我国证券公司的股权需要进一步分散，进而形成股东多头治理的格局。

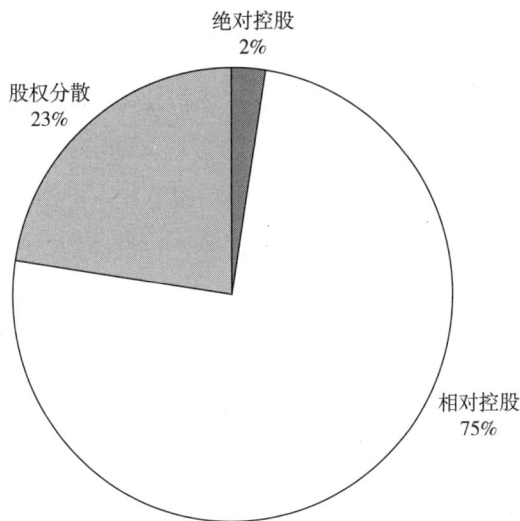

图 1　2021 年中国上市券商控股模式分类

资料来源：Wind、山东省亚太资本市场研究院。

券商的股权集中还体现在具有国资背景，这类券商的股权结构以国有性质为主，国有性质的证券公司在董事会、经理层的聘任与筛选方面以体制内人才流动为主，市场化遴选人才主要体现在业务层面，董监高的人事任免要充分考虑党委组织部门的意见。这在保证了证券公司的性质与宗旨的前提下，也造成了董监高等高级管理人员的业务水平可能低于市场化的券商，尤其是与国际头部券商相比，国有性质的券商高管在行业发展的前瞻性、业务运营的市场化、风险规避的预见性等方面相对较弱。

2. 证券公司的组织架构有待优化

公司的组织架构体现了公司的治理现状，行业差异导致公司的组织架构存在差异。组织架构的设计与完善往往伴随着公司业务的发展，具体体现在公司规模、不同发展阶段、不同发展战略对应不同的组织架构。我国资本市场经历 30 余年的发展，证券公司的各种职能不断完善，并且随着资本市场对金融创新需求的增长，证券公司不断衍生出新的职能，因此其组织结构也更加复杂，甚至当内部组织结构无法承担其业务发展与治理能力时，部分职能开始独立并外部化。目前证券公司的资产管理职能已经独立于原有的组织结构，证券公司通过控股子公司或分公司达到分化职能的目的。总体上我国证券公司的组织架构实现了对公司较好的管理，随着组织架构的不断完善，公司治理水平也不断提高。但证券公司目前没有统一的组织架构形态，由于各证券公司的业务侧重具有差异，部分证券公司设计的组织结构往往体现了自己的需求，究竟这种组织设计"自治"能否适应我国资本市场的发展、能否满足证券公司提高治理水平的需要，依然很难下结论，并且实践中存在一些问题。如我国证券公司业务覆盖大而全，组织架构相对臃肿，人才并没有实现有效更新与流动，管理体制相对僵化。[①] 除此之外，证券公司追求扩张，规模与管理层次大幅增长，科层制与事业部制导致集权化程度较高，阻

---

① 以我国的中信证券、国泰君安和国外的高盛、美林进行对比分析。高盛专注于投行业务与咨询业务、美林专注于证券的经纪业务，所以其组织架构设计相对简单；中信证券、国泰君安作为国内的大券商，几乎覆盖了所有的证券公司业务范畴，所以科层级数与事业部数量远高于单一业务的券商，臃肿的组织架构容易导致管理体制僵化。

碍中层与基层员工能动性发挥。① 近几年，反倒是通过控股子公司分化职能的证券公司，其治理水平与效率提升了很多。因此，组织架构的优化是证券公司内部治理水平提升的重点之一。

3. 独立董事形同虚设

治理机制落实最直观的体现是治理结构，具体通过公司的组织结构设置来实现，独立董事制度是其中之一。独立董事制度是英美法系下，为了监督董事会、提升公司治理水平而产生的重要制度。该项制度的产生与发展有其独特的历史文化背景，在分权制衡的资本主义法律体系下，确实发挥了较好的公司治理作用。然而引入独立董事制度到我国的上市公司甚至上市券商中，其能否提升公司治理水平却成为问题的关键。目前，上市券商均根据中国证监会发布的《关于在上市公司建立独立董事制度的指导意见》聘请多名独立董事，但是根据独立董事的背景与有关独立董事的公告，独立董事大多是具有社会名望的学者、专家，很多并未对上市公司的治理进行系统研究，因此独立董事的效能也难言乐观。

从上市证券公司董事会人数、独立董事人数及其占比的统计数据来看，中国42家上市券商中，董事会成员人数分布并不均衡。最少的董事会成员数为6人，分别为东方财富、中信证券、华林证券。国泰君安董事会成员数最多，为17人。可见，董事会成员数的分布较为分散（见图2）。

独立董事人数分布比较集中，大多为3~5人的设置（见图3），聘请2人作为独立董事的上市券商仅有2家，分别为东方财富与华林证券，同时其董事会成员也较少，仅为6人。如果董事会成员与独立董事人数较少，在股权较为集中的情况下，独立董事行使权力将受到大股东所控制董事会的影响，如在华林证券的大股东控制董事会的情况下，独立董事的独立性将难以

---

① 证券行业属于知识密集型产业，信息对于证券公司尤为重要，因此信息传递过程需要快速、畅通，但是科层制的组织架构体系使得信息传递速度缓慢且容易失真，随着证券公司规模的扩大、科层体系的增多，公司内部的沟通成本高企，尤其是当出现系统性宏观风险时，实践表明券商很难开展系统性避险行动。国外券商依然存在该问题，压缩科层体系，保障信息传递的速度、准确性、效率是解决这个问题的关键。

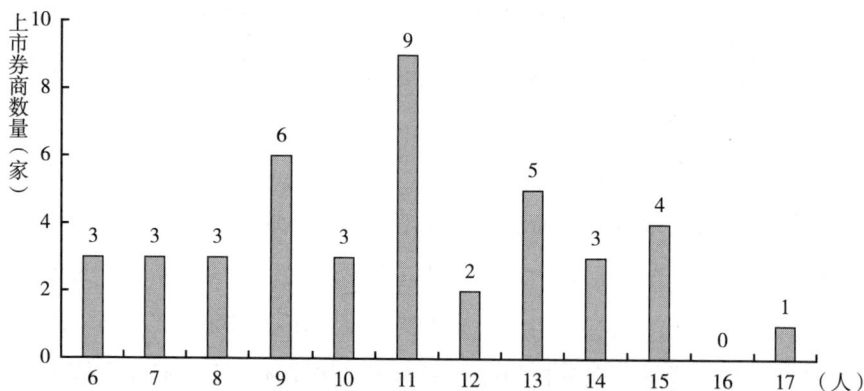

图 2　2021 年中国 42 家上市券商董事会人数统计

资料来源：Wind、山东省亚太资本市场研究院。

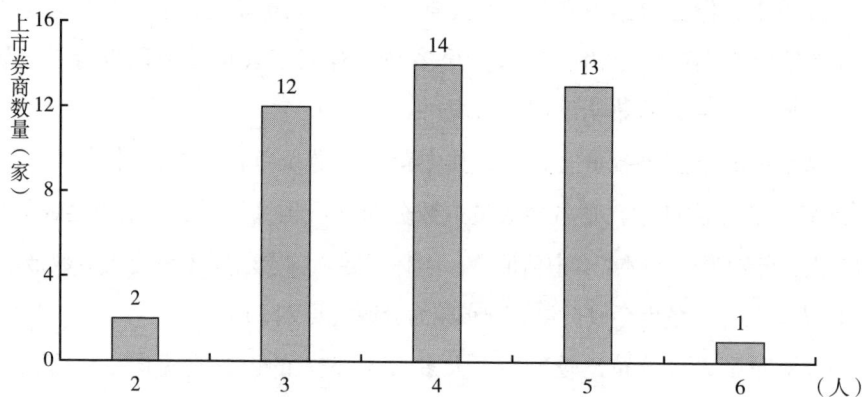

图 3　2021 年中国 42 家上市券商独立董事人数统计

资料来源：Wind、山东省亚太资本市场研究院。

得到保证。东方财富的股权较为分散，第一大股东持股比例仅为 20.57%，可以预见在董事会成员较少的情况下，董事之间话语权较为均衡，独立董事在股权份额及其所属权益较为均衡的治理机制下将更有机会发挥其职能。

根据 Wind 数据，上市券商独立董事人数占董事会成员数的比重较为稳定，绝大多数上市券商独立董事人数占董事会成员数的比重为 33.3%～40%

（见表 1），往往董事会成员数较多时，独立董事人数也较多。如国泰君安董事会人数为 17 人，独立董事人数达 6 人。

表 1 2021 年 42 家上市券商独立董事人数占董事会成员数比重分布

单位：家，%

独立董事占董事会人数比重	上市券商数量	占比
50%及以上	1	2.38
40%~50%	8	19.05
33.3%~40%	33	78.57
33.3%以下	0	0.00

资料来源：Wind、山东省亚太资本市场研究院。

4. 证券公司监事会监管缺位

从证券公司的组织架构来看，在国有企业、上市公司的机构考核与合规流程下，证券公司具有完善的组织部门，并设置监事会，形成了与独立董事并行的内部制衡治理组织架构。但是从证券公司的治理实践来看，监事会的治理水平并不高，存在的问题也不容忽视。

按照《公司法》的设计，监事会是法人治理结构中的重要制衡与监管力量，对于公司的决策、管理层具有否决权。然而实践中的表现与理论并不相符，证券公司的监事会远没有制衡董事会与经理层的实际表现，主要是由于监事任免并非独立于董事会与经理层，大多由董事会与经理层默认选拔。[①] 因此，证券公司监事会对于公司运行过程中的诸多问题很难发出自己的声音。另外，在证券公司的正常经营过程中，监事的参与程度较低。部分监事往往以兼职的形式进入监事会，这就导致监事很难保证将更多的精力投入对证券公司监事工作的执行，因此监事会在证券公司治理中的设计初衷并不容易达成。发挥监事会的监事职能是提升证券公司治理水

---

① 证券公司监事会成员中，除监事长以外，监事人员往往是董事长或总经理的下属，公司高管会通过干预薪酬委员会或人力资源部门来决定监事的薪资待遇，所以从制度设计上，监事的实际从属地位与理论上的职能并不匹配。

平的重要路径之一。

5. 激励约束模式需要创新

上市公司可以通过股票期权激励有效降低股东与代理之间的委托代理成本，上市券商为通过股票期权激励提供了重要条件，然而这一激励约束模式制约了非上市券商通过该模式完善公司内部治理机制。上市券商通过股票期权制度，促使董监高等高级管理人员专注于公司的长期发展，并且能有效防止券商高层次人才的流失，稳定人力资本水平。[①] 因此，上市券商尤其需要重构激励与约束模式，建立如股票期权激励及其创新激励的长期、长效的公司治理结构。目前我国证券公司较少从股权激励方面实现对高级管理人员的治理，大多实行年薪制。我国很多上市券商具有国资背景，主要是在国有控股下的现代企业制度建构，年薪制作为一种短期激励约束制度，难以挑起上市券商发展的大梁，相比股权激励，年薪制无法有效实现对高管的激励与约束。

（二）中国证券公司的外部治理机制

中国证券行业受到相关职能部门的监督与管理，主要是国务院及其下设的中国证券监督管理委员会。各证券交易所在担负证券交易的职能外，也对上市券商的公司经营与信息披露进行监管，尤其是试行注册制以来，上市券商的主体责任进一步细化并落实，交易所对券商的诚信经营提出了更高要求。行业协会是对证券公司外部治理的重要补充，在内生推动证券业规范经营与整体发展的同时，是我国证券公司外部治理的又一重要监督促进机制。

1. 证监会是证券公司治理的重要机制

中国证监会是国务院授权的，对我国证券期货市场进行统一监督管理，维护证券期货市场秩序的最重要的权威机构，是证券公司实现外部治理的重

[①] 证券行业是一个人才密集型行业，并且证券行业的人力资本流动水平极高，然而证券公司在员工的培养成本与试错成本方面花费巨额资金，成熟人才的流失对于证券公司的损失难以体现为表内成本的损失。根据卢卡斯人力资本理论，人才培养过程中，东道主公司付出的成本要几倍于其支付的工资水平。

要机制。其中，中国证监会通过制定制度性文件对证券公司治理进行顶层设计，如《证券公司治理准则》属于外部治理的纲领性文件，并且中国证监会根据资本市场的变化发展逐步修订新的《证券公司治理准则》。

除了对制度安排进行顶层设计，中国证监会对于证券公司的经营、管理起到了外部治理的机构作用。如定期发布证券公司"白名单"①，登上证券公司"白名单"的证券公司属于自身公司治理优秀、风险控制与经营合规水平较高的序列。因此，通过"白名单"制度可以实现外部治理，引领证券公司向好发展。"白名单"制度也能进一步减少外部监管成本，实现券商登陆"白名单"的行业竞争态势。中国证监会发布的前五次"白名单"均没有出现较大变化，体现了新制度试行期间的稳定性，但是 2022 年 3 月发布的第六批证券公司"白名单"将华宝证券、西部证券、浙商证券摘除。事实上，对于已经进入"白名单"行列的券商摘牌处理，客观上起到了证券公司的外部治理作用。

除直接针对券商的监管外，中国证监会还研究制订多轮次的提高上市公司质量的行动计划，从外部监管的角度，用完善的制度推动上市公司的治理水平提升，包括上市券商在内，也将受益于中国证监会推动的提高上市公司质量行动计划。

2. 国务院对上市券商的制度性设计

2020 年 10 月 5 日，国务院印发《关于进一步提高上市公司质量的意见》。其中第二条明确提出提高上市公司治理水平，具体包括上市券商。该意见中明确科学界定了国有控股上市公司治理相关方的权责，健全具有中国特色的国有控股上市公司治理机制。作为提高上市公司质量的顶层设计制度方案，该意见成为提升上市公司质量的纲领性文件。

---

① 中国证券公司"白名单"于 2021 年 5 月第一次发布，随后 7 月、8 月、9 月、12 月分别更新了四次。为了推进对证券公司合规经营与满足风险管理的要求，逐步健全证券业合规经营和风险管理体系，证监会对公司治理、合规风控有效的优秀证券公司实行"白名单"制度，对进入"白名单"的证券公司取消部分监管，并简化部分监管工作流程，着重于从事前严监管转向事中事后监管。

3. 证券交易所的监管

自注册制试行以来，证券交易所对上市公司的信息披露违规情况进行监管，具体监管措施包括对上市公司相关责任主体口头警示、监管关注、约见谈话、要求提交书面承诺监管措施等，上市券商也在证券交易所的监管范围内。2022年4月8日，北京证券交易所对申万宏源、开源证券、东吴证券三家券商保荐人的信息披露违规进行了口头警示。

4. 证券业协会的行业自律

中国证券业协会是证券行业的自律组织，是依据《证券法》和《社会团体登记管理条例》的有关规定设立的机构。该协会宗旨之一是在国家对证券业实行集中统一监督管理的前提下，进行证券业自律管理。行业协会的自律管理是对国家监管机构外部治理的补充，将有效提升证券公司的治理水平。根据中国证券业协会的具体职责，本报告筛选了对证券公司治理水平提升起到一定的外部监督作用的几点：制定证券业执业标准和业务规范；负责证券业从业人员资格考试、执业注册；负责组织证券公司高级管理人员、保荐代表人及其他特定岗位专业人员的资质测试或胜任能力考试；组织制定行业技术标准和指引。中国证券业协会对于证券公司行业规则的完善与统一起到了重要的促进作用，行业自律管理是政府部门监管的重要补充。如2022年5月13日，中国证券业协会发布了《证券公司建立稳健薪酬制度指引》，对券商内部薪酬制度做出了具体规范。考虑到证券公司业绩的周期性，该指引中明确适度平滑薪酬发放安排，做好极值管控，建立薪酬递延。中国证券业协会对证券公司薪酬制度的安排有利于券商的薪酬管理与成本管控，同时能有效防止人力资本的过度流动，对于公司的稳健经营起到了一定的约束作用。该指引中还明确券商的薪酬收入不能与其承做或承揽的项目收入直接挂钩，禁止按比例分成的独立薪酬考核机制形成的过度激励，这项规定主要针对券商投行业务，尤其是在IPO业务团队中，形成了与券商按比例瓜分承销保荐费用的事实，但是高额收益却造成了IPO团队巨大的财务造假动力，不仅有损券商的声誉，而且给后端二级市场投资者埋下了交易风险。

四　中国证券公司治理水平不高的原因分析

（一）资本市场的不完善传导给证券行业

证券公司是我国资本市场发展到一定阶段的产物，是我国融资形式的高级阶段。由于历史原因，我国资本市场起步较晚，虽然相关的法律法规不断完善，资本市场的功能逐渐回归本位，但是目前我国资本市场的总体发展水平依然偏低，资本市场依然存在很多问题。证券公司作为资本市场中重要的组成主体，资本市场的不完善容易传导给证券公司，导致证券公司治理水平不高。当前资本市场的改革已经逐渐走入"深水区"，完善多层次资本市场，理顺资本市场基础性制度安排是金融供给侧结构性改革的重要内容之一。资本市场对于中介机构责任落实的制度安排，将联动证券行业的发展。在提高市场法制化水平、强化投资者保护、提升监管能力等中长期改革推进过程中，证券公司治理水平将随资本市场的完善而提升。

（二）证券公司的行业特征导致表外监管难度大

公司治理关注的核心问题是公司所有权与经营权的分离，以及由此所带来的代理问题与道德风险。证券公司仍然难以逃离一般公司治理存在的问题，但证券公司的治理又具有其行业的独特性。证券公司主要经营金融市场的资金供给与需求，并着重于投行、证券买卖中介等传统业务，因此从业务流程与业务再造过程讲，证券公司的业务模式已经完全超出工业制造业的范畴，更不同于普通服务业的经营模式。证券业务的复杂性与业务流程的隐蔽性使得证券公司的治理难度提升。通过内外部治理有效监督管理层的行为，保护股东权益不受侵害，需要从最底层的制度逻辑进行周密建构。其中，表内业务中风险小、溢价高的环节容易被表外资金嵌入，使得整个表内业务环节的收益率降低，降低了公司治理水平。表外嵌入资金较多的环节是投行业务、基金二级市场买卖等环节，实质上是外部资金对证券公司经营"敲竹杠"，根源在于表外监管难度较大。这需要从制度上防止该类治理漏洞的出现。

（三）股权国有特征明显，所有者缺位

证券行业是我国整体金融体系直接融资中最重要的一个环节，事关我国金融体系的系统性安全，因此国家对证券行业的发展一直保持审慎态度。在股权结构安排上，证券公司的国有控股特征明显。目前我国140家证券公司大多由财政和信托演变而来，其大股东多是国有控股或政府控制下的资管公司。国有控股特征使得所有者存在缺位现象，追溯最终委托人，属于全民所有的国有体制往往很难实现有效监管。没有直接的自然人或者直接自然人控制的法人控股体系，董事、经理层的行为便产生了更大的自由度。虽然组织架构与公司治理制度安排都较为完善，但是委托人的泛化与空洞直接导致治理架构的形同虚设，内部人控制严重。

（四）外部治理体系仍需改进

中国证券行业的发展起步较晚，但外部监管越来越严格，相关法律法规不断完善，以实现外部对证券行业的治理约束。经过30多年的发展，我国逐步建立了以中国证监会及其派出机构为主体，以证券交易所和证券业协会为补充的集中统一的证券公司监管与外部治理体系。根据发展需要，我国又发布了一系列法规性文件和执行细则，具体包括《证券法》《证券公司监督管理条例》等，这些法律法规对于证券公司的业务开展及其合规程度进行规制。实践表明，我国证券行业的公司治理水平不断提升，股东权益受到保护，证券公司治理结构不断完善，但有关证券行业发展的相关法律法规仍然不够完善，部分文件内容较为简单，无法规制实践中证券公司治理出现的问题，并且很多法律规则是从国外直接借鉴过来的，没有根据中国证券市场的实际情况进行有针对性的修改。

根据中国市场实际进行的立法与规则制定，大多是在问题出现或风险暴露以后才有相关行动。实践中，部分治理问题暴露出违法成本明显小于其收益，这使得法律法规的外部治理效能大打折扣。因此，外部治理体系仍需改进。

（五）券商要素配置的市场化机制缺失

资本市场服务于实体经济，本质上配置要素的机制是市场化，其重要的配置信号是价格机制，成熟资本市场充分利用市场化配置机制实现要素在券商之间、券商内部的自由流动，并形成重要的外部治理机制。与发达经济体资本市场并行发展的还存在一个完善的要素市场，如充分竞争的金融人才市场、产品市场、控制权变更机制、独立的外部审计机构、资信评级机构、人才绩效追踪体系、成熟机构投资者等，要素市场的配置功能主要通过释放市场价格信号来实现。完善的要素市场及其制度安排通过市场化运行架构了证券公司的运行模块，弥补了证券公司内部治理存在的不足。目前我国的资本市场依然过度行政化，要素配置存在一定扭曲，如当前我国缺乏经理人市场，券商高管政企不分，在一定程度上弱化了市场力量对证券公司治理形成的约束。再如我国一部分会计师事务所、审计师事务所、律师事务所等第三方独立市场运行机构在执业过程中存在明显的违规、造假行为，甚至与券商内部治理合谋赚取非法收益。

（六）缺乏国外券商竞争

从中国经济增长的实践看，行业内外部企业的竞争是内资企业发展的动力，更是内资企业公司治理结构完善的重要约束条件。考虑到我国资本市场还不成熟，我国证券行业的发展一直处于半开放状态，国外头部券商、投行无法对国内券商形成有效的竞争秩序。

2020年4月1日，取消外资券商进入国内的股比限制，境外金融机构可以设立证券公司。接续这两年，外资券商纷纷加速布局国内市场，并逐渐成为合资券商的实际控制人，如高盛、摩根士丹利、瑞信、瑞银、摩根大通、野村东方国际等国外头部券商。众多全球头部券商、投行等金融机构实控国内合资券商，使得中国本土券商与国外头部券商开始同台竞业，证券业的"鲶鱼效应"在真正取消外资股比限制以后加速搅动国内证券行业。如国外证券公司在财富管理、跨境投行、衍生品创新等领域具有比较优势，在与国内券商竞争中，国外券商的相关业务在同行业资源与要素流动过程中产生技术与管理的溢出与扩散，进而有效完善国内券商的业务规范与提升治理水平。

五　完善中国证券公司治理的基本思路

（一）优化内部治理结构

中国证券公司治理问题主要存在于公司内部，内部治理的完善是证券公司防范风险、规范运行的根本保障。相比外部治理机制，内部治理成本更低，等到外部治理发挥作用，证券公司往往已经受到市场惩罚。实践中证券公司内部治理出现的问题导致风险暴露、经营失败的例子比比皆是，处于同一行业环境、同一宏观背景的不同券商，其内部治理的差异导致了不同券商发展的分化。因此，如何从内部完善证券公司的治理结构显得十分重要。

1. 优化股权结构

股权结构是影响证券公司治理的重要方面，过于集中的股权结构容易形成大股东操纵公司、公司权力集中的现象。最好的办法就是分散股权，形成"多股制衡"的结构。对于当下股权较为集中的证券公司，尤其是国有控股的证券公司，要通过国有股权的减持、转让股权，形成多方共治的股权结构。除此之外，我国证券公司的股权所有集中于国有性质，依然是一个问题。国有控股容易造成我国证券公司产权模糊，经理层很容易在国有控股的掩盖下，形成无约束的经营状态。① 因此，证券公司在股权结构分散化的同时，还要强化自然人或民营法人对证券公司的持股，最终让民营性质作为多方共治中的一支重要力量，防止国有股权集中导致的产权缺位现象，进而防止经理层的无约束。

根据 Wind 数据库对 42 家上市券商的统计，相比 2020 年，2021 年大部分上市券商股权结构并没有发生变化，甚至有的上市券商还存在大股东持股比例增加的情况（见表6）。理论上讲，大股东持股比例增加是公司治理恶化的表现，如相比 2020 年，2021 年西部证券大股东持股比例增加了 7.87 个百分点，并且作为第一大股东的陕西投资集团属于陕西国资委名下企业，进一步凸显了西部证券的国有属性。东兴证券第一大股东持股比例降幅最大，其第一大股东中国东方资产管理股份有限公司持股比例从 2020 年的 52.74%降低到 2021 年的 45.00%，股权的变动直接从最底层的治理逻辑动摇了第一大股东的控制能力。

表6　2021 年上市证券公司大股东持股比例变化情况

单位：%，个百分点

变化情况	证券公司	持股比例	同比变化
增长	西部证券	35.32	7.87
	中泰证券	46.37	5.05
	东吴证券	23.81	0.17
	华安证券	25.16	0.06
	红塔证券	30.17	0.04
持平	国海证券	22.49	0
	华西证券	18.13	0
	西南证券	27.89	0
	国泰君安	21.34	0
	广发证券	22.31	0

---

① 当下证券公司的股权集中于国有控股，是我国证券公司存在治理缺陷的重要解释。我国证券公司内部治理很多规则形式化、表面化，证券公司的内部约束机制出现了党政机构化倾向，对于公司的业务发展无法发挥治理效能。我国国有控股证券公司的经理层因公司产权性质，实际上变成了证券公司的无约束控制层。

续表

变化情况	证券公司	持股比例	同比变化
持平	东方证券	25.27	0
	中原证券	25.74	0
	山西证券	31.77	0
	第一创业	12.72	0
	中银证券	33.42	0
	华林证券	64.46	0
	光大证券	25.15	0
	东北证券	30.81	0
	国金证券	18.09	0
	财通证券	29.03	0
	申万宏源	26.34	0
	太平洋证券	10.92	0
	长江证券	14.89	0
	海通证券	26.09	0
	南京证券	25.01	0
	中国银河	51.16	0
	中信建投	34.61	0
	兴业证券	20.27	0
	招商证券	23.55	0
	方正证券	27.75	0
	中金公司	40.11	0
	中信证券	17.62	0
	长城证券	46.38	0
	国信证券	33.53	0
	国元证券	21.48	0
减少	东方财富	20.51	-0.06
	华泰证券	15.63	-1.69
	天风证券	8.78	-2.64
	国联证券	19.21	-3.66
	浙商证券	54.79	-4.00
	财达证券	32.44	-5.91
	东兴证券	45.00	-7.74

资料来源：Wind、山东省亚太资本市场研究院。

2. 完善组织架构，厘清职能部门权责关系

现代管理学对公司组织架构的设计提出了很多形式，当下证券公司大多采用事业部制的组织架构，这种分权结构在一定程度上促进了证券公司的发展。各事业部在某一特定的业务范畴内发挥决策与执行的功能，在维护公司正常业务发展的同时，也从制度安排中维护各事业部的自身利益。因此，底层制度设计的关键在于衡量各事业部的利益能否与公司正常发展协调一致，事业部之间的权责是否存在冲突。相比完善的架构职能配置，分公司制得到了较好的实践，尤其是券商资管业务。证券公司的组织架构改革，需要遵循组织设计的一般规律，而且各个证券公司需要根据自身业务特点灵活设计组织模块，防止出现管理体制的僵化与权利分配的混乱局面。

3. 更好发挥独立董事的作用

独立董事制度引入国内出现了与我国文化、制度环境脱轨的问题，在公司治理中，独立董事理论上可以制约并监督公司董事会、控股股东、经理层的行为，防止产生高管的机会主义，但是如何更有效地实现独立董事制度引入之初的目的，需要在制度层面进一步完善，使其适应本土的文化、制度环境。如需要在专业性、独立性等方面对上市券商的独立董事设定一定的条件，并就独立董事的权力与责任划分进行统一，形成适应本土券商的独立董事问责机制。从实践来看，我国独立董事的责任有进一步强化的趋势，如在康美药业的集体诉讼案中，独立董事的赔偿责任划分充分体现了独立董事的治理归位。近年来，独立董事出现了一波离职潮，也是自然人根据变更后的独立董事制度安排做出的理性选择，客观上反映了过去独立董事制度运作效率的低下。

4. 监事会职能归位

根据我国证券公司治理的实践，监事会发挥其职能的过程并不完备，证券公司监事会所起到的作用未能与《公司法》及公司治理理论上的要求相匹配，实质上已经被大股东以及董事层、经理层控制。证券公司设立监事会是完善企业内部治理与监督的重要机制，因此我国证券公司要结合资本市场、公司发展的具体情况和行业特征建立由外部监事、中小股东监事、职工监事组成的监事会团体，保障监事会的独立性，尤其是监事成员任免务必独立于

公司董事团队及总经理。只有人事任免独立，才能切实保障监事会独立发挥其职能，保证中小股东和相关利益主体的权利不受内部人控制与侵犯。①

此外，监事会的权力与独立董事权力存在一定的职能重合现象，因此厘清两者的权力，防止内部治理机构权力的嵌套行为，是实现权责统一明确的前提。监事会由股东大会选举产生，其职责侧重于监督董事会、经理层；而独立董事更强调在关联交易、损害中小投资者利益方面进行监督，对证券公司财务报表、薪酬安排的监督也发挥作用。监事会与独立董事在针对董事会、经理层以及财务方面的监管存在重叠，建议在公司章程中将监事会与独立董事的监督权力予以明确。

根据《证券公司高级管理人员诚信经营承诺书》中对监事长及监事人员的责任划分，监事成员属于具有一定进入门槛的高级管理人员，体现为其执业过程的专业性与合规性，监事人员往往需要具备经济、会计、金融、法律等多维度专业技术知识，只有此类复合型人才才能有效承担监事责任。针对当下证券公司监事人员专业技术知识不足的现状，建议在证券业协会或证监会层面对证券公司监事进行培训，以提高券商监事人员的专业水平和监督意识。

5. 探索更多激励约束机制

证券公司的治理在上市券商与非上市券商之间存在较大差异。上市券商股权通过市场定价并具有流动性，为公司通过股权激励提供了条件，使董监高等高级管理人员专注于公司的长期发展，以兑现将来的发展预期。但是非上市券商由于股权并未被市场定价，所以缺少规范的公司治理激励约束设计条件，证券行业业绩表现具有很强的周期性，公司发展与治理过程中，高级

---

① 监事会成员的选举，本质上需要反映监事会设置的目的。监事会为实现公司治理水平提升、防止出现"内部人"控制，需引进与证券公司存在利益相关的主体方。如证券公司的债权人可以作为外部监事，主要债权人为商业银行的，可以由商业银行派驻外部监事；中小股东可以联名推选一名监事；职工代表监事在国有控股以及我国的国情下，监事的独立性受到限制，主要缘于我国工会力量相对较弱，因此可以不增设职工代表监事。在具体制度设计上，为了避免监事会人选受到董事会影响，可以将监事会任期与董事会任期错开，以换届时间的非同步来保证监事的独立性。

管理人员所拥有的特殊人力资本——管理才能与经营才能对于公司发展至关重要，高级管理人员的工作艰辛程度、承受压力非一般职工所能比，因此在公司治理的激励约束机制安排中，尤其要针对业绩设计其薪资报酬，并充分考虑证券业绩的周期性。如有的证券公司在业绩"大年"时，将绩效分散到后续几年兑现，是一种对激励约束机制的有效探索。

（二）优化外部治理机制

外部治理机制是公司治理的外部约束条件，是内部治理机制的重要补充，二者相互协作统一，共同促进公司治理水平的提升。外部的治理约束主要体现在市场竞争、外部机构约束以及行业制度安排中。针对证券公司的外部治理机制优化举措具体如下。

1. 加强证券公司的内外资合作与竞争

外部治理机制需要充分利用境外证券机构、投资银行的竞争关系。2020年以前，中国证监会规定我国证券公司的外资持股比例不得超过49%。但是在外资参股过程中，其派驻的董事成员将成为证券公司提升治理水平的重要机制。2020年，我国取消证券行业外资股比限制，意味着证券行业的内外资合作与竞争进一步加强。随着我国金融市场的进一步开放，将会有更多的国外证券机构进驻中国，分享我国改革发展的成果。不论是以独资还是合资模式进入中国，国外证券机构在公司治理的专业化水平、业务模式的成熟度方面优势非常明显。特别是外资在投资银行业务与资产管理业务领域的突出竞争力，在行业人力资本流动与技术溢出与扩散的机制下，都将促进我国证券公司治理水平的提升。

2. 进一步强化外部治理机构的监督

证券公司作为上市公司的保荐机构，是把握上市公司质量的第一道门槛。往往上市公司成功IPO以后，证券公司的投行业务即将完成，并逐渐退出对上市公司的保荐责任，这也造成了上市公司IPO以后业绩"变脸"的诸多事实。虽然IPO以后的市场主要由中国证监会与证券交易所进行监管，但是从法律的契约权责划分来看，证券公司的保荐责任依然要对IPO

以后的业绩"变脸"负责，这在欧美法系与大陆法系中均有所体现。保荐责任会影响证券公司投行业务的信誉水平，进而对股东权益产生影响。在注册制条件下，新《证券法》中明确提出强化券商的保荐责任，这是券商完善外部治理机制的重要突破，但是从实践来看，证券公司的保荐责任与保荐过程中享受的权利并不统一，保荐责任只有真正落到实处，才能从外部治理实现对券商保荐业务的监督。所以国务院、中国证监会、证券交易所要不断完善证券行业的顶层制度设计，加强事中事后监管，提供券商治理问题的容错与纠错机制，使券业经营回归本位。

另外，行业自律是外部治理机制的重要体现，我国证券业发展时间短，很多制度安排与中国本土文化的融合客观上需要一定的时间，这一过程需要发挥证券业协会的重要作用。在证券业执业标准与业务规范、从业人员考试、高管资质测试、行业技术标准制定中，行业协会需发挥更大的监管作用。

（三）通过资本市场实现行业治理水平提升

资本市场是规范公司发展与公司治理的有效路径，通过资本市场，我国成功实现了国有企业改革，国企的治理水平与治理能力均大幅领先于过去。资本市场具有监督的功能，成功 IPO 进入资本市场的企业，需要及时准确披露有关公司的信息，并定期接受外部审计机构的审查。我国《证券法》《公司法》《上市公司信息披露管理办法》对上市公司的治理有强制性的制度安排，这些都有利于上市公司的规范化运作，部分解决了产权与经营权分离的矛盾。成功的经验需要复制，资本市场是实现上市公司多方治理、防止治理之殇的重要机制，同样的逻辑，推动更多证券公司上市是实现券商整体治理水平提升的重要路径。目前我国仍然有一部分证券公司并未上市，根据 Wind 数据库统计，我国 140 家证券公司中上市券商数量达 42 家，多数未上市券商难以利用资本市场实现公司治理水平的提升。国内头部券商中信证券（600030. SH）、国泰君安（601211. SH）等均为上市公司，这些券商通过资本市场不断强化其公司治理，并获得快速发展，而未上市券商由于无法通过资本市场规范运营机制、提升管理水平，业务开展能力与头部券商的差距越来越大。因此，证券业的"马太效应"直接体现在上市券商与非上市券商的差距中。然而证券业规范自身公司治理需要一个有效的资本市场，当下我国资本市场的有效性有待提升。注册制改革的背景下，资本市场将更有利于公司治理的规范与治理水平的提升。

（四）构建证券业要素的统一配置市场

证券公司治理水平体现在各业务板块。由于证券公司的业务板块具有模块化特征，构成业务模块的基本要素如人才、资本金等均可实现市场化配置。然而决定要素配置水平的市场制度安排成为问题的关键。理论上，职业经理人通过在不同公司、不同岗位上自由流动，找到符合自己薪酬预期与绩效创造水平的岗位，证券公司也依据其过往绩效与人才需求聘任所需人才。公司治理结构需要一批真正在市场中成长起来的职业经理人，当前我国证券行业缺乏独立经理人市场，制度安排中缺乏对经理人过往业绩的评价与数据。当务之急便是完善经理人市场的基础制度，建设公开、透明的经理人市场，为提升证券公司治理水平提供高质量人才要素保障。

除此之外，证券公司的独立第三方监管机构，如会计师事务所、律师事务所市场依然非常重要，这些市场化第三方监管机构是股东对高级管理人员、公司运营情况做出评价的重要客观依据。实践表明，部分第三方监管机构出具的报告并非真实客观，在市场制度安排中对其权力与责任划分并不清晰，导致第三方监管机构很难起到提升证券公司治理水平的作用，所以需要进一步加强对第三方监管机构的监管。

（五）强化金融科技安全，保证金融基础设施稳定运行

金融基础设施运行稳定与系统安全是金融交易的重要保证，数据已经成为继劳动、资本、技术之后的又一重要生产要素。近年来，证券业数字化转型逐渐加快，这就对数据安全问题提出了新的要求，因此要增加证券公司对金融科技的投入，保障数据安全，避免因为金融基础设施落后出现干扰市场

交易的现象。组织架构中，在保持原有职能部门的基础上增设保障金融科技运营的部门，或者在风控部门增设系统安全的风险控制管理人员，根据行业发展需要进一步完善证券公司的组织架构。

六　结论

当前我国证券公司治理水平不断提升，内外部治理机制不断完善，本文在分析当前可获取的行业发展现状基础上，对我国证券公司的治理水平进行梳理研究。然而对于证券公司治理水平更深入的研究需要进一步的实际调研支撑，比如针对独立董事制度，本文仅从理论与逻辑上阐述，难免出现定性研究的缺陷。如果能深入券商一线，挖掘独立董事在专业技术水平上的分布情况及其履职效果等，则有助于对中国证券公司治理水平做出更客观、细化的研究。

本文研究视角依然有局限性，在券商实际运营过程中，肯定会存在很多超出当前认知水平的影响证券公司治理的问题，这也是本文将随实际发展变化继续完善的重要原因，以期在资本市场发展中探究证券公司治理水平的更多规律与变化。

参考文献

刘新争、高闯：《机构投资者抱团、外部治理环境与公司信息透明度》，《中南财经政法大学学报》2021 年第 3 期。

郝云宏：《公司治理内在逻辑关系冲突：董事会行为的视角》，《中国工业经济》2012 年第 9 期。

李娜、张括、石桂峰：《中国特色证券特别代表人诉讼的溢出效应——基于康美药业的事件研究》，《财经研究》2022 年第 8 期。

王涌：《独立董事的当责与苛责》，《中国法律评论》2022 年第 3 期。

范合君、王思雨：《缄默不语还是直抒己见：问询函监管与独立董事异议》，《财经论丛》2022 年第 3 期。

张忆然：《注册证改革背景下欺诈发行证券罪的教义学再建构》，《政治与法律》2022年第5期。

湘财证券课题组、周卫青：《IPO注册制下发行人与中介机构虚假陈述民事责任研究》，《证券市场导报》2021年第4期。

曹凤岐：《从审核制到注册制：新证券法的核心与进步》，《金融论坛》2022年第4期。

广发证券课题组、李凤华、葛凌：《注册制下券商定价责任与能力研究》，《证券市场导报》2020年第1期。

杨大可：《中国监事会真的可有可无吗？——以德国克服监事会履职障碍的制度经验为镜鉴》，《财经法学》2022年第2期。

任广乾、徐瑞、李妍溪：《国资控股、监事会结构特征与监督有效性》，《经济体制改革》2019年第2期。

王晶、李翔：《审计服务市场开放带来了"鲶鱼效应"吗？——兼论本土所与国际所审计质量差异根源》，《投资研究》2021年第12期。

缪因知：《证券虚假陈述赔偿中审计人责任构成要件与责任限缩》，《财经法学》2021年第2期。

张汉斌：《国有控股券商的公司治理》，《中国金融》2014年第6期。

陈艳丽、姜艳峰：《非国有股东治理与股利平衡性——基于竞争性国有控股上市公司的经验证据》，《中南财经政法大学学报》2020年第2期。

B.8
证券市场监管体制研究（2022）

孙国茂　姚丽婷*

摘　要： 2021年，面对百年变局，证监会系统认真贯彻党中央、国务院决策部署，坚持稳中求进工作总基调，深入贯彻新发展理念，坚持市场化法治化，抓改革、防风险、强监管、促稳定，全面提升系统内党的建设质量，资本市场实现"十四五"良好开局，服务构建新发展格局和高质量发展取得新成效。中国证监会全面落实"零容忍"的执法理念和打击行动，建立跨部委协调工作小组，加大对欺诈发行、财务造假、市场操纵等恶性违法违规行为的打击力度，贯彻落实新《证券法》和《刑法修正案（十一）》，配合修订证券期货犯罪案件刑事立案追诉标准，出台欺诈发行股票责令回购等配套制度。推动期货法立法，加快推进行政和解办法、上市公司监管条例等法规制定。依法从严加强对上市公司、中介机构等各类市场主体的日常监管，证券执法司法体制机制进一步完善，市场生态进一步优化，证券市场监管体系更加健全，市场法制建设取得积极的进展。

关键词： 宏观审慎监管　新《证券法》　证券市场　监管体制

---

* 孙国茂，青岛大学经济学院特聘教授，博士生导师，山东省亚太资本市场研究院院长，研究领域为公司金融、资本市场、制度经济学；姚丽婷，西北民族大学区域经济学硕士，山东省亚太资本市场研究院高级研究员，研究领域为中小企业、公司金融、上市公司。

一　证券市场监管重点

2021 年 1 月 28 日召开的证监会系统工作会议指出，资本市场的内外部环境仍存在诸多不确定性，风险挑战依然不少，必须从"十四五"的中长期视角研判资本市场面临的新情况新变化新特点，坚持底线思维，增强忧患意识，着力把握好稳与进、系统统筹与重点突破、创新与监管、加强法规制度供给与狠抓落地见效的关系，努力实现资本市场高质量发展。会议强调，证监会系统要落实中央经济工作会议部署，坚持稳字当头、稳中求进，立足新发展阶段，贯彻新发展理念，服务新发展格局，坚持"建制度、不干预、零容忍"，坚持市场化法治化国际化，坚持"四个敬畏、一个合力"，深化资本市场改革开放，稳步提高直接融资比重，着力提升资本市场治理能力。2021 年，我国证券业监管在推进注册制改革、完善退市制度、提高上市公司质量、发展多层次股权市场、引入长期机构投资者、进一步扩大双向开放、做好风险防控等方面持续深入。

（一）深入推进注册制改革

2021 年 1 月 28 日召开的证监会系统工作会议指出，注册制改革必须坚持尊重注册制基本内涵、借鉴国际最佳实践、体现中国特色和发展阶段特征三个原则，做好注册制试点总结评估和改进优化，加快推进配套制度规则完善、强化中介机构责任等工作，为稳步推进全市场注册制改革积极创造条件。2021 年，我国注册制改革取得实质性进展，注册制配套规则体系不断完善，为全面推进注册制改革创造良好条件。信息披露规则体系不断完善和优化，信息披露质量大幅提高。与此同时，配合注册制改革，发行、上市、交易、退市、信息披露和持续监管等资本市场基础制度全面改革协调推进，多元包容的发行上市条件逐步健全，市场化新股发行定价机制逐步形成。

2021 年 4 月 6 日，深交所主板与中小板合并正式实施。两板合并的总体思路是"两个统一、四个不变"，即统一业务规则和运行监管模式；发行上市条件、投资者门槛、交易机制、证券代码和简称不变。在两板合并业务规则整合过程中，深交所对交易规则、融资融券交易实施细则、高送转指引等规则进行了适应性修订，并废止《关于在部分保荐机构试行持续督导专员制度的通知》等两个文件。2021年7月9日，证监会发布《关于注册制下督促证券公司从事投行业务归位尽责的指导意见》，要求证券公司：一是建立健全工作机制，提升监管合力；二是完善制度规则，提升监管和执业的规范化水平；三是全面强化立体追责，净化市场生态；四是做实"三道防线"，强化机构内部控制；五是完善激励约束机制，促进证券公司主动归位尽责。2021年11月15日，北京证券交易所揭牌，这对于更好发挥资本市场功能作用、促进科技与资本融合、支持中小企业创新发展具有重要意义，对注册制改革也具有较大的推动作用。

（二）退市制度更加完善

2021年1月28日召开的证监会系统工作会议指出，统筹抓好进一步提高上市公司质量意见和退市改革方案落地见效，严格退市监管，拓展重整、重组、主动退市等多元退出渠道。打造一个"规范、透明、开放、有活力、有韧性"的资本市场离不开有序的退市制度，目前，有关退市制度的法律法规和政策文件不断完善，沪深交易所已分别正式发布退市新规，相关退市规则将在加强监管的配合下逐步落地并展现成效。一方面，进一步完善财务指标类、交易指标类、规范类、重大违法类等退市标准，简化退市程序，健全主动退市和并购重组、破产重整等多元化退市渠道。另一方面，坚持法治导向，加强相关司法保障，严格执行退市制度。加大退市监管力度，对于符合退市标准的上市公司应退尽退，提高退市效率。

2020年12月31日，沪深交易所发布"退市新规"，其中新增市值退市，连续20个交易日总市值均低于3亿元将被市值退市。面值退市标准明确为"1元退市"，并设置了过渡期安排：触及面值退市的个股，"低面"时间从新规之前开始的，按照原规则进入退市整理期交易。取消单一净利润和营收指标的退市指标。新规下扣非前/后净利润孰低者为负且营收低于 1 亿元，将被戴上"＊ST"，连续两年扣非前/后净利润孰低者为负且营收低于 1 亿元，将被终止上市；退市风险警示股票被出具非标审计报告的，触及终止上市标准。新增重大违法财务造假指标：连续两年财务造假，营收、净利润、利润、资产负债表虚假记载金额总额达 5 亿元以上，且超过相应科目两年合计总额的 50%。重大违法类退市连续停牌时点从收到行政处罚事先告知书或法院判决之日，延后到收到行政处罚决定书或法院判决生效之日。

（三）重视提高上市公司质量

资本市场实施注册制改革的背景下，提高上市公司质量的重要性凸显。各级政府和证监会、交易所等部门针对提高上市公司质量的配套举措正陆续发布并将在具体实施中逐步完善。当前，推动提高上市公司质量的积极因素正逐步形成，包括法律法规不断完善、监管日益全面有效、提升上市公司质量的良好社会生态正在逐步形成以及多主体合力推动上市公司质量加速提升等。

2021 年 1 月 28 日召开的证监会系统工作会议指出，全面落实"零容忍"的执法理念和打击行动。进一步依法从严打击证券违法活动，建立跨部委协调工作小组，加大对欺诈发行、财务造假、市场操纵等恶性违法违规行为的打击力度，对有关机构和个人的责任追究一抓到底。贯彻落实新《证券法》和《刑法修正案（十一）》，配合修订证券期货犯罪案件刑事立案追诉标准，出台欺诈发行股票责令回购等配套制度。推动期货法立法，加快推进行政和解办法、上市公司监管条例等法规制定。依法从严加强对上市公司、中介机构等各类市场主体的日常监管，化解存量风险，严厉打击资本市场违法犯罪行为。

2021 年 3 月 18 日，为完善信息披露要求，提升上市公司信息披露质量，中国证监会发布修订后的《上市公司信息披露管理办法》，修订的主要内容包括：一是完善信息披露基本要求；二是完善定期报告制度，明确定期报告包括年度报告和半年度报告；三是细化临时报告要求，补充完善重大事件的情形，完善上市公司重大事项披露时点；四是完善信息披露事务管理制度；五是进一步提升监管执法效能，完善监督管理措施类型。5月7日，为进一步规范上市公司定期报告的编制及信息披露行为，保护投资者合法权益，中国证监会对定期报告信息披露相关规则进行修订。

监管层还需要对大股东违规担保、资金占用等问题进行严肃处理。近年来，大股东通过违规担保侵占上市公司利益的案例层出不穷，利用上市公司谋取私利，严重损害了中小投资者的利益，因此，加强对大股东违规担保的监督、处罚，有利于净化证券市场投资环境，促进上市公司高质量发展。实施现金分红、股份回购，不仅是上市公司回报投资者的重要方式，也是上市公司高质量发展的体现。另外，监管机构还不断加强上市公司的优胜劣汰，持续提高市场资源配置效率，并且强化对上市公司治理的监管，持续优化市场生态，为证券市场健康稳定发展提供了稳固的保障。

（四）扩大双向开放

2021年1月28日召开的证监会系统工作会议指出，统筹开放和安全，坚定不移推进制度型开放。稳步扩大市场、机构和产品高水平双向开放，深化境内外市场互联互通。扩大资本市场双向开放对促进形成"双循环"格局具有积极意义，包括进一步优化中国资本市场对外开放的渠道和方式，完善跨境投融资、交易结算等基础制度的互联互通。全年监管机构加快完善跨境监管制度，加强跨境审计和国际监管执法合作，积极参与国际金融治理。完善境外上市制度，明确境外上市监管规则，共同打击跨境证券违法犯罪。积极采取措施，有效应对中概股在境外面临的监管挑战。政府积极鼓励国内证券公司等机构利用自贸区、粤港澳大湾区以及"一带一路"等跨境投融资机遇，积极"走出去"，参与境外市场。持续扩展商品和股指期货期权等衍生品的开放范围和途径，丰富在岸和离岸风险管理工具，在扩大对外开放的同时不断加强跨境监管。

二　证券市场监管政策内容

（一）证券市场监管政策

2021 年 7 月 30 日，中共中央政治局会议指出，要防范化解重点领域风险，落实地方党政主要领导负责的财政金融风险处置机制，完善企业境外上市监管制度。中国证监会召开 2021 年系统年中监管工作会议指出，要不断健全资本市场服务构建新发展格局的体制机制，坚持把严监管、防风险、促稳定放到更加突出的位置，把依法从严监管的理念贯穿资本市场各条线各领域。要增强政策的稳定性、连续性和可预期性，推动各方坚守法治、诚信、契约精神等市场经济的基本准则，切实维护市场"三公"秩序。近年来，我国证券市场法律体系逐步完善，金融服务实体经济的能力显著增强。本报告通过对 2021 年中国证监会发布的中国证监会令以及公告进行了整体梳理。

2021 年中国证监会发布中国证监会令 13 项，涉及公司债券发行与交易管理、上市公司信息披露、北京证券交易所上市公司证券发行注册等。从中国证监会发布的中国证监会令数量来看，相较 2020 年减少了 5 项。其中，2021 年 10 月 30 日，中国证监会集中发布了《北京证券交易所向不特定合格投资者公开发行股票注册管理办法（试行）》《北京证券交易所上市公司证券发行注册管理办法（试行）》《北京证券交易所上市公司持续监管办法（试行）》，为北京证券交易所证券发行注册与监管提供政策依据（见表 1）。

表 1　2021 年中国证监会令

序号	发文日期	名称	文号
1	2 月 26 日	公司债券发行与交易管理办法	第 180 号
2	2 月 26 日	证券市场资信评级业务管理办法	第 181 号
3	3 月 18 日	上市公司信息披露管理办法	第 182 号
4	3 月 18 日	关于修改《证券公司股权管理规定》的决定	第 183 号

续表

序号	发文日期	名称	文号
5	6月11日	关于修改部分证券期货规章的决定	第184号
6	6月15日	证券市场禁入规定	第185号
7	7月15日	证券期货违法行为行政处罚办法	第186号
8	10月30日	北京证券交易所向不特定合格投资者公开发行股票注册管理办法(试行)	第187号
9	10月30日	北京证券交易所上市公司证券发行注册管理办法(试行)	第188号
10	10月30日	北京证券交易所上市公司持续监管办法(试行)	第189号
11	10月30日	关于修改《非上市公众公司监督管理办法》的决定	第190号
12	10月30日	关于修改《非上市公众公司信息披露管理办法》的决定	第191号
13	10月30日	证券交易所管理办法	第192号

资料来源:中国证监会网站、山东省亚太资本市场研究院。

2021年,中国证监会发布公告47项,较2020年减少23项,主要涉及信息披露工作、证券期货管理、首次公开发行股票并上市辅导监管等,反映了监管部门对信息披露及证券期货等工作的重视。其中,针对信息披露的监管公告有《公开发行证券的公司信息披露内容与格式准则第2号——年度报告的内容与格式(2021年修订)》等(见表2)。

表2 2021年中国证监会公告

序号	发文日期	名称	公告文号
1	1月15日	关于修改、废止部分证券期货制度文件的决定	〔2021〕1号
2	1月22日	公开募集证券投资基金运作指引第3号——指数基金指引	〔2021〕2号
3	2月5日	关于马小曼、周辉、马哲、黄侦武、周海斌五名同志不再担任第十八届发审委委员的公告	〔2021〕3号
4	1月29日	首发企业现场检查规定	〔2021〕4号
5	2月3日	关于上市公司内幕信息知情人登记管理制度的规定	〔2021〕5号
6	3月8日	关于修改《行政处罚委员会组成办法》的决定	〔2021〕6号
7	3月18日	关于修改《关于实施〈证券公司股权管理规定〉有关问题的规定》的决定	〔2021〕7号

续表

序号	发文日期	名称	公告文号
8	4月16日	关于修改《科创属性评价指引（试行）》的决定	〔2021〕8号
9	4月30日	关于姚旭东同志不再担任第十八届发审委委员的公告	〔2021〕9号
10	6月4日	资产管理产品介绍要素第2部分：证券期货资产管理计划及相关产品	〔2021〕10号
11	5月28日	关于完善全国中小企业股份转让系统终止挂牌制度的指导意见	〔2021〕11号
12	6月4日	证券期货业网络安全事件报告与调查处理办法	〔2021〕12号
13	6月11日	关于修改、废止部分证券期货制度文件的决定	〔2021〕13号
14	6月15日	《证券期货业结算参与机构编码》等五项金融行业标准	〔2021〕14号
15	6月28日	公开发行证券的公司信息披露内容与格式准则第2号——年度报告的内容与格式（2021年修订）	〔2021〕15号
16	6月28日	公开发行证券的公司信息披露内容与格式准则第3号——半年度报告的内容与格式（2021年修订）	〔2021〕16号
17	7月9日	关于注册制下督促证券公司从事投行业务归位尽责的指导意见	〔2021〕17号
18	7月16日	第18号公告	〔2021〕18号
19	8月30日	《证券期货业网络安全等级保护基本要求》等2项金融行业标准	〔2021〕19号
20	9月17日	关于扩大红筹企业在境内上市试点范围的公告	〔2021〕20号
21	9月18日	关于修改《创业板首次公开发行证券发行与承销特别规定》的决定	〔2021〕21号
22	9月22日	关于第四批全国证券期货投资者教育基地命名的公告	〔2021〕22号
23	9月30日	首次公开发行股票并上市辅导监管规定	〔2021〕23号
24	10月13日	关于合格境外机构投资者和人民币合格境外机构投资者参与金融衍生品交易的公告	〔2021〕24号
25	10月15日	关于依法开展证券期货行业仲裁试点的意见	〔2021〕25号
26	10月30日	公开发行证券的公司信息披露内容与格式准则第46号——北京证券交易所公司招股说明书	〔2021〕26号
27	10月30日	公开发行证券的公司信息披露内容与格式准则第47号——向不特定合格投资者公开发行股票并在北京证券交易所上市申请文件	〔2021〕27号

续表

序号	发文日期	名称	公告文号
28	10月30日	公开发行证券的公司信息披露内容与格式准则第48号——北京证券交易所上市公司向不特定合格投资者公开发行股票募集说明书	〔2021〕28号
29	10月30日	公开发行证券的公司信息披露内容与格式准则第49号——北京证券交易所上市公司向特定对象发行股票募集说明书和发行情况报告书	〔2021〕29号
30	10月30日	公开发行证券的公司信息披露内容与格式准则第50号——北京证券交易所上市公司向特定对象发行可转换公司债券募集说明书和发行情况报告书	〔2021〕30号
31	10月30日	公开发行证券的公司信息披露内容与格式准则第51号——北京证券交易所上市公司向特定对象发行优先股募集说明书和发行情况报告书	〔2021〕31号
32	10月30日	公开发行证券的公司信息披露内容与格式准则第52号——北京证券交易所上市公司发行证券申请文件	〔2021〕32号
33	10月30日	公开发行证券的公司信息披露内容与格式准则第53号——北京证券交易所上市公司年度报告	〔2021〕33号
34	10月30日	公开发行证券的公司信息披露内容与格式准则第54号——北京证券交易所上市公司中期报告	〔2021〕34号
35	10月30日	公开发行证券的公司信息披露内容与格式准则第55号——北京证券交易所上市公司权益变动报告书、上市公司收购报告书、要约收购报告书、被收购公司董事会报告书	〔2021〕35号
36	10月30日	公开发行证券的公司信息披露内容与格式准则第56号——北京证券交易所上市公司重大资产重组	〔2021〕36号
37	10月30日	非上市公众公司信息披露内容与格式准则第18号——定向发行可转换公司债券说明书和发行情况报告书	〔2021〕37号
38	10月30日	非上市公众公司信息披露内容与格式准则第19号——定向发行可转换公司债券发行申请文件	〔2021〕38号
39	10月30日	关于废止部分证券期货制度文件的决定	〔2021〕39号
40	11月5日	《证券期货业数据模型第3部分:证券公司逻辑模型》等2项金融行业标准	〔2021〕40号
41	11月12日	第41号公告	〔2021〕41号

序号	发文日期	名称	公告文号
42	11月12日	关于修改《中国证券监督管理委员会上市公司并购重组审核委员会工作规程》的决定	〔2021〕42号
43	11月12日	关于调整上市公司并购重组审核委员会委员的公告	〔2021〕43号
44	11月19日	公开征集上市公司股东权利管理暂行规定	〔2021〕44号
45	12月10日	关于聘任中国证券监督管理委员会第十八届发行审核委员会增补委员的公告	〔2021〕45号
46	12月10日	关于赵瀛等12名同志不再担任第十八届发审委委员的公告	〔2021〕46号
47	12月24日	公开发行证券的公司信息披露内容与格式准则第24号——公开发行公司债券申请文件（2021年修订）	〔2021〕47号

资料来源：中国证监会网站、山东省亚太资本市场研究院。

（二）证券市场法治建设

2021年，我国证券期货监管规章等法治建设步伐持续加快，完成2021年度立法工作计划，证券期货监管法律实施规范体系更加完善，市场基础制度建设不断加强，有效推动资本市场长期稳定健康发展。第一，为贯彻落实新《证券法》，中国证监会出台一系列政策，对做好制度衔接起到了积极的作用。其中，制定出台了《公司债券发行与交易管理办法》《证券期货违法行为行政处罚办法》等；修改《非上市公众公司监督管理办法》《非上市公众公司信息披露管理办法》，同时出台了修改后的《证券市场禁入规定》。第二，中国证监会重点规范市场主体行为，有效防范化解金融风险。其中，制定出台了《证券交易所管理办法》《关于上市公司内幕信息知情人登记管理制度的规定》《首次公开发行股票并上市辅导监管规定》等。第三，强化法治政府建设，推进依法行政。其中，制定出台了《证券期货违法行为行政处罚办法》《首发企业现场检查规定》等。

三 证券市场违规及案例

（一）证券市场处罚统计

中国证监会强化资本市场基础法律制度建设，从严治市，落实"零容忍"要求，切实履行法定职责。资本市场基础性制度得到体系化完善，资本市场法律体系"四梁八柱"基本建成。

全国证监系统从严打击证券违法活动，加强大案要案惩治和重点领域执法。全年共办理案件609起，案发数量连续3年下降，证券市场违法多发高发势头得到初步遏制。全年做出处罚决定371项，罚没款金额45.53亿元，市场禁入95人次，向公安机关移送和通报涉嫌证券期货犯罪案件线索177起，会同公安部、最高人民检察院联合部署专项执法行动，进一步加大证券执法司法合力。全年对上市公司及相关方、非上市公众公司分别采取行政监管措施709家次、211次。全年对证券基金经营机构、私募机构分别采取行政监管措施194家次、378家次。加大中介机构监管力度，开展以质量管理为核心的会计师事务所专项审计监管，持续加强对律师事务所及律师从事证券法律业务的监督检查工作，压实"看门人"责任。

中国证监会坚持严格规范、公正文明、高效执法，防范化解资本市场重点领域风险。其中，完善诚信建设制度机制，推进资本市场诚信约束和激励。积极推进资本市场诚信档案数据库升级建设，截至2021年，诚信数据库共收录主体信息151.39万条，证券期货系统诚信信息11.24万条。持续做好证券期货市场诚信信息查询公示工作，中国证监会网站诚信信息查询平台2021年总查询量达10384.8万次。推动完善失信信息部际共享与约束机制，督促22名特定严重失信人缴纳罚没款6000余万元。开展"限乘限飞"市场化惩戒工作。

健全多元化纠纷解决机制，保护投资者合法权益。2021年，中国证监会推动首单证券纠纷特别代表人诉讼成功落地。2021年11月，广州市中级人民法院对康美药业特别代表人诉讼案依法做出一审判决，52037 名投资者获赔 24.59 亿元。完善证券期货纠纷多元化解机制。2021 年，各调解组织共受理案件 5479 件，涉及金额 28.58 亿元，调解成功 2856 件，投资者获赔金额 15.64 亿元。持续高标准做好投资者诉求处理工作，"12386"热线全年共接收投资者有效诉求 11.84 万件，为投资者挽回损失 6062 万元，收到投资者感谢信 136 件。

2021 年，中国证监会共办理行政复议案件 272 件（含往年结转 32 件），已办结行政复议案件 210 件。其中，驳回或维持 186 件，撤销、变更或确认违法 2 件，出具行政复议意见建议书 13 份。妥善化解行政争议，当事人主动撤回行政复议申请 22 件。中国证监会还积极推动投资者赔偿救济实践，支持投资者保护机构参与 3 件普通代表人诉讼，提供损失测算等服务，帮助投资者降低维权成本，提高维权效率。推进证券支持诉讼工作，中证中小投资者服务中心累计提起证券支持诉讼 46 起，涉及金额 1.22 亿元。①

（二）证券公司处罚统计

1.零处罚券商占比不足半数

根据易懂数据统计，2021 年 140 家证券公司中，有 75 家证券公司及相关从业人员共计收到来自中国证监会系统及交易所、股转公司、中国证券业协会的 262 张罚单，全年零处罚证券公司 65 家，占比达 46.43%。可见，证券公司作为资本市场"守门人"，责任仍需压实，从严监管信号依然存在。从监管主体来看，有 242 张罚单来自中国证监会及其派出机构，有 18 张来自沪深交易所，股转公司、交易商协会及中国证券业协会也开出了零星的罚单。从罚单数量来看，海通证券（600837.SH）收到 19 张罚单，其中 18 张罚单指向投行业务；中国银河（601881.SH）收到 12 张罚单排在第 2 位，多涉及营业部及其从业人员违规。此外，安信证券、申万宏源

---

① 《中国证监会 2021 年法治政府建设情况》，中国证监会网站，2022 年 4 月 8 日，http://www.csrc.gov.cn/csrc/c100028/c2321617/content.shtml。

（000166.SZ）两家证券公司获得罚单数量也在 10 张及以上。52 家证券公司被罚次数在 3 次及以内（见表3），占比近七成。按主营业务来分，投行业务成罚单重灾区，涉及罚单 78 张，占比近三成；经纪业务违规行为同样高发，涉及罚单 64 张（含融资融券），占比达 24.43%；资管业务的相关罚单有 11 张，总数不多，但强监管信号悄然而至。从违规类型来看，公司治理与内部控制问题更集中，涉及罚单 117 张，其中又数分支机构的罚单居多；人员资格及从业规范相关罚单有 30 张，涉及的问题多为业务人员不适格、投资者适当性管理不规范、制度建设不规范等。

表 3　2021 年证券公司罚单数量统计

单位：张

序号	证券公司	数量	序号	证券公司	数量	序号	证券公司	数量	序号	证券公司	数量
1	海通证券	19	20	华福证券	4	39	大同证券	2	58	财信证券	1
2	中国银河	12	21	华金证券	4	40	第一创业	2	59	东北证券	1
3	安信证券	11	22	长江证券	4	41	东方花旗	2	60	大通证券	1
4	申万宏源	10	23	招商证券	4	42	东海证券	2	61	国都证券	1
5	华西证券	9	24	川财证券	3	43	国盛证券	2	62	国海证券	1
6	中信证券	9	25	东方证券	3	44	恒投证券	2	63	国融证券	1
7	国元证券	8	26	东吴证券	3	45	金元证券	2	64	恒泰证券	1
8	国金证券	7	27	东兴证券	3	46	民生证券	2	65	宏信证券	1
9	国信证券	7	28	广发证券	3	47	网信证券	2	66	华龙证券	1
10	财通证券	6	29	国开证券	3	48	五矿证券	2	67	华融证券	1
11	方正证券	6	30	国泰君安	3	49	西南证券	2	68	华英证券	1
12	华泰证券	6	31	九州证券	3	50	银泰证券	2	69	平安证券	1
13	兴业证券	6	32	太平洋证券	3	51	长城证券	2	70	瑞信证券	1
14	中泰证券	6	33	万联证券	3	52	浙商证券	2	71	世纪证券	1
15	华安证券	5	34	西部证券	3	53	中航证券	2	72	湘财证券	1
16	江海证券	5	35	新时代证券	3	54	中金公司	2	73	信达证券	1
17	万和证券	5	36	英大证券	3	55	中邮证券	2	74	粤开证券	1
18	中信建投	5	37	中金财富	3	56	中山证券	2	75	中银证券	1
19	光大证券	4	38	中原证券	3	57	爱建证券	1			

资料来源：易懂数据、山东省亚太资本市场研究院。

2. 投行业务成罚单重灾区

按主营业务来分，投行业务成罚单"重灾区"，涉及罚单78张，占比近三成。投行业务罚单开给了34家券商，罚单数排名靠前是海通证券（600837. SH）18张、国元证券（000728. SZ）5张、财通证券（601108. SH）4张、中泰证券（600918. SH）4张和中信证券（600030. SH）4张。2021年中国证监会多次强调压实中介机构责任，78张罚单数也进一步彰显"零容忍"威慑力。

2021年4月6日，中国证监会发布了29条投行业务违规处罚信息，涉及海通证券（600837. SH）、中信建投（601066. SH）等多家证券公司。处罚多与证券公司IPO业务相关，包括对发行人核查不充分、内部控制有效性不足、未勤勉尽责督促发行人等。相关投行业务人员被采取监管谈话、出具警示函等监管措施。

2021年8月6日，中国证监会网站集中公布了12条投行业务违规处罚信息，国金证券（600109. SH）、海通证券（600837. SH）等10家券商及18名保代因业务违规领罚单。

2021年10月15日，中国证监会一次性公布12条投行业务罚单，涉及7家券商19名保代/财务顾问。海通证券（600837. SH）5名保代被问责，太平洋证券（601099. SH）连收2条保代罚单，其余被点名的还有中信证券（600030. SH）、国海证券（000750. SZ）、华泰证券、广发证券（000776. SZ）和长江证券（000783. SZ），处罚原因主要是保荐过程中未勤勉尽责。

2021年12月29日，中国证监会官网更新了9条监管措施，对券商投行"看门人"进行追责，包括中金公司（601995. SH）、万联证券、国金证券（600109. SH）、国元证券（000728. SZ）、中信建投（601066. SH）、东吴证券（601555. SH）和东方花旗7家证券公司。上述保荐机构及保代被罚的原因均为核查不充分。

3. 经纪和资管业务违规高发

证券公司经纪业务和资管业务违规长期存在，对此领域的监管从未放松。

2021年证券公司经纪业务涉及罚单64张（含融资融券），占比达24.43%。中国银河（601881.SH）相关罚单数量最多，为9张，安信证券7张紧随其后。经纪业务罚单较多的券商还有江海证券6张、华西证券（002926.SZ）5张、申万宏源（000166.SZ）4张和东兴证券（601198.SH）3张。

2021年是资管新规过渡期的最后一年，由于资管业务合规问题，中国证监会及派出机构多次对证券公司下发监管函件，证券公司合计收到32份监管函。全年资管业务的相关罚单共计11张，涉及国元证券（000728.SZ）、中信证券（600030.SH）等8家证券公司。2021年11月下旬以来，中金公司（601995.SH）、华安证券（600909.SH）等证券公司均因私募资管业务违规收到了相关警示函或被责令改正。12月7日，浙商证券（601878.SH）公告称，浙商资管及相关责任人员收到了行政监管措施事先告知书，浙商资管被暂停私募资产管理产品备案6个月，浙商资管及相关人员被责令改正及处分，成为各地证监局密集发布的私募资管违规罚单中最重的一单。

（三）违规案例

1. 海通证券

2021年2月，中国证监会出具《关于对海通证券股份有限公司采取监管谈话措施的决定》，对海通证券采取监管谈话措施。该监管函认定海通证券在履行重组上市持续督导职责过程中，未按规定履行定期回访、现场检查等程序，未按规定对所利用的会计师工作进行审慎核查；在担任财务顾问过程中，未通过函证、访谈等方式对上市公司对外担保情况等进行核查。海通证券（600837.SH）收到该监管函后高度重视，及时进行整改，并将加大合规培训及合规检查力度，督导员工勤勉尽责，提升持续督导业务能力，夯实工作底稿，切实提高执业水平。

2021年2月，中国证监会出具《关于对海通证券股份有限公司出具警示函措施的决定》，对海通证券采取出具警示函措施。该监管函认定海通证券对挂牌公司内控情况、股权情况等核查不充分。海通证券（600837.SH）

收到该监管函后高度重视，及时进行整改，并将加大合规培训及合规检查力度，督导员工勤勉尽责，提升执业水平。

2021 年 3 月，中国证监会上海监管局对海通证券、海通资管在开展投资顾问、私募资产管理业务过程中相关违规行为采取行政监管措施，其中对海通资管采取责令暂停为证券期货经营机构私募资管产品提供投资顾问服务12 个月，以及暂停新增私募资管产品备案 6 个月的监管措施；对海通证券采取责令暂停为机构投资者提供债券投资顾问业务 12 个月、增加内部合规检查次数并提交合规检查报告的监管措施；对多名直接责任人及负有管理责任的人员采取认定为不适当人选 2 年等监管措施。海通证券（600837.SH）在收到上述监管函件后高度重视，及时根据监管要求进行整改，组织各相关部门及子公司深入检视业务运作情况、深刻检讨业务管控缺陷，全面落实相关整改工作，确保各业务环节严格遵循法律法规与自律准则。

2021 年 4 月，中国证监会出具《关于对海通证券股份有限公司及江煌、张舒采取出具警示函监管措施的决定》，对海通证券及两名保荐代表人采取出具警示函的措施。该监管函认定海通证券及两名保荐代表人对发行人报送的非公开发行股票申请文件中，发行预案披露的认购对象间接股东的股权结构与发行保荐工作报告载明的股权结构不一致。海通证券（600837.SH）收到该监管函后高度重视，及时进行整改，并将在其他项目执行中特别关注发行人股权结构复杂的披露，加强与监管部门的事前沟通，督导员工勤勉尽责，夯实工作底稿，切实提高执业水平。

2021 年 4 月，中国证监会出具《关于对海通证券股份有限公司及李明嘉、朱文杰采取出具警示函监管措施的决定》，对海通证券及两名保荐代表人采取出具警示函的措施。该监管函认定海通证券及两名保荐代表人在发行人报送的非公开发行股票申请文件中，发行预案披露的认购对象间接股东的股权结构与发行保荐工作报告载明的股权结构不一致。海通证券（600837.SH）收到该监管函后高度重视，及时进行整改，并将在其他项目执行中特别关注发行人股权结构复杂的披露，加强与监管部门的事前沟通，督导员工勤勉尽责，夯实工作底稿，切实提高执业水平。

2021 年 5 月，中国证监会江苏监管局出具《关于对海通证券股份有限公司南通人民中路证券营业部采取责令改正措施的决定》，做出对海通证券南通人民中路证券营业部采取责令改正措施的决定。该监管函认定南通营业部在异常交易预警、监控及处理，员工系统权限及客户交易委托记录要素等方面存在不足。海通证券（600837.SH）收到该函件后高度重视，督促营业部立即整改，完善异常交易有关管控机制，持续推进对交易系统的完善，确保员工信息系统用户权限设置符合要求，切实加强异常交易监控管理和内控管理。

2021 年 9 月 7 日，海通证券签收了中国证监会《立案告知书》（证监立案字 0152021022 号）和《调查通知书》（证监调查字 0152021061 号），2021 年 10 月 14 日，中国证监会重庆监管局出具《行政处罚决定书》（〔2021〕5 号），责令海通证券改正，没收财务顾问业务收入 100 万元，并处以 300 万元罚款；对李春、贾文静给予警告，并分别处以 5 万元罚款。处罚决定书认定海通证券在开展西南药业股份有限公司（现奥瑞德光电股份有限公司）财务顾问业务的持续督导工作期间未充分履行持续督导义务，存在未能勤勉尽责情形。海通证券（600837.SH）表示将遵循稳健的经营理念，进一步强化投资银行业务内控机制，提高规范运作意识，全面提升投行合规风险管理水平，切实履行勤勉尽责义务。

2. 中国银河

（1）温州大南路证券营业部被中国证监会浙江监管局采取责令改正的监管措施

2021 年 11 月 8 日，温州大南路证券营业部收到中国证监会浙江监管局下发的《关于对中国银河证券股份有限公司温州大南路证券营业部采取责令改正措施的决定》，该营业部在 2016 年 1 月至 2021 年 1 月存在从业人员替客户办理证券交易操作，长期充当资金及账户掮客从事场外配资、从中获取不法利益等问题，反映出营业部合规管理及风险控制不到位。中国银河高度重视，采取有效措施积极整改，对相关责任人员严厉问责，对发现的相关问题进行全面梳理排查，积极落实各项问题的整改，将进一步加大对分支机构内部控制管理力度，加强警示教育，避免出现类似违规情况。

（2）长春人民大街证券营业部被中国证监会吉林监管局出具警示函

2021 年 12 月 20 日，长春人民大街证券营业部收到中国证监会吉林监管局下发的《关于对中国银河证券股份有限公司长春人民大街证券营业部采取出具警示函措施的决定》，发现该营业部存在对员工客户招揽活动管理不到位，未能严格规范工作人员执业行为的情形。中国银河高度重视，采取有效措施积极整改，对相关责任人员严厉问责，对发现的相关问题进行全面梳理排查，积极落实各项问题的整改，并向分支机构全体发送《关于严禁委托他人或第三方招揽客户的合规提示函》，进一步加强警示教育和提升从业人员的合规展业意识，避免出现类似违规情况。

3. 华西证券

根据华西证券（002926.SZ）2021 年财务报告统计，公司全年涉及处罚及整改情况共计 6 处（见表 4）。

表 4　2021 年华西证券涉及处罚及整改统计

涉及对象	原因	调查处罚类型	结论	披露日期
任家兴、陈雯	华西证券保荐的江苏永鼎股份有限公司可转债项目发行人在证券发行上市当年营业利润比上年下滑 50% 以上	中国证监会采取行政监管措施	2021 年 3 月 23 日，中国证监会做出行政监管措施决定（〔2021〕23 号），中国证监会对公司保荐代表人任家兴、陈雯采取暂不受理与行政许可有关文件 3 个月的行政监管措施	2021 年 4 月 28 日
华西证券	华西证券作为宁夏远高实业集团有限公司公开发行 18 远高 01、19 远高 01、19 远高 02 等公司债券的主承销商、受托管理人，存在未对发行人抵押备案程序的真实性进行全面尽职调查、未持续跟踪并及时披露与发行人偿债能力相关的重大事项的违规行为	其他	2021 年 3 月 30 日，华西证券收到上海证券交易所出具的《关于对华西证券股份有限公司予以书面警示的决定》（〔2021〕7 号），对公司予以书面警示	2021 年 4 月 28 日

续表

涉及对象	原因	调查处罚类型	结论	披露日期
华西证券	华西证券在南宁糖业股份有限公司2017年非公开发行公司债券、山东广悦化工有限公司2018年非公开发行绿色公司债券、广东南方新媒体股份有限公司首次公开发行股票并在创业板上市等项目中,存在未勤勉尽责等问题	中国证监会采取行政监管措施	2021年5月12日,中国证监会四川监管局出具了《关于对华西证券股份有限公司采取出具警示函措施的决定》(〔2021〕)13号),决定对华西证券采取出具警示函的行政监管措施	2021年8月13日
华西证券、赖刚、杨兰芳	因华西证券及所管理的绵阳安昌路营业部、什邡莹华山路营业部存在廉洁从业要求落实不到位、未及时发现和有效防控个别员工证券违法违规行为。同时,赖刚在担任公司什邡莹华山路证券营业部负责人期间,存在谋取不正当利益的情形,给投资者造成损失。杨兰芳在公司绵阳安昌路营业部担任客户经理期间存在替客户办理证券认购、交易等行为	中国证监会采取行政监管措施	2021年8月30日,中国证监会四川监管局向华西证券及相关人员出具了《关于对华西证券股份有限公司采取出具警示函措施的决定》《关于对赖刚采取出具警示函措施的决定》《关于对杨兰芳采取出具警示函措施的决定》	2021年10月29日
华西期货重庆营业部	重庆营业部存在综合岗兼反洗钱岗员工参与营销工作并领取营销提成问题	中国证监会采取行政监管措施	2021年11月19日,中国证监会重庆监管局出具了《关于对华西期货有限责任公司重庆营业部采取责令改正措施的决定》(〔2021〕44号)	2022年4月26日
华西期货北京营业部	华西期货北京营业部存在2020年2月至2021年10月营业部负责人未全面负责营业部的日常管理工作问题	中国证监会采取行政监管措施	2021年12月31日,中国证监会北京监管局出具了《关于对华西期货有限责任公司采取责令改正监管措施的决定》(〔2021〕1号)	2022年4月26日

资料来源:华西证券2021年年报、山东省亚太资本市场研究院。

其中，针对华西期货北京营业部的处罚情况，该公司高度重视并全面落实整改：一是公司内部进行自查，完善 EHR① 和费控系统权限设置，确保北京营业部负责人的审批权；二是向北京营业部负责人强调应全面负责营业部的日常管理工作；三是向北京营业部副总经理明确其工作职责；四是公司召开专题会议，组织全体中层干部学习反思，并着重强调应规范处理办公、费控等签批流程。整改完成后，该公司于 2022 年 1 月 24 日向中国证监会北京监管局报送了整改报告，截至报告日中国证监会北京监管局未再提出其他整改要求。

4. 中信证券

（1）2021 年中信证券被监管部门采取行政监管措施及处罚情况

2021 年 2 月 4 日，中国证监会深圳监管局对中信证券出具《关于对中信证券股份有限公司采取责令改正措施的决定》。深圳监管局在监管检查和日常监管中发现中信证券存在私募基金托管业务内部控制不够完善等情形，违反了《证券投资基金托管业务管理办法》《私募投资基金监督管理暂行办法》《证券发行上市保荐业务管理办法》等规定。中信证券收到监管函件后立即组织对私募基金托管业务、投资银行业务和资产管理业务进行深入整改，目前已整改完毕，已向中国证监会深圳监管局报送了整改报告。

2021 年 11 月 22 日，国家外汇管理局深圳市分局对中信证券出具《行政处罚决定书》。该事项系 2020 年 10~11 月，国家外汇管理局检查组对中信证券开展了外汇业务合规性专项检查，发现中信证券存在 QDII 超额度汇出等违反外汇管理规定的行为，国家外汇管理局深圳市分局决定对中信证券责令改正、给予警告，处罚款 101 万元，没收违法所得 81.00 万元，并对责任人给予警告，处罚款 8.00 万元。在收到上述处罚函件后，中信证券已及时缴纳罚没款并完成相关整改。

（2）2021 年中信证券分公司及下属企业被监管部门采取行政监管措施及处罚情况

2021 年 9 月 13 日，新西兰金融市场管理局对公司间接子公司 CLSA

---

① 电子人力资源管理。

Premium New Zealand Limited（以下简称"CLSAPNZ"）出具监管处罚决定。2020年6月，新西兰金融市场管理局对CLSAPNZ提出指控，称其于2015年4月至2018年11月期间未遵守新西兰《2009年反洗钱和反恐怖主义融资法》规定的义务。新西兰奥克兰高等法院于2021年9月10日做出判决，CLSAPNZ被处以770000新西兰元（约合人民币3533838元）的罚款。CLSAPNZ及控股子公司CLSA Premium Limited督促和协助CLSAPNZ采取措施进行整改和完善，包括修订合规制度，强化客户尽职调查，强化可疑交易/活动报告，完善记录保存系统。

2021年12月20日，中国证监会黑龙江监管局对中信证券黑龙江分公司出具《关于对中信证券股份有限公司黑龙江分公司采取出具警示函措施的决定》。中国证监会黑龙江监管局对中信证券黑龙江分公司进行走访调查，发现中信证券黑龙江分公司存在自行制作宣传材料且宣传材料存在不当表述、未提示风险等问题。中信证券发现该事件后及时组织黑龙江分公司进行整改，严格遵照公司制度规范展业，对员工开展合规培训。中信证券黑龙江分公司现已完成整改并向中国证监会黑龙江监管局提交了整改报告。

参考文献

邓建平：《新证券法的五大亮点》，《财会月刊》2020年第6期。

王宏宇、刘刊：《证券公司行政备案监管的权责及边界研究》，《金融监管研究》2018年第5期。

吕晓蕾：《我国证券监管模式的实践矛盾与改革——以上市公司收购资金来源的实证分析与监管为研究路径》，《上海商学院学报》2017年第6期。

范小云、王道平：《巴塞尔Ⅲ在监管理论与框架上的改进：微观与宏观审慎有机结合》，《国际金融研究》2012年第1期。

施东辉：《探索构建资本市场的宏观审慎政策》，《清华金融论》2018年第5期。

李东方：《证券监管机构及其监管权的独立性研究——兼论中国证券监管机构的法律变革》，《政法论坛》2017年第35期。

中国人民银行：《中国金融稳定报告（2020）》，2020年11月。

附　　录
Appendix

B.9
证券市场大事记（2021）

魏震昊*

1月

1月4日　国务院常务会议4日通过《印花税法（草案）》，将证券交易印花税纳入法律规范。

1月8日　为进一步加强私募投资基金监管，严厉打击各类违法违规行为，严控私募基金增量风险，稳妥化解私募基金存量风险，提升行业规范发展水平，保护投资者合法权益，根据有关法律法规，在总结实践经验基础上，经反复研究，中国证监会起草了《关于加强私募投资基金监管的若干规定》。规定共14条，形成了私募基金管理人及从业人员等主体的"十不得"禁止性要求。该规定主要内容如下：一是规范私募基金管理人名称、经营范围，并实行新老划断。二是优化对集团化私募基金管理人监管，实现

---

*　魏震昊，中国海洋大学博士研究生，研究领域为资源开发与国民经济可持续发展。

扶优限劣。三是重申私募基金应当向合格投资者非公开募集。四是明确私募基金财产投资要求。五是强化私募基金管理人及从业人员等主体规范要求，规范开展关联交易。六是明确法律责任和过渡期安排。

1月15日 中国证监会发布《关于修改、废止部分证券期货制度文件的决定》，对6部规范性文件的部分条款予以修改、对6部规范性文件及21件部函等文件予以废止。旨在落实新《证券法》规定。新《证券法》进一步完善上公司并购重组制度，包括取消要约收购义务豁免行政许可，将上市公司收购中收购人所持被收购公司股份的锁定期限从12个月延长至18个月等。

1月22日 经国务院同意，中国证监会正式批准设立广州期货交易所。广州期货交易所是我国第一家混合所有制的交易所，股东构成多元，包括中国证监会管理的4家期货交易所、广东国资企业、民营企业和境外企业。广州期货交易所定位于创新型期货交易所，其设立将为粤港澳大湾区内企业、共建"一带一路"国家和地区企业提供更多风险管理工具，强化金融服务实体经济的能力。广州期货交易所未来两年将着力推进碳排放权、电力、工业硅、多晶硅等16个期货品种的研发上市。

1月22日 中国证监会发布《监管规则适用指引——评估类第1号》，该指引仅针对运用资本资产定价模型（CAPM）和加权平均资本成本（WACC）测算折现率涉及的参数确定，具体包括无风险利率、市场风险溢价、贝塔系数、资本结构、特定风险报酬率、债权期望报酬率等。采用风险累加等其他方法测算折现率时可以参照该指引。

1月29日 发布实施《首发企业现场检查规定》。相关负责人在证监会新闻发布会上回答《中国证券报》记者提问时指出，在试点注册制的背景下，开展首发企业现场检查仍然有必要性。下一步，中国证监会将以贯彻实施新《证券法》为契机，坚持以信息披露为核心，常态化开展问题导向及随机抽取的现场检查，聚焦重点问题，不断提升首发企业信息披露质量。针对现场检查中发现的发行人信息披露及中介机构执业质量问题做出分类处理，对信息披露违法违规保持高压态势，压严压实中介机构责任。坚持从严审核，严把资本市场入口关，支持优质企业上市，努力打造规范、透明、开放、有活力、有韧性的资本市场。《首发企业现场检查规定》规范了首发企业现场检查的基本要求、标准、流程及后续处理工作，明确了检查涉及单位和人员的权利义务，压实了发行人和中介机构责任，并加强了对检查人员的监督。《首发企业现场检查规定》共23条，对现场检查适用范围、检查对象、检查程序、监督管理措施等内容进行了规定。

2月

2月1日　为深入贯彻"建制度、不干预、零容忍"工作方针，认真贯彻注册制改革要求，进一步压严压实发行人信息披露主体责任和中介机构核查把关责任，提升审核透明度和友好度，上海证券交易所发布实施《上海证券交易所科创板发行上市审核业务指南第2号——常见问题的信息披露和核查要求自查表》。

2月3日　为了规范科创板发行上市保荐业务现场督导行为，督促保荐机构、证券服务机构切实履行对科创板申报项目的核查把关责任，上海证券交易所制定了《上海证券交易所科创板发行上市审核规则适用指引第1号——保荐业务现场督导》。该指引总结了科创板发行上市审核中已有的现场督导实践，并将已有的做法制度化、公开化。其中，明确了现场督导对象及确定标准，保荐机构等相关主体配合督导的义务，现场督导的程序、方式和结果处理，现场督导撤回项目的后续监管，并规定了与现场检查的衔接等内容。同时，根据需要着重明确了相关内容：一是明确现场督导对象以保荐机构为主，但可以根据需要对会计师事务所等证券服务机构一并实施现场督导；二是明确交易所发出现场督导通知后、现场督导实施前或者实施过程中撤回的项目，如该项目在撤回后12个月内重新申报的，将在受理后直接启动现场督导；三是规定了与现场检查的衔接安排，对于审核中发现发行人存在相关重大疑问或异常，且未能提供合理解释、影响审核判断的，按规定提请实施现场检查。

2月3日 中国证监会发布《关于上市公司内幕信息知情人登记管理制度的规定》。为贯彻落实新《证券法》，进一步规范上市公司内幕信息知情人登记和报送行为，加强内幕交易综合防控，中国证监会对《关于上市公司建立内幕信息知情人登记管理制度的规定》进行了修订。主要修订内容如下：一是落实新《证券法》规定。根据新《证券法》，进一步明确内幕信息知情人、内幕信息的定义和范围。二是压实上市公司防控内幕交易的主体责任。规定董事长、董事会秘书等应当对内幕信息知情人档案签署书面确认意见；要求上市公司根据重大事项的变化及时补充报送相关内幕信息知情人档案及重大事项进程备忘录。三是强化证券交易所在内幕交易防控方面的职责。授权证券交易所对上市公司内幕信息知情人档案填报所涉重大事项范围、填报具体内容、填报人员范围，对需要制作重大事项进程备忘录的事项、填报内容等做出具体规定；同时要求证券交易所应当将内幕信息知情人档案及重大事项进程备忘录等信息及时与中国证监会及其派出机构共享。四是明确中介机构的配合义务。要求证券公司、律师事务所等证券服务机构协助配合上市公司及时报送内幕信息知情人档案及重大事项进程备忘录，并依照相关执业规则的要求对相关信息进行核实。

2月6日 经中国证监会批准，启动合并主板与中小板相关准备工作。合并主板与中小板，打造以主板、创业板为主体的深市市场格局，构建简洁清晰的深市资本市场体系，对于促进资本要素市场化配置、提升资本市场服务国家战略和实体经济能力、建设优质创新资本中心和世界一流交易所具有重要意义。本次合并安排遵从"两个统一、四个不变"，统一业务规则，统一运行监管模式，保持发行上市条件不变、投资者门槛不变、交易机制不变、证券代码及简称不变。

2月24日 国家能源投资集团成为在交易所市场首家披露发行公告的碳中和绿色债券发行人。此次上海证券交易所推出的碳中和绿色债券作为绿色债券的一个子品种，其募集资金将主要用于经认证具有碳减排效益的绿色产业项目建设、运营、收购或偿还碳中和项目的贷款等，通过节能减排、充分使用可再生能源等方式减少碳排放，持续致力于推进绿色发展。本期债券发行前，发行人国家能源投资集团最近三个会计年度实现的年均可分配利润为231.61亿元，发行人主体信用等级为AAA，评级展望为稳定。本期债券规模不超过50亿元，发行期限为三年。债券采用固定利率形式，票面利率由发行人和主承销商按照发行时网下询价簿记结果共同协商确定。债券票面利率采取单利按年计息，不计复利。值得注意的是，在扣除发行费用后，发行人拟将不低于70%的募集资金用于具有碳减排效益的绿色产业项目建设、运营、收购或偿还碳中和项目的贷款，其中碳中和项目发行人承诺本期债券募集资金拟投入项目符合《绿色债券支持项目目录》的相关标准，且聚焦于碳减排领域；剩余部分将用于补充公司流动资金。

2月26日 上海证券交易所发布《全国中小企业股份转让系统挂牌公司向上海证券交易所科创板转板上市办法（试行）》。转板上市办法按照市场导向、统筹兼顾、试点先行、防控风险的思路，立足转板公司已在精选层挂牌、无须发行股份的业务逻辑，设计简便高效的转板要求和程序，并做好制度及监管衔接。遵循市场导向，基于转板公司已经过公开发行、交易等实际情况，明确转板公司向科创板转板的，应当符合科创板定位，并满足科创板首次公开发行上市条件，包括合规性、股东人数、累计成交量、公众股东持股比例、市值及财务指标等。转板公司范围为全国中小企业股份转让系统有限责任公司精选层连续挂牌一年以上且不存在应当调出精选层情形的公司。

2月26日 中国证监会修订发布《公司债券发行与交易管理办法》，修订内容主要包括落实公开发行公司债券注册制，明确公开发行公司债券的发行条件、注册程序以及对证券交易场所审核工作的监督机制，取消公开发行公司债券评级的强制性规定等。

2月28日 中国证券业协会发布《证券行业文化建设十要素》，从行为、组织、观念三个层次提出证券行业文化建设的十个关键要素，即平衡各方利益、建立长效激励、加强声誉约束、落实责任担当、融合发展战略、强化文化认同、激发组织活力、秉承守正创新、崇尚专业精神以及坚持可持续发展。倡导证券公司围绕"十要素"向心发力、深耕细作、久久为功，守正笃实推进证券业文化建设，持续沉淀和涵养行业生态，把文化建设与公司治理、发展战略、发展方式和行为规范深度融合，与人的全面发展、历史文化传承、党建工作要求和专业能力建设有机结合，促进形成健康的价值观、发展观、风险观，为资本市场长期稳定健康发展提供价值引领、精神支撑和制度基础。

3月

3月1日　《刑法修正案（十一）》正式实施，加大了对欺诈发行、信息披露造假、中介机构提供虚假证明文件和操纵市场四类证券期货犯罪的刑事惩戒力度。

3月9日　中国证监会发布《监管规则适用指引——审计类第1号》。监管中发现，部分注册会计师发表的审计意见不恰当，特别是非标准审计意见中存在标准不清晰、执行不到位，甚至不同类型审计意见间存在替代等问题，影响了审计意见的有效性。为规范注册会计师发表恰当的审计意见，中国证监会与中国注册会计师协会密切协作、各司其职，有效发挥监管合力。《监管规则适用指引——审计类第1号》对注册会计师在上市公司财务报表审计中发表非标准审计意见进行规范，督促注册会计师规范执业，助力提高上市公司财务信息披露质量。

3月12日　为更好地适应当前资本市场执法工作的新形势，符合新修订的《行政处罚法》相关要求，进一步规范中国证监会行政处罚委员会运作，中国证监会对《行政处罚委员会组成办法》进行了修订，并于日前发布了《行政处罚委员会组织规则》。该规则主要进行了五个方面内容的修订：一是明确行政首长负责制的基本原则，二是明确兼职审理委员的职责和定位，三是明确巡回审理工作机制，四是规范案件审理程序，五是完善行政处罚委员会、主任委员、副主任委员、委员的工作职责。

3月18日　为实施国家金融战略，维护金融安全，健全金融审判体系，加大金融司法保护力度，营造良好金融法治环境，根据《宪法》和《人民法院组织法》，北京金融法院正式成立。设立金融法院是服务保障国家金融战略实施、营造良好金融法治环境、促进经济健康发展的重要举措。北京是国家金融管理中心，要高起点高标准设立金融法院，结合区域功能定位和特点，对金融案件实行集中管辖，推进金融审判体制机制改革，提高金融审判专业化水平。

3月19日 中国证监会发布《关于修改〈证券公司股权管理规定〉的决定》（以下简称《股权规定》）以及《关于修改〈关于实施《证券公司股权管理规定》有关问题的规定〉的决定》，自2021年4月18日起施行。《股权规定》修订内容主要涉及以下几个方面：一是参考国内外金融监管经验，将证券公司主要股东从"持有证券公司25%以上股权的股东或者持有5%以上股权的第一大股东"调整为"持有证券公司5%以上股权的股东"。二是适当降低证券公司主要股东资质要求，取消主要股东具有持续盈利能力的要求，将主要股东净资产从不低于2亿元调整为不低于5000万元等。三是落实新《证券法》，调整证券公司变更注册资本、变更5%以上股权的实际控制人相关审批事项。四是对新问题予以规制，为新情况留出空间。包括禁止证券公司股权相关的"对赌协议"，完善控股股东变更为唯一股东的备案程序等。

3月28日 为提升我国信用评级的质量和竞争力，推动信用评级行业更好地服务债券市场健康发展的大局，中国人民银行会同国家发展改革委、财政部、银保监会和证监会起草了《关于促进债券市场信用评级行业高质量健康发展的通知（征求意见稿）》。

4月

4月6日 经中国证监会批准，深圳证券交易所合并主板与中小板正式实施。合并后，原中小板上市公司的证券类别变更为"主板A股"，证券代码和证券简称保持不变。在原中小板申请上市的企业已提交的发行申请文件的"中小板"字样视同"主板"。同时，根据相关安排，原中小板指数、中小板综合指数、中小板 300 指数等名称调整自合并正式实施日起生效。

4月16日 中国证监会、上海证券交易所分别发布修订后的《科创属性评价指引（试行）》《上海证券交易所科创板企业发行上市申报及推荐暂行规定》。

4月16日 中小投资者服务中心接受 50 名以上投资者委托，对康美药业启动特别代表人诉讼。广州市中级人民法院明确适用特别代表人诉讼程序审理本案，这是我国首单证券纠纷特别代表人诉讼，是资本市场发展历史上的一个标志性事件。中国证监会相关部门负责人表示，中国证监会将持续加强与最高人民法院的沟通协调，不断推动完善特别代表人诉讼各项制度机制，依法推进特别代表人诉讼工作常态化开展。

4月19日 广州期货交易所揭牌仪式在广州举行，广东省委书记李希、中国证监会主席易会满共同揭牌，自此广州期货交易所正式运营，实现了广州国家级金融基础设施历史性突破。广州期货交易所是继上海期货交易所、大连商品交易所、郑州商品交易所、中国金融期货交易所之后我国第 5 家期货交易所。秉持创新型、市场化、国际化的发展定位，广州将以打造国际一流期货交易所为目标支持广州期货交易所建设发展，充分发挥期货交易的功能作用，打造风险管理中心和期货产业体系，构建粤港澳大湾区资本市场高地，加速推进共建粤港澳大湾区国际金融枢纽，提高全球金融资源配置能力。

5月

5月14日 为贯彻落实党中央国务院关于深化新三板改革的决策部署，完善市场基础制度建设，满足精选层公司持续融资需求，规范精选层公司再融资行为，保护投资者合法权益，中国证监会公布《非上市公众公司监管指引第 X 号——精选层挂牌公司股票发行特别规定（试行）》，向社会公开征求意见。

5月17日 沪深交易所首批 9 单基础设施公募 REITs 项目经沪深交

审核通过并向中国证监会申请注册后，正式获得中国证监会准予注册的批复，是沪深交易所基础设施公募 REITs 试点进程中的一个重要的里程碑。在当前环境下，开展基础设施公募 REITs 试点具有重要意义，可有效盘活基础设施存量资产，拓展基础设施权益融资渠道，优化社会资源配置，引导中长期资金参与资本市场，并为投资者提供更多样化的投资工具和产品。同时，基础设施公募 REITs 试点落地，将进一步推动创新我国基础设施领域投融资机制，深化金融供给侧结构性改革，有助于增强资本市场服务实体经济的质效。

5 月 28 日 中国证监会发布《关于完善全国中小企业股份转让系统终止挂牌制度的指导意见》。

5 月 28 日 中国证监会批准上海国际能源交易中心、大连商品交易所分别开展原油、棕榈油期权交易并引入境外交易者参与交易。棕榈油期权合约正式挂牌交易时间为 2021 年 6 月 18 日，原油期权合约正式挂牌交易时间为 2021 年 6 月 21 日。

5 月 28 日 为更好服务实体经济，进一步支持上市公司发展，深圳证券交易所发布《关于下调股票上市费收费标准的通知》。经履行相关程序，自 2021 年 6 月 1 日起，深圳证券交易所将暂免收取总股本在 8 亿元（含）以下的上市公司上市费。同时，为进一步支持湖北省经济加快恢复发展，本所拟将免收湖北省上市公司上市费的优惠政策延长至 2022 年 12 月 31 日（含）。在此期间，继续免收注册地在湖北省的上市公司的上市初费和上市年费。

6月

6 月 1 日 首对沪港 ETF 互通产品于上海证券交易所与香港交易所同步上市。基于成熟的 ETF 互通机制，华泰柏瑞南方东英恒生科技 ETF 在上海证券交易所挂牌上市，南方东英华泰柏瑞中证光伏产业 ETF 在香港交易所挂牌上市。这是深化两地资本市场交流合作，丰富两地投资者投资选择的重要成果。下一步，上海证券交易所将在中国证监会的统一部署和指导下，全力保障沪港 ETF 互通产品的平稳运行与持续推动更多 ETF 互通，积极推动资本市场双向开放，服务内地和香港投资者多元化的资产配置需求，提高中国资本市场的国际化水平，进一步加快推进上海国际金融中心建设。

6月2日 国家外汇管理局公布的最新合格境内机构投资者（QDII）投资额度审批情况表显示，国家外汇管理局一次性向 17 家 QDII 发放了 103 亿美元额度，这是有史以来单次或单月批准额度最多的一次。国家外汇管理局公布数据显示，本次最新一批获批额度的 QDII 批准日期为 2021 年 6 月 1 日，涉及银行、基金公司、证券公司、保险公司等，如汇丰银行、恒生银行、南方基金、华夏基金、华鑫证券等。

6月4日 中国人民银行发布消息称，根据《国务院关于实施金融控股公司准入管理的决定》《金融控股公司监督管理试行办法》等规定，中国人民银行受理了中国中信有限公司关于设立金融控股公司的行政许可申请，受理日期为 2021 年 5 月 28 日，发起人或主要股东及所持股份为中国中信有限公司持股 100%。

6月4日 近日，中国证监会公布《资产管理产品介绍要素第 2 部分：证券期货资产管理计划及相关产品》金融行业推荐性标准，自公布之日起施行。该标准从投资者的角度出发，对证券期货资产管理计划及相关产品的定义、分类、运作方式、风险等基本要素进行统一介绍，使投资者能够对产品实质性风险做出及时准确的判断，有利于投资者充分理解产品风险收益特征，切实保护投资者利益，维护金融市场稳定。该标准对证券期货公司及其子公司资产管理计划、基金管理公司及其子公司私募资产管理计划、公募基金、私募证券投资基金等资产管理产品建立一套统一的产品介绍标准。该标准规定了产品介绍的通用要求、各级要素及内容要求，给出了证券期货资产管理计划及相关产品的介绍模板。下一步，中国证监会将继续推进资本市场信息化建设工作，着力加强基础标准建设，不断提升行业标准化水平。

6月10日 十三届全国人大常委会第二十九次会议闭幕。会议经表决通过了《印花税法》等。印花税是对经济活动和经济交往中订立、领受具有法律效力的凭证的行为所征收的一种税。《印花税法》总体上维持现行税制框架不变，适当简并税目税率、减轻税负。随着《印花税法》的制定出台，我国现行 18 个税种中已有 12 个税种制定了法律。

6 月 11 日 中国银保监会、中国人民银行联合制定并发布《关于规范现金管理类理财产品管理有关事项的通知》（本部分简称《通知》），自发布之日起施行。《通知》为资管新规、理财新规、《理财子公司办法》的配套制度，按照补充通知关于现金管理类理财产品应严格监管的要求，对商业银行及理财公司发行的现金管理类理财产品提出了具体监管要求。《通知》整体上与货币市场基金等同类资管产品监管标准保持一致，主要内容包括：明确现金管理类理财产品定义；提出产品投资管理要求，规定投资范围和投资集中度；明确产品的流动性管理和杠杆管控要求；细化"摊余成本+影子定价"的估值核算要求；加强认购赎回和销售管理；明确现金管理类理财产品风险管理要求，对采用摊余成本法进行核算的现金管理类理财产品实施规模管控，确保机构业务发展与自身风险管理水平相匹配。

6 月 11 日 中国证监会发布《关于修改部分证券期货规章的决定》《关于修改、废止部分证券期货制度文件的决定》，对 3 件规章、5 件规范性文件、1 件其他制度文件进行集中"打包"修改、废止。

6 月 15 日 中国证监会发布修订后的《证券市场禁入规定》。主要修订内容包括：一是进一步明确市场禁入类型，二是进一步明确交易类禁入适用规则，三是进一步明确市场禁入对象和适用情形。同时，明确交易类禁入适用于严重扰乱证券交易秩序或者交易公平的违法行为。中国证监会依法严厉打击各类资本市场违法违规行为，把"严"的执法主基调长期坚持下去，同时加强与司法机关协调配合，综合运用民事、行政和刑事追责手段进一步提高违法违规成本，为资本市场更好地服务构建新发展格局提供坚强执法保障。

6 月 19 日 中国证监会发布《证券期货业结算参与机构编码》（JR/T0219—2021）、《挂牌公司信息披露电子化规范第 1 部分：公告分类及分类标准框架》、《挂牌公司信息披露电子化规范第 2 部分：定期报告》、《挂牌

公司信息披露电子化规范第 3 部分：临时报告》、《证券期货业大数据平台
性能测试指引》5 项金融行业标准，自公布之日起施行。

6 月 22 日 沪深交易所分别发布科创板、创业板重大资产重组审核标
准，自发布之日起实施。

6 月 28 日 中国证监会公布修订后的《公开发行证券的公司信息披露
内容与格式准则第 2 号——年度报告的内容与格式（2021 年修订）》。

7月

7 月 5 日 备受市场关注的 9 只首批科创创业 50 交易型开放式指数基
金（ETF）确定上市时间。据悉，易方达、南方、华夏、嘉实、招商 5 家公
司旗下的科创创业 50ETF 已于 7 月 5 日上市。另外，富国、华宝、国泰旗下
产品 7 月 6 日上市，银华科创创业 50ETF 则定于 7 月 7 日上市。作为首批跨
市场布局科创板与创业板的指数工具，上述 9 只科创创业 ETF 在 6 月 21 日
首发时就受到投资者追捧。据统计，当日全市场认购规模总计超过 150
亿元。

7 月 7 日 中共中央办公厅、国务院办公厅近日印发《关于依法从严打
击证券违法活动的意见》。该意见指出，打击证券违法活动是维护资本市场
秩序、有效发挥资本市场枢纽功能的重要保障。主要目标是，到 2022 年，
资本市场违法犯罪法律责任制度体系建设取得重要进展，依法从严打击证券
违法活动的执法司法体制和协调配合机制初步建立，证券违法犯罪成本显著
提高，重大违法犯罪案件多发频发态势得到有效遏制，投资者权利救济渠道
更加通畅，资本市场秩序明显改善。到 2025 年，资本市场法律体系更加科
学完备，中国特色证券执法司法体制更加健全，证券执法司法透明度、规范
性和公信力显著提升，行政执法与刑事司法衔接高效顺畅，崇法守信、规范
透明、开放包容的良好资本市场生态全面形成。

7 月 9 日 中国证监会举行例行新闻发布会。相关负责人表示，为进一
步强化对注册制下保荐承销、财务顾问等投资银行业务的监管，督促证券公

司认真履职尽责，更好发挥中介机构"看门人"作用，为稳步推进全市场注册制改革积极创造条件，中国证监会制定并发布了《关于注册制下督促证券公司从事投行业务归位尽责的指导意见》，对相关工作做出全面部署和安排。该意见自公布之日起施行。

7月12日 为进一步规范期货公司对子公司管理，促进子公司规范运作，提升期货公司及子公司服务实体经济能力，按照问题导向、聚焦主业、提升能力的原则，中国证监会起草了《期货公司子公司管理暂行办法（征求意见稿）》，现向社会公开征求意见。该办法共46条，分为总则、子公司的设立与终止、期货公司对子公司的管理、子公司的治理与内控、设立境外子公司及参股境外经营机构特别规定、监督管理、附则等7个部分。

7月13日 沪深交易所分别发布《上海证券交易所公司债券发行上市审核规则适用指引第2号——特定品种公司债券》《深圳证券交易所公司债券创新品种业务指引第1号——绿色公司债券（2022年修订）》，新增碳中和绿色公司债券、蓝色债券、乡村振兴公司债券等内容。

7月15日 《中共中央 国务院关于支持浦东新区高水平改革开放打造社会主义现代化建设引领区的意见》发布。该意见提出，支持在浦东设立国际金融资产交易平台，试点允许合格境外机构投资者使用人民币参与科创板股票发行交易。

7月15日 中国证监会就《证券期货违法行为行政处罚办法》向社会公开征求意见，并通过召开座谈会、书面征求意见等形式听取了有关方面的意见。社会各界对该处罚办法内容总体支持，提出的修改完善意见建议，中国证监会逐条认真研究，合理建议均予以吸收采纳。

7月16日 全国碳排放权交易市场在上海环境能源交易所启动，这意味着全球最大碳交易市场的诞生。据上海环境能源交易所发布的数据，碳排放配额开盘价为每吨48元，首笔全国碳排放权交易成交价格为每吨52.78元，成交16万吨，交易额790万元；开盘首日挂牌协议交易成交量为4103953吨，成交额210230053.25元，收盘价为每吨51.23元，较开盘价上涨6.73%。

7月23日 深圳证券交易所发布四项精选层转板上市配套业务规则，

包括上市报告书内容与格式等，对转板上市报告书的信息披露原则及主要内容与格式、转板上市申请文件的要求等做出明确规定，为转板上市进入落地实施阶段进一步明晰实操路径、做好制度衔接。四项配套业务规则是《创业板发行上市审核业务指引第 3 号——全国中小企业股份转让系统挂牌公司向创业板转板上市报告书内容与格式》《创业板发行上市审核业务指引第 4 号——全国中小企业股份转让系统挂牌公司向创业板转板上市申请文件》《深圳证券交易所创业板上市保荐书内容与格式指引（2021 年修订）》《深圳证券交易所创业板发行上市申请文件受理指引（2021 年修订）》。

7 月 26 日　商务部发布《海南自由贸易港跨境服务贸易特别管理措施（负面清单）（2021 年版）》，将允许境外个人申请开立证券账户或者期货账户。

8月

8 月 1 日　美国证券交易委员会发布声明，增加了对中国企业赴美上市的信息披露要求。中国证监会新闻发言人表示，两国监管部门应当继续秉持相互尊重、合作共赢的精神，就中概股监管问题加强沟通，找到妥善解决的办法，为市场营造良好的政策预期和制度环境。

8 月 2 日　深圳证券交易所全资子公司深圳证券信息有限公司联合深圳市福田区发布国证香蜜湖绿色金融指数，这是国内首只反映绿色金融产业发展的股票指数，进一步呈现绿色金融领域上市公司运行特征，推动深圳在践行绿色发展理念、构建绿色金融体系等方面发挥先行先试作用，助力实现"碳达峰、碳中和"目标。

8 月 7 日　中国证监会表示，决定开展健全证券期货基金经营机构专项治理工作。本次专项治理针对当前行业机构公司治理方面的薄弱环节，重点从四个方面开展工作。一是健全制度规则体系。以新《证券法》、《证券投资基金法》为基础，修订或制定股权管理规定、内控办法、公募基金管理人办法、高管办法等规则制度，构建机构监管的"四梁八柱"。二是持续完善行政监管体系。坚持放管结合，围绕提升机构监管有效性的核心问题，坚持科学监管、分类监管、专业监管、持续监管。三是构建有效的现代公司治理体系。督促行业机构进一步加强党的领导与公司治理的有机结合，强化股东穿透管理；督促行业机构严格落实全面风险管理和全员合规要求，切实提高内控合规水平。四是逐步健全市场约束体系。健全信息披露制度，督促行业机构确保信息披露真实、准确、完整；探索建立执业质量评价体系，提高执业透明度。

8月11日 中国银行间市场交易商协会发布《关于进一步加强债务融资工具承销报价规范的通知》明确，建立债务融资工具承销费率报备机制，将对承销费率明显低于行业公允水平的进行执业质量督导检查，引导市场规范有序竞争。

8月13日 沪深交易所分别发布公司债券投资者权益保护参考文本，为起草募集说明书中投资者权益保护相关章节内容提供参考指南。这是沪深交易所进一步贯彻落实新《证券法》关于强化投资者权益保护相关要求，夯实投资者权益保护的制度基础，完善资本市场基础制度建设，提升募集说明书质量，提升公司债券发行人依法诚信经营和规范运作水平的重要举措。

8月11日 中国人民银行发布公告称，为进一步提升市场主体使用外部评级的自主性，推动信用评级行业市场化改革，中国人民银行决定试点取消非金融企业债务融资工具发行环节信用评级的要求。公告称，试点期间，非金融企业发行债务融资工具暂时停止适用《银行间债券市场非金融企业债务融资工具管理办法》（以下简称《管理办法》）第九条的规定；本公告未说明的债务融资工具发行与交易的其他要求，继续按照《管理办法》规定执行。

8月18日 中国人民银行会同国家发改委、财政部、银保监会、证监会和国家外汇管理局联合发布《关于推动公司信用类债券市场改革开放高质量发展的指导意见》。该指导意见从完善法制、推动发行交易管理分类趋同、提升信息披露有效性、强化信用评级机构监管、加强投资者适当性管理、健全定价机制、加强监管和统一执法、统筹宏观管理、推进多层次市场建设、拓展高水平开放等十个方面，对推动公司信用类债券市场改革开放和高质量发展提出了具体意见。

8月20日 沪深交易所宣布，拟修订科创板、创业板股票发行与承销相关业务规则，即日起向市场公开征求意见。此次修订主要包括三个方面内容：一是完善高价剔除机制，将高价剔除比例从不低于10%调整为不超过3%；二是取消新股发行定价与申购时间安排、投资风险特别公告次数挂钩的要求；三是加强询价报价行为监管，明确网下投资者参与询价时规范要求、违规情形和监管措施。

8月21日 为贯彻落实党中央重大决策部署，切实发挥证券监管部门在解决证券期货纠纷中的指导协调作用，以及人民法院在多元化纠纷解决机制改革中的引领、推动、保障作用，降低投资者解纷成本，全面提升证券期货纠纷多元化解质效，日前，最高人民法院办公厅与中国证监会办公厅联合印发《关于建立"总对总"证券期货纠纷在线诉调对接机制的通知》，实现"人民法院调解平台"与"中国投资者网在线调解平台"系统对接，为证券期货纠纷当事人提供多元调解、司法确认、登记立案等一站式、全流程在线解纷服务。该通知强调坚持把非诉讼纠纷解决机制挺在前面，充分发挥调解在化解证券期货领域矛盾纠纷中的重要作用，建立有机衔接、协调联动、高效便捷的证券期货纠纷在线诉调对接工作机制，依法及时高效化解证券期货纠纷。

9月

9月4日 中国证监会发布《证券期货业网络安全等级保护基本要求》（JR/T0060—2021）、《证券期货业网络安全等级保护测评要求》（JR/T0067—2021）两项金融行业标准。《证券期货业网络安全等级保护基本要求》规定了证券期货业网络安全等级保护的总体要求，以及第一级到第四级等级保护对象的安全通用要求和安全扩展要求，适用于证券期货业分等级的非涉密对象的安全建设和监督管理。《证券期货业网络安全等级保护测评要求》规定了证券期货业网络安全等级保护的等级测评方法、第一级到第四级的网络安全等级保护对象的测评要求、整体测评以及测评结论，适用于证券期货业安全测评服务机构、等级保护对象的运营使用单位及行业主管部门对证券期货业等级保护对象的安全状况进行安全测评，也可供网络安全职能部门进行证券期货业网络安全等级保护监督检查时参考使用。

9月6日 《上海证券交易所债券自律监管规则适用指引第2号——公司债券和资产支持证券信息披露直通车业务》和《上海证券交易所债券存续期业务指南第2号——公司债券和资产支持证券信息披露直通车业务》发布，标志着上海证券交易所正式推出债券市场信息披露直通车制度。

9月10日 中国人民银行、中国银行保险监督管理委员会、中国证券监督管理委员会、国家外汇管理局、广东省人民政府、香港特别行政区政府与澳门特别行政区政府通过视频连线方式举办"跨境理财通"业务试点启动仪式，粤港澳三地同时发布《粤港澳大湾区"跨境理财通"业务试点实施细则》。

9月13日 中共中央办公厅、国务院办公厅印发《关于深化生态保护补偿制度改革的意见》（以下简称《意见》），要求从完善分类补偿、健全综合补偿、加快推进多元化补偿三个方面进一步深化生态保护补偿制度改革，加快生态文明制度体系建设。《意见》提出，到2025年，与经济社会发展状况相适应的生态保护补偿制度基本完备；到2035年，适应新时代生态文明建设要求的生态保护补偿制度基本定型。根据《意见》，我国将聚焦重要生态环境要素，建立健全分类补偿制度。具体包括：加强水生生物资源养护，确保长江流域重点水域十年禁渔落实到位；健全公益林补偿标准动态调整机制；完善以绿色生态为导向的农业生态治理补贴制度；完善耕地保护补偿机制；对青藏高原、南水北调水源地等生态功能重要性突出地区，在重点生态功能区转移支付测算中通过提高转移支付系数、加计生态环保支出等方式加大支持力度，推动其基本公共服务保障能力居同等财力水平地区前列等。

9月17日 备受市场关注的北京证券交易所投资者门槛确定，个人投资者准入资金门槛为证券资产50万元，机构投资者准入不设置资金门槛。

根据北京证券交易所发布的《北京证券交易所投资者适当性管理办法（试行）》，北京证券交易所开市后，个人投资者准入门槛为开通交易权限前 20 个交易日日均证券资产 50 万元，同时具备 2 年以上证券投资经验。在北京证券交易所开市前已开通精选层交易权限的投资者，其交易权限将自动平移至北京证券交易所。

9 月 17 日　中国证监会网站发布《关于扩大红筹企业在境内上市试点范围的公告》，将新能源汽车、绿色环保等红筹企业纳入试点范围。该公告明确，除互联网、大数据、云计算、人工智能、软件和集成电路、高端装备制造、生物医药行业外，将属于新一代信息技术、新能源、新材料、新能源汽车、绿色环保、航空航天、海洋装备等高新技术产业和战略性新兴产业的红筹企业，纳入试点范围。

9 月 17 日　沪深交易所分别发布《上海证券交易所证券发行与承销业务指南第 3 号——股票代码管理》和《深圳证券交易所股票发行与承销业务指南第 3 号——股票代码管理》，自 10 月 1 日起施行。

9 月 18 日　中国证监会对《创业板首次公开发行证券发行与承销特别规定》进行适当优化，取消新股发行定价与申购安排、投资风险特别公告次数挂钩的要求等。

9 月 24 日　内地与香港债券市场互联互通南向合作（"南向通"）正式上线运行。

9 月 26 日　深圳证券交易所全资子公司深圳证券信息有限公司发布碳科技 60、碳科技 30 两条"碳科技"指数。

10月

10 月 13 日　中国证监会发布《关于合格境外机构投资者和人民币合格境外机构投资者参与金融衍生品交易的公告》，新增开放商品期货、商品期权、股指期权三类品种，参与股指期权的交易目的限于套期保值交易，自 2021 年 11 月 1 日起施行。该措施为境外投资者提供更多避险产品和配置工具，有助于吸引更多境外资金，提高境内资本市场国际影响力。

10 月 19 日 十三届全国人大常委会第三十一次会议听取了全国人大宪法和法律委员会关于《期货法（草案）》修改情况的汇报。此前，十三届全国人大常委会第二十八次会议对《期货法（草案）》进行了初次审议。此次草案二审稿根据常委会委员和有关方面的建议，将本法名称修改为"期货和衍生品法"后，中国证监会将会同中国人民银行、国家外汇管理局持续评估，推动适时开放更多品种，坚定不移深化资本市场对外开放。

10 月 29 日 富时罗素公司正式将中国国债纳入富时世界国债指数（WGBI）。中国人民银行对此表示欢迎，认为这充分反映了国际投资者对于中国经济长期健康发展、金融持续扩大开放的信心。中国人民银行表示，截至 2021 年 9 月末，国际投资者持有中国债券规模达 3.9 万亿元。金融市场开放有利于中国实现高质量的经济增长，也有利于全球投资者分享中国经济的发展成果。中国人民银行强调，下一步将继续与各方共同努力，积极完善各项政策与制度，巩固和扩大双向跨境投融资渠道，为境内外投资者提供更加友好、便利的投资环境。

10 月 29 日 为认真贯彻党中央、国务院决策部署，落实以信息披露为核心的注册制改革要求，进一步提高招股说明书信息披露质量，推动资本市场高质量发展，中国证监会在深入研究论证、广泛听取意见、借鉴境外有益经验的基础上，研究起草了《关于注册制下提高招股说明书信息披露质量的指导意见（征求意见稿）》，并向社会公开征求意见。该指导意见主要包含以下内容：一是基本原则。坚持以投资者需求为导向，满足不同类型投资者的多样化需求；坚持问题导向，多措并举提高招股说明书信息披露质量；坚持综合施策，形成工作合力。二是督促发行人及中介机构归位尽责，撰写与编制高质量的招股说明书。三是充分发挥行政监管、自律监管和市场约束机制作用，引导提高招股说明书信息披露质量。中国证监会相关部门和证券交易所应当通过加强审核引导、完善制度规则等方式，形成工作合力，引导发行人及中介机构提高招股说明书信息披露质量。四是强化责任追究，确保提高招股说明书信息披露质量各项措施落地落实。

11月

11月2日　北京证券交易所正式发布了《北京证券交易所交易规则（试行）》《北京证券交易所会员管理规则（试行）》两件基本业务规则及31件细则指引指南。上述业务规则自2021年11月15日起施行。《北京证券交易所上市公司股份协议转让细则》提出，上市公司股份协议转让必须在证券交易所进行，由北京证券交易所和中国证券登记结算有限责任公司集中统一办理。严禁进行场外非法股票交易和转让活动。股份转让双方可以就转让价格进行协商。股份转让协议达成后，股份转让双方应向北京证券交易所申请确认其股份转让合规性。

11月15日　北京证券交易所揭牌暨开市仪式在京举行。北京市委书记蔡奇、中国证监会主席易会满出席仪式，共同为北京证券交易所揭牌并鸣钟开市。中国证监会主席易会满，北京市委副书记、市长陈吉宁在仪式上致辞。中宣部、中央网信办、全国人大法工委、最高人民法院、最高人民检察院、国家发改委、科技部、工信部、公安部、财政部、中国人民银行、银保监会等单位有关负责同志和部门负责同志出席仪式。北京证券交易所正式揭牌开市，这是我国资本市场改革发展的又一标志性事件，对于促进多层次资本市场高质量发展、探索具有中国特色资本市场普惠金融之路和落实创新驱动发展国家战略等都具有十分重要的意义。下一步，中国证监会将认真学习贯彻习近平总书记重要讲话精神和党中央、国务院决策部署，会同有关各方，持续深化新三板改革，办好北京证券交易所，着力打造服务创新型中小企业主阵地，建设一个规范、透明、开放、有活力、有韧性的资本市场，为经济高质量发展和努力实现第二个百年奋斗目标积极贡献力量。

11月19日　随着北京证券交易所鸣锣开市，首批北京证券交易所主题公募基金亮相，包括易方达、华夏等在内的首批8只公募基金申报的北京证券交易所主题产品自19日起正式公开发行，每只基金首次募集规模上限均为5亿元。中小投资者可突破资金门槛限制，参与投资北京证券交易所上市公司。综合来看，上述基金均为偏股混合型基金，并设置了两年封闭期。以发布公告的易方达基金为例，易方达北京证券交易所精选两年定期开放混合型证券投资基金的股票资产占基金资产比例为 60%～100%，其中投资于北京证券交易所股票的比例不低于非现金基金资产的 80%，此外还可投资于沪深交易所和港股通股票，适度拓宽了投资范围。

11 月 19 日　沪深交易所日前发布"财务类退市"营业收入扣除指南，明确财务类退市指标中营业收入具体扣除事项，提升财务类退市指标可执行性，落实落细退市新规。业内专家认为，指南的发布，有利于及时出清不具持续经营能力的相关公司，促使上市公司更加聚焦主业。对于 A 股市场而言，将有助于提升上市公司整体质量，加速市场优胜劣汰。

11 月 19 日　中国证监会披露，为适应注册制改革发展需要，进一步规范证券发行保荐业务，指导保荐机构建立健全工作底稿制度，提高保荐机构尽职调查工作质量，中国证监会拟对《证券发行上市保荐业务工作底稿指引》（以下简称《底稿指引》）进行修订，并向社会公开征求意见，意见反馈截止时间为 2021 年 12 月 18 日。中国证监会表示，现行《底稿指引》自实施以来，对规范证券发行上市业务工作底稿、提高中介机构执业水平和尽职调查工作质量发挥了重要作用。但随着法律环境、市场环境的变化，特别是新《证券法》和《证券发行上市保荐业务管理办法》的修订实施，对保荐机构专业能力和执业质量提出了更高要求，因此有必要对《底稿指引》进行修订，作为《保荐人尽职调查工作准则》的配套衔接规则。征求意见稿共 15 条，主要修订内容有三个方面：一是增加对其他证券服务机构专业意见的相关复核资料；二是增加内核阶段工作底稿要求；三是增加分析验证过程的相关底稿。

11 月 24 日　国务院召开常务会议，从四个方面部署完善地方政府专项债券管理，优化资金使用，严格资金监管：加快 2021 年剩余额度发行，做好资金拨付和支出管理；按照"资金跟着项目走"要求，梳理 2022 年专项债项目和资金需求；统筹考虑各地实际和促进区域协调发展要求，合理提出 2022 年专项债额度和分配方案；资金使用要注重实效，加强对投向等的审核和监管。此外，会议强调，要加强专项债资金审计监督和全面核查，发现问题必须严肃整改、严格问责，并通过收回闲置资金、扣减新增限额、通报负面典型等措施予以处罚。

11 月 26 日 中国证监会表示，现行关于上市公司监管的部门规章以下层级规则、沪深交易所现行关于上市公司监管的自律监管规则将归并整合为 182 件，数量压缩 60%。这是资本市场上市公司监管法规体系 30 年来的首次全面整合修订。《证券期货行政执法当事人承诺制度实施办法》公布，自 2022 年 1 月 1 日起施行。

12月

12 月 1 日 中国人民银行、国家外汇管理局就《境外机构境内发行债券资金管理规定（征求意见稿）》（以下简称《征求意见稿》）公开征求意见，进一步统一规范境外机构在境内发行债券（以下简称"熊猫债"）资金管理，促进熊猫债市场健康发展。《征求意见稿》共 14 条，涉及境外机构在境内不同市场发债时所经历的登记管理、专户管理、资金使用、外汇风险管理、还本付息管理、统计监测、政策衔接等环节，意在统一规范熊猫债资金账户、资金汇兑及使用、统计监测等。《征求意见稿》明确，中国人民银行及其分支机构、国家外汇管理局及其分局、外汇管理部依法对境外机构境内发债涉及的账户、资金收付及汇兑、跨境资金流动等实施监督管理。《征求意见稿》称，境外机构境内发债募集资金可以汇往境外，也可以留存境内使用。留存境内使用的，应符合直接投资、外债等管理规定。此外，鼓励境外机构境内发债募集资金以人民币形式跨境收付及使用。境外机构可以通过具备代客人民币对外汇衍生品业务资格的境内金融机构，按照实需原则办理外汇衍生品业务，管理境内发债的汇率风险。

12 月 3 日 为规范衍生品业务，促进境内衍生品市场健康发展，保障各方合法权益，防范系统性风险，中国人民银行会同银保监会、证监会、国家外汇管理局共同起草了《关于促进衍生品业务规范发展的指导意见（征求意见稿）》，并向社会公开征求意见。

12月3日 为落实全面深化资本市场改革的有关要求，进一步优化证券公司账户管理功能，提升服务能力，推动行业高质量发展，中国证监会支持证券公司严格按照新《证券法》、《证券公司监督管理条例》等法律法规的要求，在现有客户交易结算资金第三方存管框架下，开展内部账户管理功能优化。

12月4日 为进一步深化保险资金运用市场化改革，规范保险资金参与证券出借业务行为，有效防范风险，根据《保险资金运用管理办法》及相关规定，中国银保监会发布了《关于保险资金参与证券出借业务有关事项的通知》（本部分简称《通知》）。《通知》共16条，对保险机构参与证券出借业务的决策管理流程进行规范，主要内容包括：一是设置差异化监管标准，坚持分类监管导向。二是强化审慎监管理念，建立资产担保机制。三是加强合规管理要求，压实机构主体责任。明确保险机构参与证券出借业务在会计处理上不终止确认、在保险资金运用比例监管上不放松要求，压实保险机构在经营决策、交易对手管理、资产担保、资产托管、合规管理、风险管理、关联交易等方面的主体责任。《通知》的发布，一方面丰富了保险资金的运用方式，有助于盘活保险资金长期持有的存量资产，增厚投资组合收益；另一方面有助于发挥保险资金资本市场机构投资者作用，对于优化资本市场供需结构，提升市场流动性和活跃度具有积极意义。下一步，中国银保监会将持续加强保险资金参与证券出借业务的监管，做好风险监测、识别和预警，引导保险机构强化投资管理能力建设，更好服务资本市场发展。

12月10日 沪深交易所分别就修订股票上市规则公开征求意见，并对上市公司监管法规体系进行整合。

12月16日 中国证券业协会发布实施《北京证券交易所股票向不特定合格投资者公开发行与承销特别条款》以及《北京证券交易所股票向不特定合格投资者公开发行并上市网下投资者管理特别条款》两项自律规则。

12月23日 中国证监会公布《公开发行证券的公司信息披露内容与格式准则第24号——公开发行公司债券申请文件（2021年修订）》，自公布之日起施行。

12 月 24 日　中国证监会会同国务院有关部门研究起草《国务院关于境内企业境外发行证券和上市的管理规定（草案征求意见稿）》，并同步起草《境内企业境外发行证券和上市备案管理办法（征求意见稿）》作为管理规定的配套规则，一并向社会公开征求意见。

12 月 24 日　中国证券登记结算有限责任公司与上海证券交易所联合制定并发布沪市《B 转 H 业务实施细则》，并于发布之日起施行。

参考文献

吴奉刚：《证券公司集团化——模式与治理》，中国金融出版社，2006。

孙国茂：《中国证券市场宏观审慎监管研究》，中国金融出版社，2020。

中国人民银行支付结算司：《支付业务季报》（2019 年第 4 季度），中国金融出版社，2020。

孙国茂主编《中国证券公司竞争力研究报告（2021）》，社会科学文献出版社，2021。

中国证券业协会：《中国证券业发展报告（2022）》，中国财政经济出版社，2022。

美国金融危机调查委员会：《美国金融危机调查报告》，俞利军、丁志杰、刘宝成译，中信出版社，2012。

巴塞尔银行监管委员会：《巴塞尔协议Ⅲ》（综合版），杨力、吴国华译，中国金融出版社，2014。

〔美〕本·伯南克、蒂莫西·盖特纳、亨利·保尔森：《灭火——美国金融危机及其教训》，冯毅译，中信出版集团，2019。

王建华、王芳华：《企业竞争力评价的指标体系研究》，《软科学》2002 年第 3 期。

董军、国方媛：《多层次系统的动态评价研究》，《运筹与管理》2011 年第 5 期。

石宝峰、何继欣、胡振、王静：《中国上市券商竞争力评价——基于时序动态组合赋权评价模型》，《金融论坛》2018 年第 2 期。

贺强、赵照：《基于因子分析法的证券公司运营绩效研究》，《投资研究》2014 年第 10 期。

刘强：《基于主成分分析的上市证券公司竞争力研究》，《经济研究导刊》2011 年第 28 期。

张雯睿：《基于因子分析法对中国上市券商竞争力的实证研究——以 29 家上市券商面板数据为例》，《无锡商业职业技术学院学报》2018 年第 3 期。

刘增学、王雅鹏、张欣：《中国证券公司风险约束机制的建立》，《金融研究》2004 年第 12 期。

王国海、曹海毅：《证券公司的治理结构：理论分析与现实考察》，《财经理论与实践》2004 年第 5 期。

王聪、宋慧英：《中国证券公司股权结构、市场结构与成本效率的实证研究》，《金融研究》2012 年第 5 期。

张宗新、梁化军、焦志常：《基于价值时序动态的证券公司价值评价方法》，《财经研究》2003 年第 5 期。

孙国茂、张辉、张运才：《宏观审慎监管与证券市场系统性风险测度研究》，《济南大学学报》（社会科学版）2020 年第 6 期。

刘春航、朱元倩：《银行业系统性风险度量框架的研究》，《金融研究》2011 年第 12 期。

苏明政、张庆君：《经济周期波动、溢出效应与系统性金融风险区域传染性——基于 VARX 模型的实证研究》，《上海金融学院学报》2015 年第 2 期。

巴曙松、王璟怡、刘晓依、郑铭：《全球系统重要性银行：更高的损失吸收能力》，《中国银行业》2016 年第 6 期。

孙国茂、李猛：《宏观审慎监管下的证券公司系统重要性评价体系研究》，《山东大学学报》（哲学社会科学版）2020 年第 5 期。

郭威：《国际视阈下系统重要性金融机构监管改革：演进路径与完善措施》，《北京工商大学学报》（社会科学版）2022 年第 37 期。

马梅若、易纲：《继续完善我国系统重要性金融机构监管政策框架》，《金融时报》2021 年 10 月 22 日。

周小川：《金融政策对金融危机的响应——宏观审慎政策框架的形成背

景、内在逻辑和主要内容》,《金融研究》2011 年第 1 期。

梁琪、李政、郝项超:《我国系统性金融机构的识别与监管》,《金融研究》2013 年第 9 期。

方意、王晏如、黄丽灵、何文佳:《宏观审慎与货币政策双支柱框架研究——基于系统性风险视角》,《金融研究》2019 年第 12 期。

苗文龙、闫娟娟:《系统性金融风险研究述评——基于宏观审慎监管视角》,《金融监管研究》2020 年第 2 期。

李爱君:《系统重要性金融机构的特殊风险法律防范》,《中国政法大学学报》2015 年第 1 期。

毛宇星:《全面深化数字化转型引领证券公司高质量发展》,《中国金融电脑》2022 年第 1 期。

罗军林:《金融科技驱动下证券公司数字化转型研究》,《时代金融》2021 年第 21 期。

李方超、姜仁荣:《金融科技时代下证券公司的数字化转型研究》,《现代商业》2021 年第 22 期。

潘劲松:《券商经纪业务数字化转型方向与实践》,《金融纵横》2021 年第 5 期。

郭丽雅:《大数据背景下证券经纪业务模式创新研究》,硕士学位论文,东南大学,2020。

华泰证券课题组、朱有为:《证券公司数字化财富管理发展模式与路径研究》,《证券市场导报》2020 年第 4 期。

孟庆江:《疫情下证券公司的数字化转型》,《中国金融》2020 年第 9 期。

王玲:《证券公司数据管理模式和路径研究》,《清华金融评论》2021 年第 3 期。

孙国茂:《抓住数字经济本质 推进证券行业数字化转型》,《上海证券报》2021 年 6 月 22 日。

范湘凌:《救助性并购:问题金融机构市场退出的路径选择》,《西南金融》2008 年第 2 期。

赫凤杰：《美国投行 FICC 业务发展经验及启示》，《证券市场导报》2016 年第 10 期。

胡智：《金融业并购重组理论评析》，《国际金融研究》2000 年第 6 期。

马君潞、满新程：《国外金融机构跨国并购的效率研究的最新进展及对我国银行的启示》，《国际金融研究》2005 年第 1 期。

屈超、高鹏：《金融开放、证券公司多元化经营与效率》，《金融与经济》2020 年第 8 期。

苏婧、冯晓琦、李思瑞、李舜禹：《我国大型券商的海外并购动因、效益和风险》，《改革与战略》2015 年第 11 期。

王新宁：《券商并购重组的制约因素与路径探索》，《济南金融》2004 年第 6 期。

闻岳春、程天笑：《买方投顾时代国内证券公司财富管理转型思考——美国投行的经验借鉴》，《上海立信会计金融学院学报》2020 年第 12 期。

谢洪明、李哲麟：《并购理论的演进及展望——基于文献计量的研究》，《浙江工业大学学报》（社会科学版）2017 年第 6 期。

熊良俊：《当前国际金融并购主要特征及启示》，《中国金融家》2010 年第 2 期。

许劲、王玮、韦宏丹：《内部化理论起源、特征与发展的研究述评》，《经济研究导刊》2020 年第 17 期。

徐晓云：《中小券商差异化发展研究》，《改革与开放》2021 年第 21 期。

刘新争、高闯：《机构投资者抱团、外部治理环境与公司信息透明度》，《中南财经政法大学学报》2021 年第 3 期。

郝云宏：《公司治理内在逻辑关系冲突：董事会行为的视角》，《中国工业经济》2012 年第 9 期。

李娜、张括、石桂峰：《中国特色证券特别代表人诉讼的溢出效应——基于康美药业的事件研究》，《财经研究》2022 年第 8 期。

王涌：《独立董事的当责与苛责》，《中国法律评论》2022 年第 3 期。

范合君、王思雨：《缄默不语还是直抒己见：问询函监管与独立董事异议》，《财经论丛》2022 年第 3 期。

张忆然：《注册证改革背景下欺诈发行证券罪的教义学再建构》，《政治与法律》2022 年第 5 期。

湘财证券课题组、周卫青：《IPO 注册制下发行人与中介机构虚假陈述民事责任研究》，《证券市场导报》2021 年第 4 期。

曹凤岐：《从审核制到注册制：新证券法的核心与进步》，《金融论坛》2022 年第 4 期。

广发证券课题组、李凤华、葛凌：《注册制下券商定价责任与能力研究》，《证券市场导报》2020 年第 1 期。

杨大可：《中国监事会真的可有可无吗？——以德国克服监事会履职障碍的制度经验为镜鉴》，《财经法学》2022 年第 2 期。

任广乾、徐瑞、李妍溪：《国资控股、监事会结构特征与监督有效性》，《经济体制改革》2019 年第 2 期。

王晶、李翔：《审计服务市场开放带来了"鲶鱼效应"吗？——兼论本土所与国际所审计质量差异根源》，《投资研究》2021 年第 12 期。

缪因知：《证券虚假陈述赔偿中审计人责任构成要件与责任限缩》，《财经法学》2021 年第 2 期。

张汉斌：《国有控股券商的公司治理》，《中国金融》2014 年第 6 期。

陈艳丽、姜艳峰：《非国有股东治理与股利平衡性——基于竞争性国有控股上市公司的经验证据》，《中南财经政法大学学报》2020 年第 2 期。

邓建平：《新证券法的五大亮点》，《财会月刊》2020 年第 6 期。

王宏宇、刘刊：《证券公司行政备案监管的权责及边界研究》，《金融监管研究》2018 年第 5 期。

吕晓蕾：《我国证券监管模式的实践矛盾与改革——以上市公司收购资金来源的实证分析与监管为研究路径》，《上海商学院学报》2017 年第 6 期。

范小云、王道平：《巴塞尔Ⅲ在监管理论与框架上的改进：微观与宏观审慎有机结合》，《国际金融研究》2012 年第 1 期。

施东辉：《探索构建资本市场的宏观审慎政策》，《清华金融论》2018 年第 5 期。

李东方：《证券监管机构及其监管权的独立性研究——兼论中国证券监管机构的法律变革》，《政法论坛》2017 年第 35 期。

何晓斌：《中国证券公司核心竞争力评价与提升研究》，博士学位论文，上海社会科学院，2006。

方意：《中国宏观审慎监管框架研究》，博士学位论文，南开大学，2013。

肖子龙：《宏观审慎监管、货币政策与银行系统性风险》，博士学位论文，华中科技大学，2017。

傅智能：《中国证券公司核心竞争力研究》，硕士学位论文，武汉理工大学，2004。

娄伟：《我国上市券商竞争力分析》，硕士学位论文，山东大学，2012。

宣承耀：《基于因子分析法的内地上市券商竞争力综合评价研究》，硕士学位论文，安徽大学，2015。

邓泽源：《我国上市证券公司竞争力研究》，硕士学位论文，广西大学，2015。

冯利霞：《华泰证券数字化转型对绩效的影响研究》，硕士学位论文，广州大学，2022。

中国人民银行：《中国金融稳定报告（2020）》，2020 年 11 月。

中国人民银行：《2021 年金融市场运行情况》，2022 年 2 月。

中央国债登记结算有限责任公司：《2021 年债券业务统计分析报告》，2022 年 1 月。

中央国债登记结算有限责任公司：《2021 年资产证券化发展报告》，2022 年 2 月。

财政部政府债务研究和评估中心：《地方政府债券市场报告（2021 年 12 月）》，2022 年 2 月。

北京证券交易所：《北京证券交易所、新三板 2021 年市场改革发展报告》，2022 年 2 月。

深圳证券交易所：《2021 年 IPO 市场总结》，2022 年 1 月。

上海清算所：《上海清算所债券业务运行分析（2021 年 12 月）》，2022 年 1 月。

招商银行研究院、柏禹含：《2021 年债券市场回顾与展望》，2022 年 1 月。

联合资信评估股份有限公司债券市场研究部：《2021 年度债券市场发展报告》，2022 年 3 月。

国融证券研究与战略发展部：《螺蛳壳里做道场：低波动下的新常态——2022 年债券市场年度策略报告》，2021 年 12 月。

毕马威中国：《2022 年中国证券业调查报告系列——证券行业趋势及战略洞察》，2022 年 5 月。

毕马威中国金融服务：《二零二二年中国证券业调查报告》，2022 年 7 月。

天风证券：《证券分化加剧，龙头价值显现》，2022 年 5 月。

中国证券业协会：《证券行业助力碳达峰碳中和目标行动报告》，2021 年 10 月。

海通证券课题组：《证券公司差异化发展与特色化经营研究》，《创新与发展：中国证券业》2018 年论文集。

左欣然：《追寻券商并购之路：历史的机遇与自我的机会》，《方正证券行业研究报告》2020 年 6 月 3 日。

唐子佩：《行业并购、大势所趋——券商并购历史变迁与海外经验分析》，《东方证券行业研究报告》2020 年 7 月 8 日。

王维逸：《中美证券公司并购回顾与展望——券商整合是巨头诞生、化解风险、扩展版图的有效途径》，《平安证券行业研究报告》2020 年 8 月 13 日。

涂艳艳：《我国证券公司核心竞争力实证研究》，《考试周刊》2011 年第 62 期。

社会科学文献出版社

皮 书

智库成果出版与传播平台

❖ 皮书定义 ❖

皮书是对中国与世界发展状况和热点问题进行年度监测，以专业的角度、专家的视野和实证研究方法，针对某一领域或区域现状与发展态势展开分析和预测，具备前沿性、原创性、实证性、连续性、时效性等特点的公开出版物，由一系列权威研究报告组成。

❖ 皮书作者 ❖

皮书系列报告作者以国内外一流研究机构、知名高校等重点智库的研究人员为主，多为相关领域一流专家学者，他们的观点代表了当下学界对中国与世界的现实和未来最高水平的解读与分析。截至 2022 年底，皮书研创机构逾千家，报告作者累计超过 10 万人。

❖ 皮书荣誉 ❖

皮书作为中国社会科学院基础理论研究与应用对策研究融合发展的代表性成果，不仅是哲学社会科学工作者服务中国特色社会主义现代化建设的重要成果，更是助力中国特色新型智库建设、构建中国特色哲学社会科学"三大体系"的重要平台。皮书系列先后被列入"十二五""十三五""十四五"时期国家重点出版物出版专项规划项目；2013~2023 年，重点皮书列入中国社会科学院国家哲学社会科学创新工程项目。

权威报告·连续出版·独家资源

皮书数据库
ANNUAL REPORT(YEARBOOK)
DATABASE

分析解读当下中国发展变迁的高端智库平台

所获荣誉

- 2020年，入选全国新闻出版深度融合发展创新案例
- 2019年，入选国家新闻出版署数字出版精品遴选推荐计划
- 2016年，入选"十三五"国家重点电子出版物出版规划骨干工程
- 2013年，荣获"中国出版政府奖·网络出版物奖"提名奖
- 连续多年荣获中国数字出版博览会"数字出版·优秀品牌"奖

皮书数据库   "社科数托邦"
微信公众号

成为用户

登录网址www.pishu.com.cn访问皮书数据库网站或下载皮书数据库APP，通过手机号码验证或邮箱验证即可成为皮书数据库用户。

用户福利

- 已注册用户购书后可免费获赠100元皮书数据库充值卡。刮开充值卡涂层获取充值密码，登录并进入"会员中心"—"在线充值"—"充值卡充值"，充值成功即可购买和查看数据库内容。
- 用户福利最终解释权归社会科学文献出版社所有。

数据库服务热线：400-008-6695
数据库服务QQ：2475522410
数据库服务邮箱：database@ssap.cn
图书销售热线：010-59367070/7028
图书服务QQ：1265056568
图书服务邮箱：duzhe@ssap.cn

社会科学文献出版社 皮书系列
SOCIAL SCIENCES ACADEMIC PRESS (CHINA)
卡号：836836594176
密码：

S 基本子库
SUB DATABASE

中国社会发展数据库（下设 12 个专题子库）

紧扣人口、政治、外交、法律、教育、医疗卫生、资源环境等 12 个社会发展领域的前沿和热点，全面整合专业著作、智库报告、学术资讯、调研数据等类型资源，帮助用户追踪中国社会发展动态、研究社会发展战略与政策、了解社会热点问题、分析社会发展趋势。

中国经济发展数据库（下设 12 专题子库）

内容涵盖宏观经济、产业经济、工业经济、农业经济、财政金融、房地产经济、城市经济、商业贸易等 12 个重点经济领域，为把握经济运行态势、洞察经济发展规律、研判经济发展趋势、进行经济调控决策提供参考和依据。

中国行业发展数据库（下设 17 个专题子库）

以中国国民经济行业分类为依据，覆盖金融业、旅游业、交通运输业、能源矿产业、制造业等 100 多个行业，跟踪分析国民经济相关行业市场运行状况和政策导向，汇集行业发展前沿资讯，为投资、从业及各种经济决策提供理论支撑和实践指导。

中国区域发展数据库（下设 4 个专题子库）

对中国特定区域内的经济、社会、文化等领域现状与发展情况进行深度分析和预测，涉及省级行政区、城市群、城市、农村等不同维度，研究层级至县及县以下行政区，为学者研究地方经济社会宏观态势、经验模式、发展案例提供支撑，为地方政府决策提供参考。

中国文化传媒数据库（下设 18 个专题子库）

内容覆盖文化产业、新闻传播、电影娱乐、文学艺术、群众文化、图书情报等 18 个重点研究领域，聚焦文化传媒领域发展前沿、热点话题、行业实践，服务用户的教学科研、文化投资、企业规划等需要。

世界经济与国际关系数据库（下设 6 个专题子库）

整合世界经济、国际政治、世界文化与科技、全球性问题、国际组织与国际法、区域研究 6 大领域研究成果，对世界经济形势、国际形势进行连续性深度分析，对年度热点问题进行专题解读，为研判全球发展趋势提供事实和数据支持。

法律声明

"皮书系列"（含蓝皮书、绿皮书、黄皮书）之品牌由社会科学文献出版社最早使用并持续至今，现已被中国图书行业所熟知。"皮书系列"的相关商标已在国家商标管理部门商标局注册，包括但不限于LOGO（ ）、皮书、Pishu、经济蓝皮书、社会蓝皮书等。"皮书系列"图书的注册商标专用权及封面设计、版式设计的著作权均为社会科学文献出版社所有。未经社会科学文献出版社书面授权许可，任何使用与"皮书系列"图书注册商标、封面设计、版式设计相同或者近似的文字、图形或其组合的行为均系侵权行为。

经作者授权，本书的专有出版权及信息网络传播权等为社会科学文献出版社享有。未经社会科学文献出版社书面授权许可，任何就本书内容的复制、发行或以数字形式进行网络传播的行为均系侵权行为。

社会科学文献出版社将通过法律途径追究上述侵权行为的法律责任，维护自身合法权益。

欢迎社会各界人士对侵犯社会科学文献出版社上述权利的侵权行为进行举报。电话：010-59367121，电子邮箱：fawubu@ssap.cn。

社会科学文献出版社

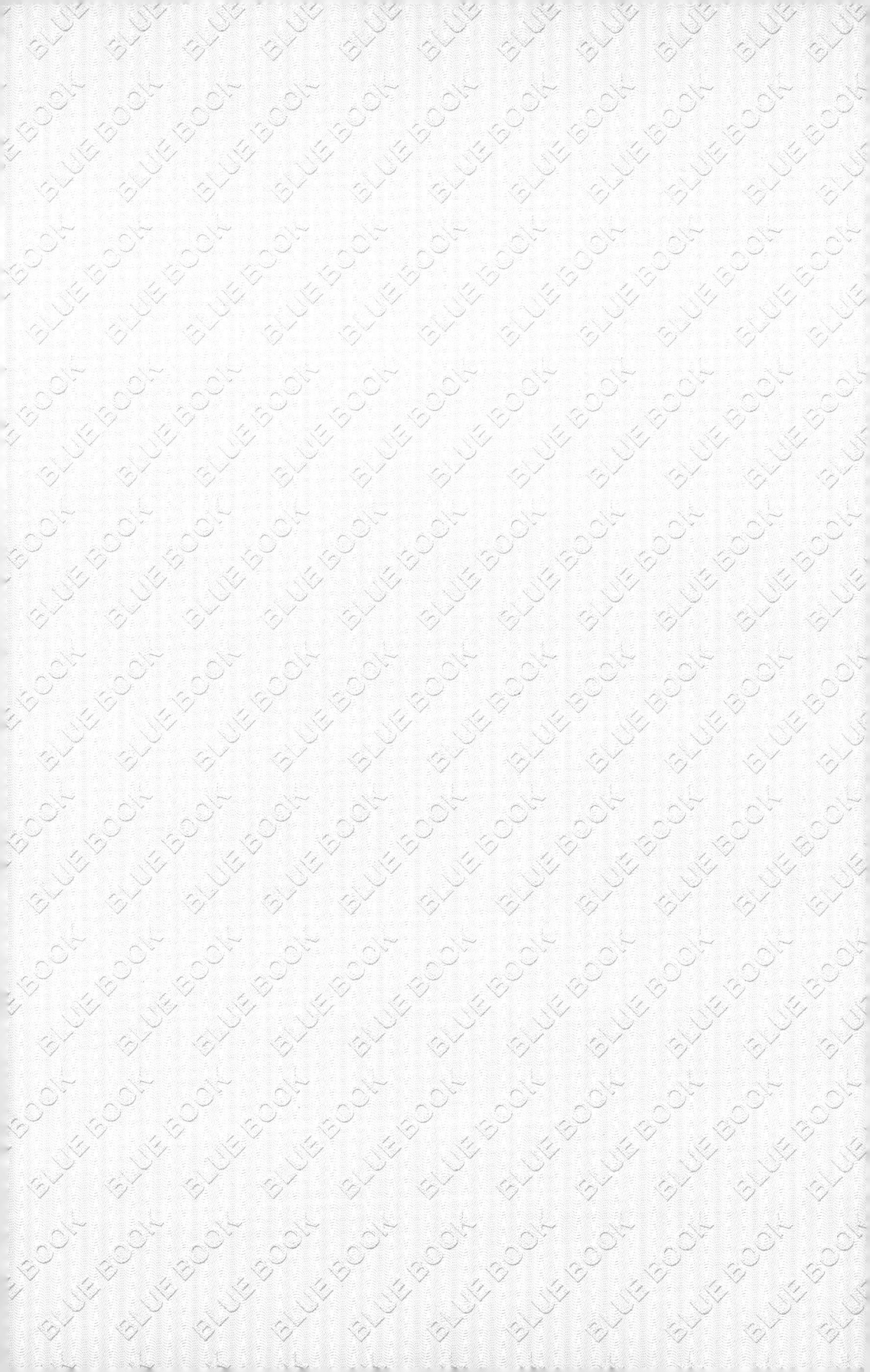